近世日本釈奠の研究

須藤敏夫著

思文閣出版

湯島聖堂大成殿

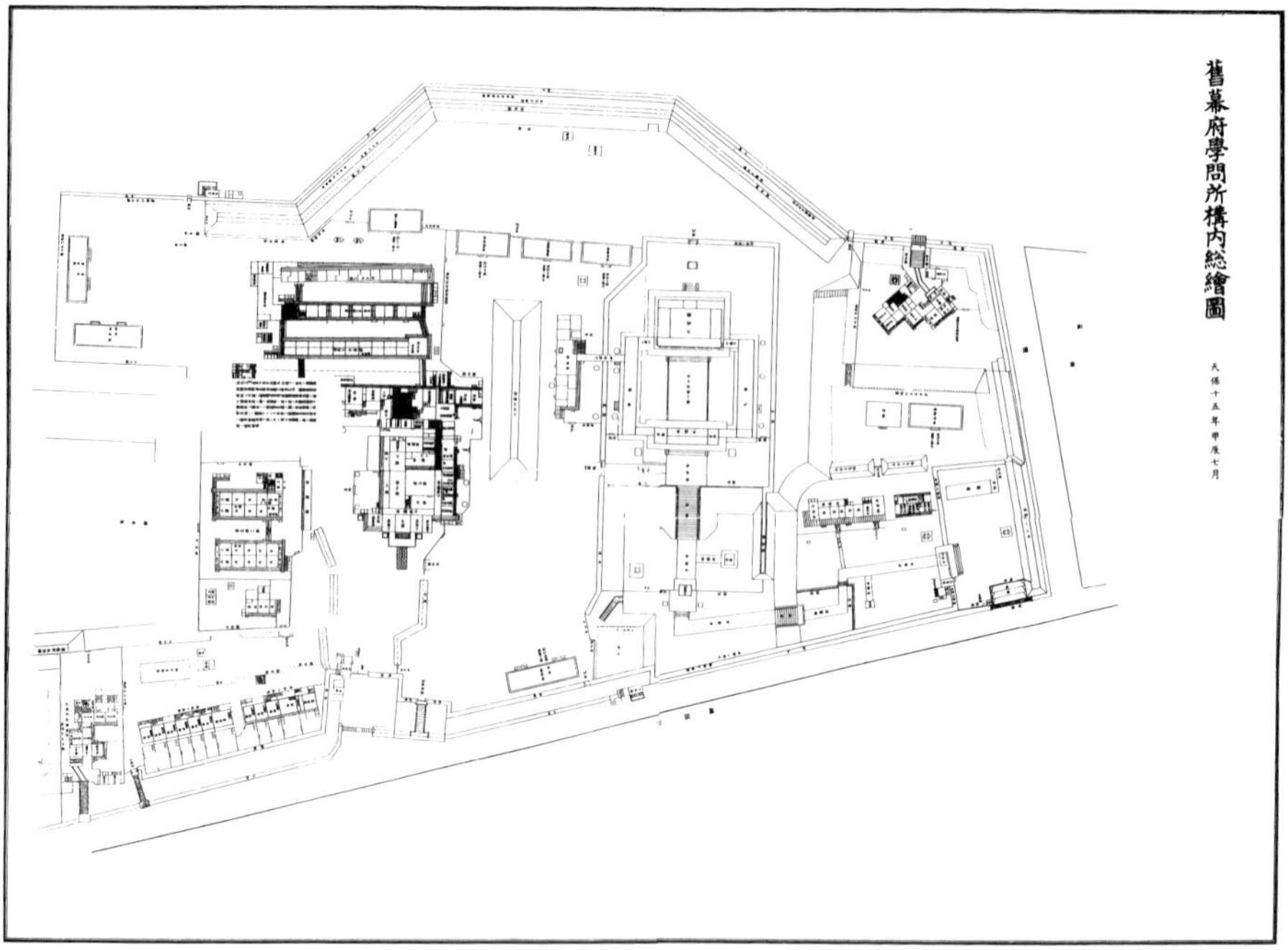

旧幕府学問所構内総絵図　天保15年甲辰７月　(筆者蔵)
(本図は懸紙により弘化３年類焼後の新規建築部分を示している)

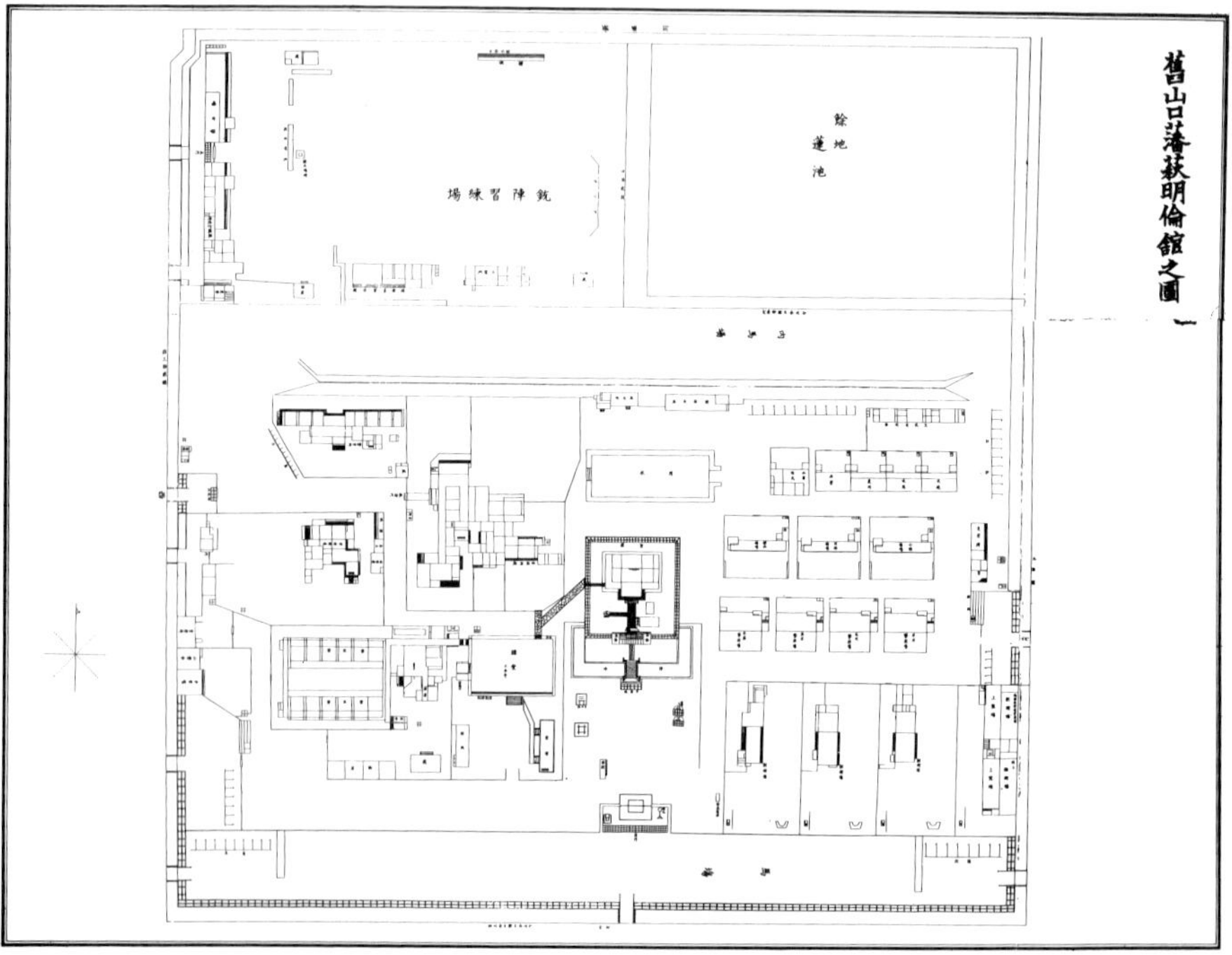

旧山口藩萩明倫館之図　(同上)

まえがき

私が近世史研究の分野の中で、近世における釈奠に興味と関心をもったそもそもの動機は、以下のような理由による。すなわち、従来一般に江戸幕府の儒学は、藤原惺窩の門人、林羅山が京都より江戸に移り、徳川家康の侍講となり、寛永九年（一六三二）、上野忍岡に聖堂・学舎すなわち家塾を設けたのにはじまる。そして元禄四年（一六九一）、将軍綱吉によって聖堂を湯島に移転するとともに、儒学が非常に発展し、同時に釈奠も盛大なものとなった。これにともなって大名間にも儒学熱が高まり、各藩に藩校の創建がみられるようになり、儒学が封建社会の学問・道徳の上に確固たるものとなった、と説明していることにある。

そのために近世封建社会が、この儒学によって約二百六十年間も存続し、また江戸時代前期の儒学が江戸時代全般を通して連綿と発展したかのごとく過大に評価されている面があるのではないかと疑問に思われるのである。このことについては、儒者の学問や子弟関係、出版活動の面から、一応頷けるところもあるが、視点を変え、儒者のもっとも崇敬している孔子を祭る釈奠の立場からみるとどうであろうか。江戸時代の長い間には、幕府の聖堂や昌平校にしても、また藩校の聖堂や学問所にしても財政的困窮や学問的意欲の盛衰によって、必ずしも、釈奠は常に順調にかつ盛大に執行されたとは限らないのである。

儒学発展の動向を示す釈奠でありながら、今まではその研究対象にすらなっていなかったのである。そのためか、近世釈奠の流れや動向についての著書は一冊もみられなかったようである。私はこのことについて、学生時代から不思議に思い続けてきた。ちょうどそのころ、肥前国平戸藩主松浦清（静山）の『甲子夜話』や「浚明院殿御実紀」（新訂増補国史大系47『徳川実紀』第十篇）を読み、また『諸名家孔子観』に収められている、明治四十年に旧会津藩士南摩綱紀が行った講演の記録である「書生時代の修学状態」などを読んで、愕然としたことがある。それは、それまで読んだ江戸時代における人々から尊重された、華やかな儒学や学問所という印象から、想像もつかぬ様相を呈しているからである。また、儒学を修める者にとって、もっとも重要な祭りであり行事でもある釈奠に、大きな盛衰があったことを知り、以後暇をみて釈奠に関係する史料を蒐集して、釈奠という視点から儒学の実態を考えてみようと思うようになったのである。

　私は、日本の儒学や日本における釈奠全般を研究の対象としていないので、本書においては、近世日本における釈奠と教育の実態を把握して、近世儒学と教育の性格を考える一助になれば幸いである。

近世日本釈奠の研究　目次

まえがき

序　章　中国と日本における近世以前の釈奠……三

一　中国における釈奠……三

二　日本における近世以前の釈奠……七

第一篇　江戸幕府の釈奠と教育

第一章　幕府釈奠の成立……一五

はじめに……一五

一　忍岡聖堂の創立……一五

二　忍岡聖堂の釈奠……一六

三　釈奠の確立……二一

四　湯島聖堂の釈奠……二六

おわりに……三六

第二章　幕府釈奠の推移……四六

一　新井白石の林家儀式批判……四六

二　林信篤と新井白石の確執……四九
三　将軍吉宗の登場と林信篤の復権……五一
四　林信言と釈奠……五六
五　林信言の聖堂修復……五七
六　釈奠の衰微……六〇

第三章　幕府学制の改革……七五
はじめに……七五
一　聖堂の再建……七五
二　正学復興……七八
三　素読・学問吟味……八三
四　聖堂の拡張……九五
五　学制の改革……一〇三
おわりに……一一一

第四章　幕府釈奠の再興……一一三
一　釈奠の官営化……一一三
二　聖堂の再建と釈奠の改革……一三四
おわりに……一五三

第五章　幕府釈奠の終焉……一六三
一　学制改革後の学問所……一六三
二　釈奠の衰頽……一七六

おわりに……一八四

第二篇　諸藩の釈奠と教育

第一章　米沢藩興譲館の釈奠……一九一
はじめに……一九一
一　聖堂の沿革……一九三
二　聖堂の遷座と矢尾板三印……一九三
三　藩儒片山家の「自分釈奠」……一九六
四　上杉治憲の襲封と「公儀釈奠」……二〇一
五　明治以降の釈奠……二〇六
おわりに……二〇八
第二章　長州藩明倫館の釈奠……二一四
はじめに……二一四
一　明倫館創設の気運……二一四
二　明倫館の創立……二一六
三　明倫館の釈奠……二一九
おわりに……二二八
第三章　水戸藩弘道館の創設と釈奠……二三五
はじめに……二三五
一　弘道館創設の経緯……二三六

二　仮　開　館……二四四
三　本　開　館……二四五
四　聖廟の釈奠……二四九
おわりに……二六一
第四章　足利学校の造営と修復……二六七
一　江戸幕府と足利学校の関係……二六七
二　江戸幕府の援助と修復……二六八
三　寛文の造営……二六九
四　元禄・享保期の修復……二七一
五　宝暦の雷火と再建……二七三
六　寛政以降の修復……二七四
七　天保の類焼と未造営……二七九
おわりに……二八〇
第五章　足利学校の釈奠……二九四
一　先聖先師像の安置……二九四
二　釈　奠……二九六
おわりに……三〇九
終　章　釈奠の変遷――まとめにかえて――……三一八
初出一覧
あとがき
人名索引

近世日本釈奠の研究

序　章　中国と日本における近世以前の釈奠

本書は、日本近世の幕府及び諸藩における釈奠の興隆とその推移の実相を究明することにある。しかし釈奠の歴史は中国に端を発して、日本の古代に伝来し、幾多の変遷を経て近世社会にいたり大きな影響をもたらしたものである。

そこで本論に入る前に、中国及び日本における近世以前の釈奠について、先行学説[1]に依拠しながらその概要を説明しておきたいと思う。

一　中国における釈奠

往古、中国において釈奠の先駆的な祭りとして、『礼記』[2]（王制・月令・文王世子）や『周礼』[3]（地官大胥）によると、「はじめて学校を建てたとき、四時ごとに行うもの、出征して有罪を執えて反るときは、学に釈奠して訊馘をもって告ぐ」場合に行われていた。それが周代のころより釈奠という礼式を整えて行われるようになったものとみられている。しかし『礼記』[4]（文王世子）に、「凡学、春官釈奠于其先師、秋冬亦如之。凡始立学者、必釈奠于先聖先師。及行事必以幣。凡釈奠者、必有合也。国無先聖先師則所釈奠者、当与隣国合也、有国故則否」と記しているように、当初は先聖及び先師を崇び祭る礼式であって、のちの釈奠のように「孔子」を祭るという、特定の人物を定めて祭礼を行うものではなかった。ここでいうところの先聖とは、堯・舜の世の聖王あるいは周公・孔子のごとき偉人で、先師とは、有道有徳にしてその功績甚大であった人物である。「釈奠をする場合、国に先聖・先師に相当する人物がいない場合は、隣国と同一の先聖・先師を祭るようにする。その国固有の先聖・先師(たとえば堯・舜のときの夔・伯夷、周では周公、魯では孔子など)がおれば、そのようなことはしないでもよい」と述べている。

また、『周礼』(5)(春官大胥)では、釈奠のほかに釈菜の語を使用しているが、この両者の区別については、まず釈奠というのは、犠牲及び酒を神前に献饌して祭礼を行うことをいうのである。釈采の采は水菜のことで、蘋蘩の類を神前に献饌して祭礼することである。なお、同じく『周礼』(6)に、「春学に入りて舎菜し合舞す」とあるが、舎《せき》は釈であり、采は菜と同じである。奠は置くまたは薦めるの意である。両者の区別は、祭礼の精略によるもので、祭礼に楽を奏するのが釈奠であり、これを用いないのは釈采といわれる場合が一般的であったようである。しかし厳密には、釈奠にも器楽を省く場合があったから、一概に奏楽のみで区別することは困難である。また、釈奠は大礼を行い酒を薦めるのを主とし、釈菜は略式にして水菜を供するのを主とし、酒は薦めないのが原則とする説もあるが、必ずしも一定していないようである。

漢代以後の釈奠については、『史記』(7)などの文献によると、漢の高祖が高祖十二年(前一九五)に魯を通過するとき、太牢(三牲)を献饌して孔子を祭ったとある。これは皇帝が孔子の祭礼を行ったはじめである。このことから漢代には、孔子尊崇や儒学勃興の気運が昂揚したとみられるのであるが、しかし中央の太学での孔子尊崇の気運にはいたらなかった。魏の正始七年(二四六)、太常(祭官)に孔子を皇室の太学で祭らせたが、これが太学で孔子を釈奠したはじめであるといわれている。晋の武帝泰始七年(二七一)には、皇太子が太学に赴き孔子を釈奠したが、これが皇太子釈奠のはじめである。北斉(五五〇~五七七)の頃には、毎月の朔日に国子祭酒

（主）が博士以下国子学の学生以上を率いて堂上に昇り、助教以下太学諸生は階下に列して拝礼を行うこととしたが、これがのちに月毎の朔日に拝礼を行うようになった嚆矢である。

次に隋・唐・宋代の釈奠は、隋がこの制を定め、国子学は毎歳四時の中月上丁の日をもって、先聖・先師を釈奠し、州県の諸学は春秋の中月（二月・八月）をもって釈奠を行った。晋代以降隋代において、先聖といわれるのは孔子を指すことになり、先師というのは顔子のことを指すようになった。唐の高祖武徳二年（六一九）に、貴族の子弟を教授した学校である国子学に詔して、周公・孔子の廟所を各一カ所ずつ建立して、周公を先聖とし、孔子を先師として四時に祭礼を行った。その後、唐の太宗貞観二年（六二八）に及び、周公を止めて孔子を昇らせ先聖となし、顔子を先師としたのである。これより以後は変更することはなかったが、先師については顔子のほか曾子・子思・孟子を追加している。唐の玄宗の治世となり、いわゆる「開元の治」を迎えることになるが、日本の『延喜式』(8)に甚大な影響をもたらした『開元礼』(9)は、開元二十年（七三二）に一五〇巻を完成し奏上している。そのうち、巻五十四は「国子釈奠於孔宣父」で、国子とは貴族の子弟をいうのであり、太学の孔廟・学堂で国子が行う釈奠の次第を記したものである。この饋享をみると、初献には国子祭酒があたり、亜献は国子司業が行い、経献には博士がそれをつかさどるのである。この国子釈奠は常例の釈奠であり、日本の弘仁・貞観・延喜の式にそのまま引用され規定されている。

なお、唐玄宗の開元二十七年（七三九）に孔子を追謚して「文宣王」となし、さらに宋におよんで北宋真宗の咸平年間（九九八～一〇〇三）に追謚して「玄聖文宣王」と称した。しかるに、のちになって孔子の謚号の「玄」が、太祖の諱に触れるというかどで、「至聖」と改めている。北宋の仁宗、景祐元年（一〇三四）には、釈奠に登歌を用いることとし、同じ北宋神宗の元豊七年（一〇八四）には、孟子を顔子と同じく孔子に配祀することにした。また、北宋徽宗大観二年（一一〇八）に詔して子思を従祀した。南宋理宗の淳祐元年（一二四一）には、周敦頤・程子兄弟に封爵を加え、朱熹と共に従祀したのである。これが宋儒を従祀の列に加えたはじめである。

次に元・明・清の釈奠についてであるが、元の成宗、大徳十一年（一三〇七）、孔子に「大成」の謚号を贈り、従来の「至聖文宣王」の上にそれを冠して「大成至聖文宣王」と称したのである。また、仁宗の皇慶二年（一三一三）に元の儒者許衡を孔子に従祀することになり、さらにまた文宗の至順元年（一三三〇）には加封して、顔子に「兗国復聖公」、曾子に「郕国宗聖公」、子思に「沂国述聖公」、孟子に「鄒国亜聖公」の謚号をそれぞれ贈っている。明は、太祖の洪武三年（一三七〇）に、釈奠の制を更訂して、従前の制に改めたものが多い。それまでに加封した元代の文武烈士の謚号を悉く撤去し、孔子の謚号のみを存続したのである。洪武十四年（一三八一）には、孔子以下の偶像を全廃することを断行している。釈奠は、次第に衰微の様相を呈してきたが、ここで再び興隆するにいたった。

清朝の釈奠については、唐以来の制を斟酌して、再び厳格に行っている。その内容は『大清通礼』[10]によると、第一は、皇帝親ら太学（国子監）に詣って行う釈奠で、春秋二季に行うを定例とする親詣太学釈典。第二は、皇帝親ら辟雍に臨んで行うところの臨雍釈典。第三は、皇帝東巡の時に闕里の孔廟に詣って行うところの闕里釈典。第四は、直隷省以外の各省で行う直省釈采などがあった。このほか周公廟釈奠、孔・顔・曾・孟四氏の廟釈奠もあり、また、月朔釈奠、月望上香などの礼も定められている。清は明の太祖が改定した制を採用することなく、先儒の謚号などは元代に定めたものを踏襲している。春秋の釈奠は大成殿において行うのであるが、「至聖孔子」は中央に位置して南面し、その東側に西面して「復聖顔子」と「述聖子思」が位置し、孔子の西側に東面して「宗聖曾子」「亜聖孟子」を安置している。

中華民国の釈奠は、初め清の制を踏襲していたが、国内の混乱を招き、その後、中華人民共和国という政治・社会の変革にともない、さらに釈奠は衰微していったようである。

二　日本における近世以前の釈奠

釈奠の儀礼について『続日本紀』(11)（文武天皇大宝元年（七〇一）二月条）に「釈奠注釈奠之礼、於是始見矣。」とある。これが日本における釈奠の初見と見做されている。中国より将来されたものであることは前述したが、ただし大宝元年以前に、どのようなルートを経て、いかなる儀式書が伝来し、また実際どのような釈奠が行われたのかは詳らかでない。さらに、『延喜式』（大学寮）の釈奠儀礼に甚大な影響をもたらしたところの中国の『開元礼』の将来についても明確を欠く点がある。『開元礼』の頒行は、開元二十年（七三二、日本天平四年）九月五日である。留学生として入唐し、帰朝後釈奠の整備に功績があった吉備真備は、唐を天平六年（七三四、中国開元二十二年）十月に出発して、翌天平七年（七三五）三月に帰朝している。したがって彼の帰朝二年前に『開元礼』が頒行されたことになるが、この期間に『開元礼』を筆写または入手することができたか否かの問題である。しかもこの『開元礼』を持参したという明確な史料は残されていないようである。真備が再び遣唐副使として入唐し、その後帰朝したのは、天平勝宝五年（七五三）であるから、当然『開元礼』を持参することができたと思われる。しかし、真備は、再度入唐する以前に釈奠の整備に携わっているから、最初の留学生として唐より帰朝した節に、唐礼(12)はもとより多数の漢籍・器物を持ち帰ったことになっているので、この唐礼（顕慶礼）によって釈奠の整備を行い、そして再度入唐した際に持参した『開元礼』によって、さらに一段と整備を加えたものであろう。

『続日本紀』（宝亀六年（七七五）十月、真備薨伝）に「先是、大学釈奠、其儀未備、大臣、依稽礼典、器物始修。礼容可観」と、真備が釈奠の整備に甚大な功績を残したことを特筆している。これがその後の釈奠式に影響をもたらしたものとみられる。中国の『開元礼』が、開元二十年に頒行されてから、一七三年後の延喜五年（九〇五）にようやく編集に着手し、延長五年（九二七）十二月に撰進した『延喜式』大学寮の釈奠式の中でも、特に祭礼の次第である「饋享」は『開元礼』とほぼ同一の内容のものである。[13]『延喜式』[14]（大学寮）によると、大学における釈奠は春秋二仲上丁の日に、大学寮において行われ、先聖には孔子文宣王、先師として顔子を祀った。その他従祀と定めたのは、閔子騫・冉伯牛・仲弓・冉有・季路・宰我・子貢・子游・子夏の九座である。

次に釈奠の内容を略述すると、まず陳設として、先聖（文宣王孔子）、先師（顔子）へ、籩十、豆十、簠二、簋二、甑三、鉶三、俎三。九座（従祀）には、籩二、豆二、簠一、簋一、甑一、鉶一、俎一。先聖・先師の神前に、犠樽二、象樽二、罍二、爵三、坫一、杓六の礼器を使用し、それに盛って献饌する。また、「饋享」に預る執事の者として、初献大学頭、亜献助、経献博士の三献官。献官を導引する役の謁者（三人）。幣を授け祭文を読む役の大祝（二人）。廟の戸を開閉し、聖賢像を安置し廟室舗設を行う役の廟司（一人）。幣神位を設け樽罍坫爵を陳する役の郊社令（三人）。廟庭諸位を設け儀式を掌る役の奉礼郎（一人）。受辞賛唱を掌る役の賛者（二人）。導引の役の賛引（五人）。麾を執って楽を節する役の協律郎（一人）。俎豆を奠する役の斎郎（五十人）。饌具を省み掃除を行い瘞幣を検し非違を弾ずる役の館官（一人）、学官（一人）、弾正忠、疏（各一人）。このほか大蔵省（一人）、掃部寮（一人）、大膳職（一人）、木工寮（一人）、工（四人）、大炊寮（一人）、主殿寮（一人）、造酒司（一人）、主水司（一人）、雅楽寮（一人）、工人（二十人）、左右京兵士（各四人）など多数が奉仕して、孔子及び顔子従祀の神前で「饋享」が行われたのである。

右の「饋享」は、釈奠において最も中心的な祭礼である。すなわち、先聖・先師の神座に幣帛を捧げ、酒食を饌供し、祝文を読み、大学頭は神前に献饌した神酒を飲酒したのち、参列者に神前に饌供した胙を配分するという儀式であって、先聖・先師を祭るという釈奠の重要な祭祀が「饋享」である。

この「饋享」のあとに、大学寮の都堂院において、次のような順序で講論が行われる。

まず、皇太子が院内の座につくと、執経執読は講座につき、執読が講ずるところの経を読み、執経は義を釈す。

疑を質問する者は「論義」の座について、疑うところを質問する。執経はこれについて通す。諸侍講者も次に問難する。講論が終わるに及び所司は座を設けて饌を供え、一同酒饌に預り、五位以上は宴の座に着く、六位以下の文人を率いて堂上の座に着き、文章博士は題を献じ詩を賦す。この間、明経・明法・算等、道博士も学生を率いて論義をなし、その後、文人は詩を献じて読み終る。講論が終わったあとに、執経・執読・侍講者に次のような禄を給している。すなわち、執経には絁六疋、綿十屯、布八端、執読には絁四疋、綿十屯、布六端、侍講者には絁二疋、綿五屯、布三端というものであった。

なお、この講論の方法は、七経輪転講説といって、孝経・礼記・詩経・書経・論語・易経・左伝の七経を毎年一経ずつ輪転し講読や論義を行うものである。これは中国にはみられないことで、日本においては、承和（八三四～八四七）の頃からみられるもので、日本独自のものである。このほかにまた、内論義または殿上論義・後朝論義と呼ばれているものがある。これは釈奠秋祭の翌日に内裏において行われるものである。その初見は『日本後紀』[15]弘仁六年（八一五）二月条である。『延喜式』が完成した延長五年（九二七）より一一二年前のことである。

すでに述べたように釈奠の中心となるのが、先聖孔子・先師顔子の二座と九座の従師を祭ることである。この祭礼の順序として、最初に行われるのが祭礼すなわち「饋享」である。それについで講論が都堂において行われ、そして最後に宴座が催されるのである。ところが、この中心的であるべき「饋享」の儀式が、『西宮記』[16]にみられるように簡略化され、酒宴である宴座・百度座が重視されるようになり、それにともなって文人賦詩の文学的行事が盛んになるなど、本来の釈奠儀式から徐々にその姿をかえていったように思われる。その時期についてはは史料的に把握することが困難であるが、百度座は『日本三代実録』[17]の貞観十四年（八七二）二月七日丁未条の釈奠記事からみても、『延喜式』成立以前から行われていたものとみられる。宴座は、講論のあとに必ず五位以上及び文人によって設けられている。文章博士が題を献じ、文人等は詩を賦すのである。この間、三道論義といって、明経・明法・算の博士・学生等が昇堂して「論義」を行うのであるが、こうした行事の中で五位以上の者は宴座において酒飲を行っているのである。これが次第に盛大となり、釈奠儀式は宴座が中心となって行われるようになって行くのである。このように、釈奠儀式は次第に形骸化して行く傾向がみられるのである。また、釈奠の儀式には『百錬抄』[18]や『中右記』[19]によると、その内容によって晴儀と雨儀があった。本来晴儀は正式な儀で、雨儀はその略儀であったが、晴儀は寛仁期（一〇一七〜一〇二〇）以降行われなくなった。その後一時復活したが、再び略儀である雨儀によって釈奠が行われるようになり、この雨儀が釈奠の正常な儀式となった。このように、平安時代末までには、かなり釈奠儀式に対する変化がみられるようになって行くのである。

ちなみに、国学における釈奠については、その儀式次第を定めたのは、貞観二年（八六〇）十二月である。[20]それまで孔子・顔子の二座を祭って釈奠を行った例は、天平八年（七三六）の「薩摩国正税帳」[21]までさかのぼることができるが、国学における釈奠儀式制定の存在は不明である。なお、国学の釈奠については『延喜式』の雑式に記載されており、それは大学寮の釈奠に準じたものである。

鎌倉時代を迎え、治承元年（一一七七）四月二十八日の京都大火[22]により大学寮が消失したので、その後、仮の廟堂において釈奠が行われたようである。さらに南北朝の内乱により、なおいっそう衰微の一途を辿ったのである。公的な記録の上にも釈奠についてとどめた史料は少なく、公家の日記などによると密かに私的に行われているにすぎないというのが実態であった。そして、応仁の乱によって、洛中が焦土と化し、朝廷における釈奠は停廃するのやむなきにいたったのである。

この退廃した釈奠を再興し復活するのは、儒学が盛んとなる江戸時代を俟たなければならなかった。

（1）　序章執筆にあたって、次に掲げる各氏の論稿に御教示を得た。

佐藤広治「釈奠に就いて(上)」(『文芸』第十三年第十号、大正十一年)
同氏「釈奠に就いて(下)」(『文芸』第十三年第十一号、大正十一年)
東川徳治「釈奠」(『東洋文化』十八号、大正十四年)
中野江漢「民国の釈奠」(『東洋文化』二十一号、大正十四年)
近藤春雄「我国に於ける釈奠に就いて」(『大東文化』八号、昭和九年)
同氏「支那釈奠攷」(『大東文化』十号、昭和十年)
久木幸男『大学寮と古代儒教』(昭和四十三年、サイマル出版社)
弥永貞三「古代の釈奠について」(『続日本古代史論集』下巻、昭和四十七年、吉川弘文館)
臺藏明「平安朝釈奠に於ける『七経輪転』の一考察」(『皇学館論叢』第八巻第四号、昭和五十年)
福田俊昭「平安朝の釈奠詩」(『日本文学研究』第二十四号、昭和六十年)
倉林正次「釈奠の百度座」(『國學院雜誌』八十六巻二号、昭和六十年)
同氏「釈奠内論義の成立」(『國學院雜誌』八十六巻十一号、昭和六十年)

(2)『礼記』(上)(全釈漢文大系12、昭和五十一年、集英社)

(3)『周礼』(四庫全書、上海古籍出版社。和刻本経書集成〔長澤規矩也輯〕、汲古書院。本田次郎『周礼通釈』上・下、一九七七年、秀英出版)

(4)前掲註(2)『礼記』(上)

(5)前掲註(3)『周礼』

(6)同右

(7)『史記』(新釈漢文大系、明治書院)

(8)『延喜式』(大学寮)(新訂増補国史大系26、吉川弘文館)

(9)『大唐開元礼 附大唐郊祀録』(開元二十一年九月頒布、解題池田温、昭和五十六年、汲古書院)

(10)『大清通礼』(全五十四巻、清道光四序刊、内閣文庫蔵。『纂続大清通礼』全五十四巻、清光緒刊、静嘉堂文庫蔵)

(11)『続日本紀』(新日本古典文学大系、岩波書店)

(12) この唐礼というのは『顕慶礼』であろう。『開元礼』はこの『顕慶礼』を改正したものである（前掲註1の弥永貞三氏論文）。

(13) 弥永貞三氏は「古代の釈奠について」（前掲註1）において、『開元礼』（巻五十四、国子釈奠於孔宣父）の饋享と『延喜式』（大学寮）釈奠式の饋享の部分を逐一対比して論考されるなど、中国や日本古代の釈奠について緻密な研究をされている。

(14) 前掲註（8）『延喜式』

近藤春雄「我国に於ける釈奠に就いて」（前掲註1）

(15) 『日本後紀』（新訂増補国史大系3、吉川弘文館）

(16) 『西宮記』（改定史籍集覧・編外一、近藤活版所）

(17) 『日本三代実録』（新訂増補国史大系4、吉川弘文館）

(18) 『百錬抄』（新訂増補国史大系11、吉川弘文館）

(19) 『中右記』（増補史料大成、内外書籍）

(20) 前掲註（17）『日本三代実録』

(21) 「薩摩国正税帳」（『大日本古文書』二、東京大学出版会）

(22) 『玉葉』（第二）（国書刊行会）、前掲註（18）『百錬抄』

第一篇　江戸幕府の釈奠と教育

第一章　幕府釈奠の成立

はじめに

釈奠[1]は先聖・先師を祭る儀式にして、学問の興隆に大きな影響をもたらしたものである。江戸幕府の釈奠は、儒臣林家の釈奠に端を発し湯島に聖堂を設けて釈奠を行うにいたったものであるが、これより幕府の有司及び諸侯の崇儒好学の気運を高揚せしめ、それがやがて藩学においても行われ、種々の形式を生む結果をみるのである。本章は、林家の忍岡聖堂における釈奠から、綱吉が湯島に聖堂を創設した元禄期の釈奠にいたるまでの変遷を記述したものである。

一　忍岡聖堂の創立

江戸幕府における釈奠の起源は、林家の聖堂に始まる。この林家の聖堂の淵源について、犬冢遜（退翁）の『昌平志』[2]に「寛永七年庚午冬、大猷大君賜林信勝（道春・羅山）荘地五千三百五十三坪併二百金以興学舎」と述べているごとく、道春は寛永七年（一六三〇）に徳川家光より林家の家塾を興させるために、江戸の城北上野忍岡の地五千三百五十三坪と金二百両を拝領して、塾舎及び書庫を建てた。道春は寛永九年（一六三二）さらにこの宅地に文廟(3)を建立したのである。これが聖堂の起源としてみられるものである。文廟の建立にあたっては「大猷院殿御実紀(4)」寛永九年是年の条に「尾張大納言義直卿その事をたすけられて、聖像幷四配の像、且先聖殿の字を書せられ扁額に造り、祭器若干さへよせられしとぞ」と、また『昌平志(5)』には「九年壬申冬、尾張源敬公（義直）損数百金、即其宅地創造廟宇、奉安宣聖及顔曾思孟諸像、且置俎豆、令信勝以時致祭、又書殿額命官匠平内大隅、鐫以掲焉、其廟制多出於公之規画云」と記されているごとく、名古屋藩主徳川義直の絶大な援助を受けて建立したものである。これは義直の崇儒好学の態度にもとづくもので、まったく私的な援助であったと考えられる。かくて先聖殿には孔子及び四配の座像が安置され、祭器も調えられ、先聖殿の黒漆金字の扁額は、工匠平内大隅の鐫作にかかり、徳川義直の書に成るものである。

なお『昌平志(6)』に「聖賢絵像二十一幀」も義直が寄進したと記されているが、『羅山先生文集』及び『羅山林先生行状(7)』によれば、道春が調えたことになっている。この絵は狩野山雪の筆になるもので、伏羲、神農、黄帝、帝堯、帝舜、大禹、成湯、文王、武王、周公、孔子、顔子、曾子、子思、孟子、周子、張子、程伯子、程叔子、邵子、朱子の二十一幀である。この幅にはそれぞれ賛語があるが、これは寛永十三年（一六三六）冬朝鮮の国使が来朝した節に、道春はその副使通訓大夫金世濂に書かせたものである(8)。二十一幀のうち、特に周子（周濂溪）、張子（張横渠）、程伯子（程明道）、程叔子（程伊川）、邵子（邵康節）、朱子の六幀は、釈奠ごとに従祀として殿内に掲げるのを通例とした。

二　忍岡聖堂の釈奠

林道春は、拝領した別野に念願であった塾舎・書庫、そして先聖殿を配置するにいたり、寛永十年（一六三三）二月十日先聖殿において釈奠を行ったのである。[9] これについては、『昌平志』[10] に「献官以下諸執事、皆服深衣幅巾、釈菜孔廟、昉於此」と伝えているのみで、ほかにみるべき史料はないが、忍岡聖堂における釈奠の嚆矢である。この釈奠は、のちの昌平校における釈奠の起源として記されているが、これは林家の私的な儀式にとどまったものである。こうした釈奠が幕府の公的な関係を帯びてゆく契機となったのは、同年七月十七日に将軍家光が先聖殿に孔子及び四配を拝したことにあろう。「大猷院殿御実紀」[11] に「十七日（寛永十年七月）東叡山にならせ給ひ、御宮に御参あり御かへさに儒臣林道春信勝が忍岡の学寮によぎらせ給ひ、先聖殿にわたらせられ聖像御拝あり、ことさら信勝に仰せて尚書堯典をも講ぜしめられ」たのであった。

『昌平志』[12] には

　四月十七日（寛永十年）、大猷大君謁忍岡孔廟、命林信勝講堯典、遜按、是日、大君謁上野烈祖廟、回臨忍岡脩謁孔廟、儀訖命啓帷帳粛瞻聖容、閣老掃部頭井伊直孝、執政大炊頭土井利勝、讃岐守酒井忠勝、并侍焉、陪従諸臣以次排列於廟庭、信勝奉菓一盤、以進大君、因問、五経当先読何書、信勝乃即案上執書経一巻、進命講堯典、仍面賜銀五百錠、弟信澄衣三套、大君謁孔廟、昉於此、

と、その模様を伝えている。なお、その期日については異同がある。すなわち「大猷院殿御実紀」の七月十七日に対して『昌平志』は林信言の「聖堂事実記」にもとづいて四月十七日に参詣したことになっている。「大猷院殿御実紀」寛永十年四月十七日の条をみると「十七日紅葉山御宮御参あり」と、四月十七日は家康の忌日であるので、この日家光は城内紅葉山の霊廟に参詣しているのである。『徳川禁令考』[13] には「寛永七年に至り、初て庠序を開んとするの一挙あり、夫より二年を経て聖堂を上野に建て、翌年七月十七日台駕聖堂に詣り、道春をして堯典を講せしめらるに至る。当神君の能文にして学を好せられ道春の聰敏彊有力を以てすら事をなすの難き事如斯」と、七月十七日の参詣を記しており、さらに、

寛永十癸酉年七月七日

大成殿へ大将軍家光公初参幷林道春被命講書件

　按ニ、去年四月林道春ヲ侍読タラシム、尋テ尾張義直卿、孔廟ヲ忍ヶ岡ニ刱建ス、今年又此挙アリ、以テ幕府歴世儒術ヲ崇信スル篤キヲ知ルヘシ

上野孔子堂江御成、道春をして尭典を講せしめらる。是御当家大成殿御成の始也(14)

と、七月七日に予め林道春に対して、将軍参詣の折、経書を講ずることを命じているのである。四月十七日、将軍家光は紅葉山の霊廟に参詣しており、その上同日東叡山に社参を行ったということは、その可能性が甚だ薄いものと考えられ、したがって従来から『昌平志』の記録にもとづいて家康の忌日を理由に、四月十七日説をとって記述されていることは的を得ていないように思われる。

　この日、東叡山東照宮の社参を行った家光は、かねて道春に申し渡してあるように、林家の先聖殿に臨み、孔子以下の諸像を拝し、終わって道春に尭典を講じさせたのである。これが、将軍の忍岡聖堂参詣の最初であった。このとき、陪従した老中酒井忠勝、同土井利勝も道春の講義を聴聞している。翌十一年、家光はさらに田安門内にあった故大納言徳川忠長の旧邸の一宇を道春に与えた。道春はこれを聖堂の傍らに移し書院としたのである(15)。また、家光は慶安四年（一六五一）四月二十日、四十八歳をもって没したが、その直前に老中阿部重次に命じ、幕費をもって先聖殿に修復を加えている。これが官費をもって修復した嚆矢である(16)。

　家光の先聖殿参詣は一度にとどまったが、忍岡聖堂に対する援助は、以上のように積極的なものであった。こうしたことは、儒臣林道春への褒賞という意味もあったであろうが、しかし何よりも家光自身の崇儒好学の態度にもとづくものであったと解される。かくして林家の聖堂は当初から、幕府の絶大な庇護をうけているのであるが、これが先例として四代将軍家綱に引き継がれていった。

家綱は慶安四年、十一歳の幼少で将軍となったが、生来さして学を好む方ではなかった。同年、家光の遺命により家光の異母弟保科正之を家綱の輔佐役にあてたのも、家光の家綱に対するこうした憂慮があったためであろう。正之の懸命な助言の甲斐もあって、明暦二年（一六五六）十二月十二日に、家綱は林道春を召して『大学』を講じさせるにいたった。このことは正之にとって非常な悦びであった。このありさまを「厳有院殿御実紀」[17]では「保科肥後守正之承りて大によろこび、幼主の聖道に御志をおこし給ふ事、実に国家長久の基なるとて、かしこみ奉りけり」と記している。

やがて家綱は崇儒の態度をもって、父家光の遺志を継ぎ林家に対して援助を与えるようになった。すなわち明暦元年（一六五五）五月二十三日、道春に銅瓦葺きの書庫を与えた[18]。道春はこれを神田の私邸に建て多くの書を蔵したのであったが、明暦三年（一六五七）正月の大火で私邸、書庫ともに灰燼に帰したのである。道春はこのとき、神田の私邸から忍岡の別墅に避難し、銅瓦葺きの書庫の耐火を信じたが、その期待も空しく蔵書は悉く烏有に帰してしまった。そのため、彼は非常に落胆し、これがもとで病いが重くなり遂に同月二十三日この世を去ってしまった。家綱はこのことをいたく愍み、万治元年（一六五八）三月十三日道春の嗣子林春斎に官庫の書籍六十部と四月十日には購書料として五百両を与え[19]、また万治三年（一六六〇）十二月二十五日には先聖殿の改修費用としてさらに五百両を与えている[20]。

先聖殿の改修は春斎の請願によるものであった。先聖殿の修復は慶安四年に行ったばかりであるが「廟創於寛永壬申（九年）修於慶安辛卯（四年）雖未至頽圮、而其規模短窄、或有不便趨謁[21]」という理由により、家綱は老中稲葉正則に命じ、官匠鈴木長常、木原義永などをして改築にあたらせ、これが寛文元年（一六六一）六月に竣工をみている[22]。このとき改修されたところは、

新置両廊以夾杏壇門、門原西向、改作南向、且原一基、改置二基、門外層畳石階、短折而東、規画一新、廟

制始備、廟有重門両廊石階、[23]

とあるように先聖殿の向きを変え、それまで西面であったのを南面にした。正門を南に移し、門の両側に廊を付け、庭を隔てて外門すなわち入徳門を建てた。また下谷の方の断崖を切り崩して道路を開き、この坂を登って入徳門に達するようにしたものである。ただ寛永九年（一六三二）に創建した先聖殿の規模は不明であるので比較することはできないが、このときの規模は次のごとくである。

正殿即先聖殿五間、深闊倶三丈南向両廡各二間、深闊倶一丈二尺与正殿合共為一構、若張翼然、北用板壁余三面倶活牕窓格神座層高畳階七級、常供卓三張、香案一具、而南止一階、其扁額則尾張公書、直扁順書髹之塡金両廊東西各四間北向、入深各一丈五尺夾杏壇門而立、距殿可凡七歩、門内置石水盤一基、明暦丙申八月伊賀守永井尚庸造置蓋係於寛永制廟門二座、為杏壇為入徳、并掲扁額、林恕門人樋口栄清書横扁平書杏壇距於入徳可凡六歩甬道甃石門外畳成石階二層、上者七級、下則倍之、斜転東西南面、下谷坊、階級已尽、分施梐枑、作八字様、側置鋪舎、呵退攔入、[24]

これが寛文元年（一六六一）に完成した忍岡聖堂の規模である。この改修は、「雖云私挙而実係於官役」[25]というように、林家の私的な聖堂が官費をもって行われたもので、その後もこの援助が施された。寛文十二年（一六七二）春には塾舎の増築が施されている。[26]「原塾有南北二舎、是年増置二舎、与南北対称東西塾」[27]と、先聖殿の東に東寮が建てられた。こうして国史館の西寮と併せて東西南北の寮ができたのである。この増築は林家の私塾に学ぶ諸生の増大によるもので、その隆盛を如実に示している。ついで延宝二年（一六七四）十一月にも官費をもって先聖殿の屋根の修復が施された。[28]以上のごとくこれまで官費をもって先聖殿の修復は再三に及んでいるが、その中で最も大きなものは家綱によって施された万治三年（一六六〇）の改修であった。しかし家綱自身は忍岡聖堂の参詣を一度も行わなかった。

三　釈奠の確立

春斎（鵞峯）が祭酒（主）となって釈奠を行った最初のものは、万治二年（一六五九）二月である。この年の八月にも行って春秋の釈奠の先例を作ったが、その儀式の模様は伝えていない。先聖殿の大改修が完成した翌年すなわち寛文二年（一六六二）二月の釈奠も『昌平志』[29]に「於是又審定儀節視前有加」と注を加えているのみで、ほかにもこれを明らかにする史料はみあたらない。しかし、こうした釈奠の累積によって、儀節が整えられていった跡がうかがわれる。

道春が、寛永十二年（一六三五）二月の釈奠に経を講じてその先例を作り[30]、春斎は寛文四年（一六六四）二月の釈奠に初めて楽を奏させたことなどはその例である。

奏楽については、『昌平志』[31]に、

去冬京師楽工狛近元、奉職来江戸、稽逾期年、会値春丁請与子姪及其徒高庸等数輩瞻拝廟貌、因請奏楽於庭、

と記されている。狛近元というのは、伯耆守狛近元のことで、江戸下向した近元は春斎の招請により二月の釈奠に列して箏笙笛筎を合奏したのである。これが釈奠における奏楽のはじめである。翌五年四月、近元が日光祭に奉仕して江戸に帰った折に、再び招いて臨時の釈奠を挙行し、先聖殿の前庭で楽生三十余人をして舞楽を奏させている。[32]春斎はこれをみて釈奠に礼楽が備わり、周室の古に復したと非常な歓びであった。

このようにして、林家の釈奠が整えられ、確立したのが、寛文十年（一六七〇）の釈奠である。寛文十年の釈奠の模様は、林春斎の『庚戌釈菜記』[33]に詳しく記されており、この釈奠は、その後の典例[34]となった。

そもそも、寛文十年八月に盛大な釈奠が執り行われた理由は、林春斎の「告廟文」[35]によると、寛文二年（一六六二）幕府より国史すなわち『本朝通鑑』の編輯を命ぜられたのであったが、これが寛文十年にいたって全巻三

百十巻を完成し、その奉告祭をあわせて行われたためであった。

次に釈奠の次第についてみると、まず各官は、鞠躬して杏壇門を入り聖堂前の庭に北面して列立する。次に掌儀、祝献の賛者は西に面し、迎送神者は東に面す。すなわち司尊簾者が東西に相向うことになる。列立が整うと、掌儀が堂に昇り巡視して堂を降り、鞠躬して元の位置に復する。「聚足升階凡升階之式毎毎人人如此」というように、これが一通り行われた後、迎神者が昇堂して内階下に立って、

大哉孔聖、道徳尊崇、維持王化、斯民是宗、典祀有常、精純並隆、神其来格、於昭聖容、

と迎神詞を唱え、これにともなって伶工が「越天楽」を奏する。次に掌儀が進み出て、聖像の簾を揚げ再び庭に降りる。次に賛者が進み出て石階下にいたり、鞠躬して退き、献官の右に立って西面する。掌儀はまた昇堂して戸辺の左に立ち西面する。祝者は堂の縁上に西面し迎送神者は昇堂して楽器の傍らに立ち西面する。司尊は昇堂して左右に分れ、聖像の前に立ち南面する。そこで掌儀は一旦庭に降り、初献に奠幣を告げて再び昇堂し元の位置につく。告げを受けた初献は盥盤前に進み賛者に従って昇堂する。祝者はこれより幣を執り犠尊前に半跪する。初献は階前に進み、祝者はこれに従う。初献は漆階を昇り幣を奉る。祝者は退きて掌儀の傍らに立つ、その後、初献官が降りて香案前にいたり、揖して焼香し、鞠躬、拝興、拝興、拝興、拝興、平身して堂内の東側に西向に座わる。

次に祝者が起座し堂の障内を点閲する。この時、祭饌、斎郎四人が昇堂する。亜献が鞠躬して漆階の上に昇り、迎送神者は階の側に進み、これに斎郎四人が祭供を相伝する。迎送神者はこれを取り、漆階に順次に列べる。亜献が案前にこれを献奠している間、伶工は「慶雲楽」を奏する。亜献が奠供を終えて堂を降り庭に列立する。斎郎もまた同じ。迎送神者は初献の右後方に着く、次に初献は起座して庭に降り、洗爵して昇堂する、賛者は持爵してこれに従い犠尊前にいたり司尊者が酒を酌む、このとき迎送神者は、

大哉聖王、実天生徳、作楽以崇、時祀無斁、清酤維馨、嘉牲孔碩、薦羞神明、庶幾昭格、

という初献詞を唱える。伶工はこの時「五常楽」を奏する。これが終わって元の位置にもどる。次に初献は香案前にいたり北面して再拝する。そこで祝者は、

維、寛文十年歳次庚戌八月朔乙酉越丁亥日弘文院学士林恕敬致祭于大成至聖文宣王、惟、王、徳配天地、道冠古今、删述六経、垂憲万世、謹以幣帛、醴斉、粢盛庶品、祇奉旧章、式陳明薦、以兗国復聖（顔子）公、郕国宗聖（曾子）公、沂国述聖（子思）公、鄒国亜聖（孟子）公、配、且以周元公、程純公、程正公、張明公、邵康節、朱文公従祀、尚享（饗）、

という祝文を読むのである。次に掌儀は堂を降りて亜献を迎える。亜献の儀は初献と同じである。ただし初献のごとく奠幣を行わない。介者の儀は賛者と同じに行う。迎送神者は、

百王宗師、生民物軌、瞻之洋洋、神其寧止、酌彼金罍、維清且旨、登献維三、於嘻成礼、

と亜献詞を唱える。その間「太平楽」を奏する。亜献が拝し終わって庭に降る。次に掌儀は終献を迎えるのである。終献の儀は亜献と同じである。ただし終献詞は、

牲（犠）象（尊）在前、豆辺（籩）在列、以享以薦、既芬既潔、礼成楽備、人和神悦、祭則受福、卒遒（遵）無越、

と唱え、伶工は「慶徳楽」を奏する。

次に掌儀は分献を迎える。分献二人は盥にて洗爵し堂に昇る。これに執爵二人が爵をもって従う。まず左右の尊に分酌し、次に顔子・曾子の像に奠して各再拝し庭に降る。また子思・孟子の像にも同様に行う。これが終わると掌儀は分奠を迎える。分奠二人は堂に昇る。執爵二人は爵を持ってこれに従い、続いて執爵者四人も昇堂する。分奠は左右に分れて六従祀に奠供し、終わると執爵は各々分奠の後に立つのである。このようにして奠供が終わると、庭に列立している簾者、読文者、斎郎、諸生が逐次昇堂する。昇堂が終わると、掌儀は着座を唱え、献官以下皆着座し、そこで説経、読詩が行われる。すなわち書格者が書格に鉄如意を添えて出し、講義が行われ、

終わると書格を撤する。次に問者が答者の前に進んで跪く。諸生一人が答者に如意を呈し、そこで文宣王の生年について五問五答がなされた。『庚戌釈菜記』には、この問答の全貌を記載しているが長文に過ぎるため、ここに「問」のみを記しておく。

問曰、何休註公羊日魯襄公二十一年歳在己卯、然則二十二年可為庚辰何休亦不可妄言之必其有所伝也、朱子何不用之推為庚戌之歳哉、

問曰、左伝釈文挙一説謂、魯襄公二十三年孔子生至襄公十六年卒歳七十二、此説雖与世家異或其有拠乎、

問曰、公穀去聖不遠史遷遙隔故賈逵服虔、皆謂聖誕為魯襄二十一年、司馬貞亦謂史記誤為二十二年劉恕外紀曰、魯襄二十一年屠維作噩十月孔子生乃是己酉歳也、其年与公穀同月亦与穀梁合明、宋景濂作孔子生卒年月弁而偏考群籍取穀梁之説、決為二十一年十月孔子生、而其卒年従左伝而自襄二十一年筭之至哀十六年為七十四歳、且謂史記誤多不可信之、公穀必有所伝授其弁甚詳而尽矣、故孔聖全書専主濂説不審序説取史記不用公穀、

問曰、聖誕年既詳聞焉、公羊曰、十一月生、穀梁曰十月生説者曰、公羊上挙冬十月書其朔而下書十有一月庚子孔子生不記、其朔則是亦十月也、其意似以一字為衍文故宋濂、従穀梁決以十月為是朱子何取公羊哉、又聞穀梁所謂十月者今之八月也、或曰周十二月也、庚子或以為二十一日或以為二十二日或以為二十三日或以為二十七日、願聞聖誕月日定説、

問曰、聖誕之年月日詳聞、其弁然有一疑、竊聞孔子将生時有麒麟、吐玉書於闕里又聖誕之夕二竜繞室五老降庭果然乎、聖人不語怪則疑是後世好事者之所妄言乎、是等之言太過尊信聖人者乎、然胡五峯者大儒也、記諸大紀則抑亦有此理乎、信之則近惑不信之則似不敬信与不敬難啓蒙昧、願聞其弁而解末学之疑、

これに対して各々返答があり、終わりてのち如意を撤し、文台者は詩に如意二本を添えた文台を香案前に置く。

そこで読師が起座して文台の左すなわち香案の傍らに座る。続いて講師が膝行して文台の前にいたり、「庚戌仲秋上丁釈菜賦舜田秋穀」と題する詩序を読む。続いて読師が献官以下執事者の詩を逐次朗読してゆく。弘文院学士林春斎（恕）の詩は

耒耜曾同象鳥遊、旻天于往事西疇、至尊不忘歴山稼、十二章中粉米秋、

と詠み『庚戌釈菜記』に春斎以下三十名の詩がみえている。読師が詩を読み終わると、講師とともに元の位置に復する。そこで文台者が台を撤して説経読詩を終わるのである。次に亜献が漆階に昇り祭供を撤する。迎送神者は漆階に並びこれを取り伝える。これは斎郎の奠供の儀のごとく行われる。この間「陵王楽」を奏する。終わると、掌儀が起座と唱え、献官以下起座する。次に鞠躬と唱え、献官以下鞠躬し、興と唱えて皆興す。そこで迎送神者により、

有厳学宮、四方来宗、恪恭祀事、威儀雍雍《雝々》、歆茲維馨、神馭還復、明禋斯畢、咸膺百福、[36]

という送神詞を唱える。この間、伶工によって「越天楽」が奏される。次に掌儀は下簾と唱えて下簾し、礼と唱え順次堂より庭に降りて、釈奠が終了するのである。

以上が寛文十年の釈奠の次第である。この釈奠には、林春斎を初献官として、その門下生によって執り行われている。[37]

翌十一年二月の釈奠には、大老酒井忠清の子酒井忠明が忍岡聖堂において釈奠を参観したが、これを契機として、幕府の要職にある者の子を釈奠に遣わして参観させる風潮が高まった。また諸侯もこれに習い釈奠の参観を行っているのをみると、[38]家綱の聖堂に対する援助と、春斎の『本朝通鑑』の編輯並びにこの寛文十年（一六七〇）の盛大な釈奠は、忍岡聖堂と幕府の関係が一層深まってゆき、こうしたことがまた諸侯に対する好儒の機運を作り、釈奠に対する関心も高まっていったものとして注目される。しかし、春斎は、以上のように忍岡聖堂に

おける釈奠の儀を確立するなどの業績を残して遂に延宝八年（一六八〇）五月五日この世を去った。将軍家綱もまた三日後の八日に没している。

四　湯島聖堂の釈奠

春斎の跡を嗣いだのが、次子の信篤（春常・鳳岡）である。彼は延宝八年二月、父春斎の病いによりその跡を嗣いでいる。一方将軍も、同年七月に家綱の弟で上野館林二十五万石の綱吉が五代将軍の地位についた。綱吉は、父家光と母秋野（桂昌院）のよき薫陶を得て成長したが、幼少の頃よりその聡敏さは、温順な兄家綱をしのぐものがあった。「常憲院殿御実紀」[39]には、次のごとくみえる。

此公（綱吉）いまだ御幼年にて、御父君の御膝下におはしけるほど、公達の中にすぐれて聡敏のきざしおはしけるほど、大猷院殿御めのとだちへ仰られしは、この子夙慧衆人にすぐれたり、よくせずば才名のために生涯の禍を引出すべし、あやまちてもさし過たることとして、兄達に礼を失ひ、にくみを受しむべからず、何事も謙遜をむねと輔導すべし（中略）またある時は、御母桂昌院殿にむかはせ給ひ、（中略）この児いとさとく、生先心にくくみゆ、善師をえらび、今より書籍を学ばせ、聖賢の道に心を用ひしめば、ゆく〳〵ものの用に立なん物ぞ、（中略）母君も涙うかめてかしこみ給ひ、御幼稚のほどより、何事よりも先文よむ道をすゝめ給ひしかば、御心を経典にはげまし給ひ、ふかく伊洛の書に御精神をそめ給ひ御病臥といへども書巻をはなち給はず、儒臣を接近し聖道を討論し給ふ事はさらにもいはず、御みづからも経書を講演し、内外の臣等に拝聴せしめらる。其度々には御上下をめし、御劔をも遠くさけ給ひ、先聖を敬礼し給ふ。

このように、綱吉の人となりしを物語っているが、綱吉はすでに幼少の頃から儒学の道に精進した。このため彼は、朝廷尊崇・祖先崇拝、また特に母親への孝養心など篤きものがあったが、これらは、儒学の精神にもとづくものであろう。彼はまた将軍の地位にあって常にその研鑽を積んだ。例えば将軍就任直後、すなわち延宝八年九月十一日に林信篤と人見友元を召して、経書の討論を行わせたことは有名なことであるが、これにより今までの『大学』中心の学問をさらに広げ「四書五経」に及び『四書直解』『四書集注』『周易本義』の出版をみるにいたった。また同年九月十七日林信篤に『大学』を進講させ、以来、この講筵は月三度ずつ行っている。綱吉のこうした好学の態度は、林信篤及び林家の聖堂に対する尊崇の念が高まり、その関係もまた深まっていった。

信篤は寛文十二年（一六七二）家綱よりすでに法眼に叙せられていたが、貞享四年（一六八七）に綱吉より大蔵卿法印に叙せられ、さらに同年、弘文院学士の称号を授けられた。これは先例に習ったもので春斎と同様の叙位であった。信篤が将軍綱吉との関係を最も深めていったのは、綱吉の侍読として常に経筵を行ったことと、忍岡聖堂の釈奠に綱吉自から参詣したことにある。信篤は元禄元年（一六八八）二月二十五日の釈奠において「儒臣林弘文院信篤が家塾、釈菜進薦（薦進カ）の品を拝戴し給ふ(40)」とみえているように、釈奠に薦進した胙などを信篤は綱吉より拝領している。このときの釈奠は先例にないこととて「信篤、御前にて吸物たまひ、御盃を下され時服をかづけらる(41)」とあり、綱吉の嘉賞は格別であったと思われる。こうして綱吉の忍岡聖堂に対する崇敬も深められ、元禄元年十一月二十一日に、家光の先蹤によるとて、自ら忍岡の聖堂に参詣するにいたった。この経緯については、去る九月二十八日に綱吉は信篤に対して

孤幼嗜学、長而不懈、深崇聖教、切慕儒風、聞汝父祖創孔廟於家塾、二仲享奠紹継不絶、孤甚嘉之、又聞、大猷大君嘗謁焉、将遵前例修展謁之儀、頃付宰執詳議、而衆議僉同、汝宜検討故事粛択時日(42)、

と命じた。そこで信篤は、

書籍等相考、聖誕日十一月廿一日に相当仕候に付、御参詣被遊可然奉存候段、翌廿九日登城仕申上候、依之其以後十一月十二日大内記（林信篤）被召登城仕候処、大久保加賀守（忠朝）、阿部豊後守（正武）、戸田山城守（忠昌）、土屋相模守（政直）、牧野

備後守（成貞）、喜多見若狭守（重政）列座、加賀守上意之趣被仰渡候は、御幼少より御学問被遊聖教御尊信被遊候、忍岡孔子堂にて釈菜不絶修行仕候旨思召に相叶候、依之廿一日聖誕日に相当候間、御参詣可有之旨に付、難有段御請申上、其後御前へ罷出難有奉存候旨、御直にも申上候(43)、

と返答した。かくて綱吉は十一月二十一日すなわち聖誕の日に聖堂への参詣を行った。将軍自ら聖堂に赴いて参詣したのは家光以来のことである。参詣の態度は、儒者として聖像を崇い儒風を慕う慇懃な態度で臨んでいる。『昌平志』(44)にその模様を次のごとく伝えている。

大君斎戒三日、是日盛服、備儀従官侍班、通臨忍岡、稍近於廊而降輿、信篤伏迎於杏壇門外、牧野成貞引大君盥於階下、訖乃升殿、北見（喜多見）重政奉剣跪於階上、内務一人奉履立於階下、陪従諸臣以次列於庭、信篤既迎候大駕、遂升跪於西階中謝、二人亦同就西階、各脱佩刀入殿、由内排扉退跪両階、正武（阿部）、忠昌（戸田）、基玄（畠山）等亦皆就西階脱佩刀、而正武、忠昌進歴内階、褰帳捲簾降与基玄列跪西廡、成貞既引大君詣於拝裀、信篤入跪於左唱焚香拝、及陪咨詢、基玄奉杯逓与信篤、信篤跪受、歴於内階詣於神位前、傾爵実酒、降授基玄、基玄跪奉而進、信篤転跪於原位唱飲福、大君啐訖授基玄、而奉退、信篤再歴内階奉持告文、跪読於香案西訖乃唱拝、大君拝、正武、忠昌進歴内階、下簾垂帳降復原位、信篤唱拝大君拝、礼成成貞遂引大君詣於東廡、転詣於西廡巡覧久之、正武、忠昌以次出殿、就原位而帯刀、降列於廟庭、大君既下殿中謝、二人乃起闔扇、大君遂臨書院、命信篤進講尭典、近侍諸臣咸陪聴焉、亦用寛永故事也、講罷賜宴、猿楽人奏伎、大君懽甚、因起自舞、

このように参詣に先だち三日の斎戒を行い、熨斗目長袴の盛服を着して臨むなど厳粛なものであった。その後、綱吉は、翌年二月二十一日、三年三月二十一日と再三にわたり参詣したが、三年七月九日にいたり、綱吉は信篤を召して、幕府の聖堂として新たに建立する旨を命じたのである。その理由は、

孔廟之設、原創於尾張公、而累朝因以加崇隆然、義不本於朝典、殆有闕於盛心、且地逼寺刹、緇流接蹤、夫

薫蕕不同器、矧儒仏共境乎、将審択爽塏鼎新廟殿、以昭国家崇尚之義(45)、

すなわち、林家の孔廟はもともと朝典にもとづいたものではなかったから、意に添わないものがある。かつ、聖堂は寺院と区別されるべきものであるのに、寛永寺の一角に存することは好ましいことでないから、聖堂を寺域より切り離して新たに建立し、もって国家崇尚の義を明らかにしたいというのである。かくて「択城北相生橋外神田台(46)」を選び、ここを廟学の地と定め、この地を聖郷に擬して昌平と改めた。この聖堂は元禄四年（一六九一）正月に竣工している。その規模は、次の通りであった。

正殿五間五尺南向、擎檐聳栄、銅裹硐瓦、為楹十四、南止一階、殿内中於北壁而構室、此為神座南面、其殿額則常憲大君製書也、両廡各三間、亦倶南向、与正殿合、共為一構、若張翼然、枋櫄斗拱、皆鐫雲絞、而硃油漆之、装以釘鉸、東西各設活階、以便升降、而穿西廡西壁、横通短廊、達於神厨、六間東向、繚以崇垣、墻瓦裏以赤銅、東西廊、各六間北向、夾杏壇門而立、杏壇門六柱、門内列置石水盤二基、入徳門、六柱、幷非有事、則恒厳扃之、門右穿側門、便於出入、西垣又設便門、西出達於行殿、繚以磚垣、厳限廟庭、甬道東置石水盤一基、穿門南、出石板布地、東西臨崖植墻、砌石已尽、畳成石磴、緩漫為勢、中其上下、特闢一級、以為大君降輿之所磴尽又為甬道、道右置石水盤一基、井一幹、仰高門、六柱、東西両舎、向立雙峙、門外置邏所、憩所、馬庌、各一列在門西、傍施竹籬、掲豎禁牌、凡都墻四週、其制不一、起於学舎北角、至於入徳門、磚垣粉条、石畳其脚、而東面最峻、但仰高門一界、崇築土垣、皆因地勢植墻亦異、祭器図書諸庫三所、幷七間、在於神厨西北、又置木廠数間、雑貯器物(47)、

すなわち、正殿は間口五間五尺、奥行三丈七尺五寸、高さ四丈三尺三寸で両廡は各横が三間、奥行が一丈九尺五寸あり、正面に綱吉の書に成る黒漆金字の「大成殿」の扁額を掲げた豪壮なもので、「倣忍岡旧廟、以大其規劃、雄偉之製、輪奐之美、且極精緻莫不完備(48)」と、林家の聖堂に比して規模が大きく、幕府の聖堂としてその権威を

充分に表現したものである。

二月七日に、側衆松平輝貞を総指揮として神位の奉遷が行われた。このとき、忍岡の聖堂より聖像及び四配の像を神輿にのせ、湯島までの道筋の家の表戸を閉ざさせて遷座が行われ、聖像を湯島大成殿に安置したるのちに遷座式がなされた。[49]大成殿内における聖像の配列は、正面南向に「大成至聖文宣王」を配し、その両側に四賢を安置した。すなわち東側に「兗国復聖公顔子」と「沂国述聖公子思」、西側に「郕国宗聖公曾子」と「鄒国亜聖公孟子」をそれぞれ南面に配している。その前方左右に十哲を東西に向けて置いた。従祀は大成殿の東西に画像を掛け、これは釈奠の日以外は取り外しておく。絵は狩野山雪の筆に成るもので東西両廡に掲げた賢儒の画像は元禄元年、狩野益信の筆で湯島大成殿のため新たに描かせたものである。[50]

湯島に新たに幕府の大成殿を建てた綱吉は、元禄四年二月十一日、幕府による最初の釈奠を挙行した。[51]

この日、綱吉は、熨斗目長袴の盛装にて若年寄加藤明英などをともなって新廟に赴いたのである。大駕は仰高門より入り入徳門の内にて輿から降り、側用人柳沢保明の先導により山名泰豊が刀を執り、酒依昌隆は沓を奉じて杏壇門より歩を進めた。儒臣林信篤はこれを杏壇門外で迎えた。綱吉は盥洗したる後に昇殿し膝突につく。そこで奉納の神剣[52]を老中大久保忠朝が奉持して信篤に授けた。信篤はこれを神位に奉薦したるのち、綱吉が焼香を行った。その後に飲福の礼が行われ、これが終わると一旦御成殿に退き、辰之後刻に再び杏壇門内に設けられた仮閣に臨み、釈奠の礼を上覧した。

次に、この釈奠についてみると、入徳門の左右に竜旗を建て、杏壇門の内の東側に盥盤を置き、西側の廻廊には紅氈を敷き、ここを伶人の座とし、堂縁の西方に二案と、銅爵、洗爵盤を置いた。堂内には猩々緋を敷き、その東方の中央に褥を設け、ここを献官の座とした。

まず伶人が西廊の座に着くと、続いて講習所より清道者、迎送神者、読詞者、掌儀、引者、祝、唱名者、読告文者、開戸者、褰帳者、揚簾者、垂帳者、下簾者、伝供者、伝撤者、司樽者の行次にて入徳門より入り各々鞠躬して杏壇門に入る。このとき伶人が楽を奏する。次に初献の賛者が初献官を導いて入り、大成殿前の庭の中央に立つ。亜献官、分献官、分奠官も同様に賛者に導かれ介者を従えて庭に立つ。次に斎者、爵盤者、問者、講師、講名者、書格者、文台者、諸生と順に鞠躬して入り、初献官の後方に列する。次に清道者が堂下の石階側に進みて左右に分立する。続いて迎送神者、読詞者は東向きに、掌儀、引者は西向き、祝者、唱名者は東向き、読告文者、西向き、開戸者、褰帳者、揚簾者、垂帳者、下簾者、伝供者、伝撤者、司樽者は各々別れて東西に向かう。次に初献官の賛者が列を出て西向きとなり、介者はこれに従い、解劍者はその傍らに立って東向きとなる。亜終献官の賛者も列を出て西向きとなり、介者は亜終献官の側に立ちて東向きとなる。分献、分奠の賛者及び介者もまた同じ。次に斎者が列を出て東西に別れて向かう。問者、講師、講名者は北面し、分奠の介者の後に立つ、爵盤者、書格者、文台者は東西に向かう。諸生は北面して後に立つ。かくして掌儀は鞠躬し堂に昇り、点香して殿を降り、西向きに立ちて迎神と唱える。そこで迎送神者は昇殿し、

大哉孔聖、道徳尊崇、維持王化、斯民是宗、典祀有常、精純並隆、神其来格、於昭聖容、

と迎神の詞を奉ずる。その間、伶人は「越天楽」を奏す。終わって堂を降りると、掌儀は褰帳、揚簾と唱える。帳簾者は堂に昇り、帳簾を揚げる。開戸者も続いて昇堂し、漆階の下にいたり、帳簾者の降りるのを見て漆階を昇り、文宣王及び四配の厨子の戸を開き、帳簾者と共に堂を降りる。次に掌儀は堂に昇り、堂内の左側に座して北向きとなる。次に引者が昇殿し掌儀の右につく。祝者はその右につき、唱名者はまたその右につく。次に迎送神者、読詞者が昇殿し西向きに座す。司樽者は東西の樽案の前に南向きとなる。このようにして殿内着座が終わると、掌儀は殿より降りて献官を迎える。献官は香案の前に立ち、鞠躬してのち、香案の右側の座につく。次に掌儀は奠供を告げる。

まず祝者は斎厨に入り、祭饌を点閲する。伝供者、伝撤者、斎者、爵盤者、開戸者、帳簾者、読告文者が相次いで昇殿する。亜献官は漆階に昇り、そこで斎者が祭饌を伝供者に伝え、伝供者は漆階を昇りて亜献官に授く。亜献官はこれを四配六従祀にそれぞれ献ずる。次に掌儀は初献官を迎える。祝者は西壇の祝案の前に立つ。賛者はまず点香し、初献官を導く。初献官は爵盤の前にいたり、手ずから爵を洗い介者に授けて犠尊の前にいたる。司樽者が酒を酌み賛者これを受けて初献官に従い漆階を昇る。初献官はこれを受けて各々に献ずる。そこで読詞者が、

大哉聖師、実天生徳、作楽以崇、時祀無斁、酒酤維馨、嘉牲孔碩、薦羞神明、庶幾昭格、(53)

と初献詞を読む。この間、伶人は「万歳楽」を奏する。終わると初献官は案前に跪く。祝者は祝版を執り象樽の辺りに跪いて、

維、元禄四年歳次辛未二月丁巳朔丁卯命従五位下守大学頭林信篤、敬致祭于大成至聖文宣王、惟、王、徳配天地、道冠古今、刪述六経、垂憲万世、謹以幣帛、醴斎、粢盛庶品、祇奉旧章、式陳明薦、以兗国復聖公、郕国宗聖公、沂国述聖公、鄒国亜聖公配、且設十哲木主貼、先賢先儒画像於東西而以周元公、程純公、程正公、張明公、邵康節、朱文公従祀、尚饗、

という祝文を読む。終わると祝版を案上に置いて座にもどる。次に読告文者は西壇の前にいたり告文を匣より出し、読み終わって再び匣に納めて座に復す。次に掌儀は亜献官を迎える。亜献官は初献官と同じく象樽の酒を酌んで案前に跪く。終献官もまた同じように行う。なお亜献の詞は次のごときものであった。

百王宗師、生民物軌、瞻之洋洋、神其寧止、酌彼金罍、惟清且旨、登献惟三、於嘻成礼、

この亜献詞は、終献詞にも用いられる。このとき伶人は「三台塩」を奏し、終献の時は「太平楽」を奏した。次に掌儀は分献官を迎える。分献官は爵を洗い四配に分献して元の座に復す。続いて分奠官が漆階を昇り六従祀

に分奠する。賛者、介者もこれに従う。分奠が終わると、講師、講名者、書格者、文台者、諸生、清道者が殿に昇り座につくと、引者は点香する。次に掌儀は飲福受胙と唱える。祝者は西方の司樽の前にいたり、献官も香案の前に跪く。爵盤者は、飲福の爵を取って祝者に授ける。祝者は、これを持って漆階を昇り、聖前の酒をこれに移し、降りて犠尊の前にいたり、罍尊の玄酒を合せ酌みて献官に授く。献官はこれを受けて呑み、その爵を賛者に授く。賛者は爵盤者に授けて退き、献官の左に立つ。次に祝者は、胙盤を捧げて漆階を昇り、これに胙を分けて降り、献官に授く。献官はこれを受けて食し、盤を賛者に授く。賛者は爵盤者に授けて退き献官の左に立つ。終わりて祝者、爵盤者ともに元の座につく。そこで鞠躬する。次に掌儀は撤供と唱える。祝者は斎厨に入り、引者は点香する。終献者が漆階を昇り、聖前並びに四配の饌を撤し、降りて六従祀の供を撤する。これを伝撤者が伝えて斎者に授く。このとき、読詞者は、

犠象(尊)在前、豆籩在列、以享以薦、既芬既潔、礼成楽備、人和神悦、祭則受福、卒遵無越、

と撤饌詞を読む。これは、寛文十年（一六七〇）の釈奠には終奠詞として読まれている。伶人は「還城楽」を奏する。次に掌儀は下簾と唱える。下簾者が漆階を昇り簾を下す、引者は点香し書格者は西方漆階の上につき、書格を捧げて三献官の前に跪く。問者は三献官の前に跪いて問義をいう。各々に応答があり、終わると一揖して退く。これは四問者まで亜献官に問い、五問者は初献官に問う。終わると引者が点香する。文台者は、西方漆階上の詩巻を取りて香案の前に置く。講師は文台の前にいたる。読師は文台の右につき、三献官の詩を読む。講名者は、祭奠に従事する輩の姓名を読みあげる。これが終わり一同起座して鞠躬すると、掌儀は点香し、送神と唱える。そこで迎送神者は、

有厳学宮、四方来宗、恪恭祀事、威儀雝々、歆茲維馨、神馭還復、明明禋畢(禋斯)、咸膺百福、[54]

と送神詞を読み、伶人は「越天楽」を奏する。

次に帳者が漆階を昇り垂帳する。掌儀は礼畢りと唱え、伶人は「夜半楽」を奏する。これで釈奠の礼が終わるのである。退出にあたり唱名者はその次第により姓名を唱え、迎送神者、読詞者、賛者、祝者、読告文者、褰帳者、揚簾者、垂帳者、下簾者、伝供者、伝徹者、司樽者、初献賛者、初献官介者、解劍者、亜献賛者、亜献官介者、終献官介者、分献官分奠賛者、分献分奠官介者、斎者、爵盤者、問者、講師、講名者、書格者、文台者、諸生の順に庭に降り、唱名者は最後に降りる。そこで、初献の賛者が鞠躬して一同に鞠躬と唱え、皆鞠躬してしかるのちに退出する。

この釈奠には林信篤が三献官、分献、分奠及び読師をかねており、その他の者も兼摂せる者が多く、総数三十二人で執り行っている。

終了後、御成殿において綱吉は、信篤に対し新廟が竣工し祭式も全く備わりほとんど尊崇の素意に適うと大いに悦び、大成殿の祭祀の費用として千石を寄進した。また前々より給与していた学問料[55]は従前たるべく仰せ付け、その上防火に備えて諸侯のうちより聖堂火消役を命ずるべき旨を申し渡した。それより席を改めて綱吉は自ら経書を講じている。この時、諸老臣以下儒臣が群集してこれを聴聞している。この後、酒宴を催し、拍子仕舞が行われ、信篤以下家族、門生にいたるまで束帛を授け、綱吉は申の刻に帰城したのである。

以上が元禄四年二月十一日の湯島聖堂における釈奠であり、これが幕府における釈奠の典例となった。

以後、綱吉は、宝永二年（一七〇五）三月まで湯島の聖堂に参詣し、そのつど講経を行っている。

元禄五年（一六九二）二月十三日の参詣には儀刀一口、馬資金一枚、寄楠香一木を奉納したるのち仮閣にて釈奠を上覧し、釈奠後綱吉は行殿において『論語』の学而篇を講じた。六年二月二十一日の釈奠も同様に行われたが、この年の八月六日に秋丁が行われている。これは、今まで二月の春丁のみ行われ、かつ将軍の参詣があるため、崇聖の志のある大名は参観ができなかったので、諸大名の参観の便をはかり秋丁を行ったものである[56]。以来、湯島聖堂においても忍岡聖堂の釈奠と同様、春秋に行われるようになった。こうしたことも、諸大名をして崇聖崇儒の機運を高めて行く基となった。元禄七年（一六八八）二月二十五日に参詣を行ったが、同年秋九月二十二日に綱吉の生母桂昌院をともなって参詣が行われ、殿に昇りて膝突にて礼拝を行った。この折、桂昌院は、和歌及び寄楠香を献じている。和歌は

万代の秋もかぎらじ諸ともにまうでゝ祈る道ぞかしこき

と詠んだもので、これに綱吉は、

甲戌九月二十二日、母堂誘我、共詣聖廟、詠倭歌以遂宿願、唯期、依聖徳而弘学道同保長生不老之寿、以示国家太平之福、可以祝者也、(57)

という跋文を添えている。これは湯島に新廟を建立したためで、異例のことであった。この時、大成殿の両廡に器物を陳列して桂昌院の観覧に供した。例のごとく八年八月二十一日、九年三月二十一日、十年三月二十一日と参詣が行われた。十一年四月には雑司谷薬園にあった神農の木像を聖堂の東北に祠を建てて移している。これは薬園を廃し、この地に護国寺を建てるためであった。こうして綱吉は莫大な幕費をもって寺院建立に意を注ぐようになった。なお、このような風潮の折、同年九月に新橋南鍋町より出火し、たちまち大火となり、忍岡の聖堂は悉く烏有に帰してしまった。これにより林家の忍岡聖堂は再建されることなく遂に廃絶したのである。

十二年の湯島聖堂参詣は見られないが、十三年には二月二十一日に行った。続いて、十四年二月二十一日、十五年三月二十一日、十六年四月二十六日にそれぞれ参詣したが、十六年十一月二十九日夜、小石川水戸邸より出火したいわゆる地震火事により、大成殿、御成殿、学寮など悉く灰燼に帰した。ただ聖像、四配、十哲木主及び殿額は、聖堂火消役前田利直の家人により難を免れた。また一隅に安置せる神農像も無事避難させた。

そこで幕府は、宝永元年（一七〇四）二月、聖堂の再建として宇和島藩主伊達宗贇に助役を命じ、老中秋元喬

知などが奉行となって工事を七月に着工した。十一月には早くも上棟の運びとなり、同月二十五日に聖像の遷座を行った。位置、構造ともに旧のごとくであったが、出費節減をもって大成殿の高さを三尺程低くし、饗応座敷、学舎、役人長屋など同時に再建したが、御成殿の再建はみられなかった。また七十二賢及び先儒の画像は焼失したので、新たに狩野常信に描かせた。綱吉は、宝永二年三月二十四日この再建した聖堂に初めて参詣したが、これが綱吉の聖堂参詣の最後であった。(58)

おわりに

林家の忍岡聖堂は、その当初から幕府との関係が深く、したがって、忍岡聖堂における釈奠に幕府の関心が高かった。その先鞭をつけたのが家光である。こうした将軍の態度は、また諸侯に崇聖好儒の機運を高める結果を招来した。これを踏襲し、さらに発展せしめたのが綱吉であり、それが湯島聖堂の建立によって実現した。日本における釈奠の歴史は古く、大宝元年（七〇一）にその端を発している。以来、延喜の礼を典拠として行われて来たが、応仁の動乱を境に跡絶えてしまった。これを再興したのが林家の釈奠であると考えられる。

林家の釈奠は延喜以来の典例によるとはいえ、私的な釈奠であるため簡素なものであった。だが林春斎による寛文十年（一六七〇）の釈奠及びその記録『庚戌釈菜記』は、その後、林家の釈奠のみならず、湯島聖堂の釈奠、ひいては藩校における釈奠、また儒家の釈奠の典拠となり、大きな影響をもたらしたものとして注目される。元禄四年初めて行われた湯島聖堂の釈奠は、忍岡聖堂より聖像を遷座しており、また林信篤が祭主となり、執役はその門生を主体として執り行われたのである。しかしその内容において種々改善を加え、公的性格を具現させて盛大なものであった。執役及び釈奠次第の細分化はその一端を示すものである。(59) 以後、この釈奠を基に、正徳・享保・寛政(60)と改正されてゆくのである。

（1）釈奠は神前に爵を置くもので、釈菜は蘋菜、釈幣は幣帛を供えるものであるが、江戸時代においては一般にそれほど厳密に区別して使用されていない。初期には釈菜を用い寛政以降多く釈奠の用語を用いているのは、「旧儀称釈菜、寛政丙辰（八年）改称釈奠」（国立国会図書館蔵『釈奠今儀』）ということによるものである。

（2）犬冢遜『昌平志』巻第一・廟図誌（日本教育文庫・学校篇、同文館）

『日本教育史資料』七（冨山房）

（3）「大猷院殿御実紀」巻十六、寛永七年冬の条（新訂増補国史大系39『徳川実紀』第二篇）

儒臣林道春信勝に、忍岡にて別墅の地五千三百五十三坪下され、学寮をいとなむべしとて費金二百両給はる、

（4）「大猷院殿御実紀」巻二十一、寛永九年是年の条

儒役林道春信勝かねて学校建べしとてたまはりし忍岡の宅地に文廟をいとなむ、

（5）『昌平志』巻第一・廟図誌

『日本教育史資料』七

『昌平志』巻第二・事実誌

九年壬申冬、尾張公源義直於林信勝賜荘、造営廟宇安置宣聖及顔曽思孟諸像凡五軀、

（6）『昌平志』巻第二・事実誌、寛永九年壬申冬の条

『昌平志』巻第二・事実誌

（7）『昌平志』巻第三・礼器誌、掛画二十一幀の条

幅即尾張公置製

『続々群書類従』第三・史伝部

（8）『昌平志』巻第二・事実誌、寛永十三年の条

十三年丙子冬韓使来聘、林信勝請其使臣金世濂賛書従祀幅、

（9）「大猷院殿御実紀」巻二十二、寛永十年二月十日の条

『昌平志』巻第三・礼器誌、掛画二十一幀の条

儒役林道春信勝始て忍岡の先聖殿にて釈菜を行ふ、

(10) 『昌平志』巻第二・事実誌
(寛永)十年癸酉二月十日、始釈菜孔廟、林信勝献官、

(11) 「大猷院殿御実紀」巻二十三、寛永十年二月十日の条

(12) 『昌平志』巻第二・事実誌

(13) 『徳川禁令考』前集第二・八〇二号、林道春乞建学校条（創文社）

(14) 『徳川禁令考』前集第二・八〇三号
大成殿へ大将軍家光公初参幷林道春被命講書件、

(15) 『昌平志』巻第二・事実誌
(寛永)十一年甲戌、賜官材於林信勝以築書院、
「大猷院殿御実紀」巻二十六、寛永十一年是年の条
駿河亜相旧邸の内一宇を賜はりて先聖殿の傍にうつす、

(16) 『昌平志』巻第二・事実誌

(17) 「厳有院殿御実紀」附録・巻上、明暦二年十二月の条
『羅山先生文集』（平安考古学会）

(18) 『昌平志』巻第二・事実誌、明暦三年の条
(明暦)元年乙未五月二十三日、厳有大君特賜林信勝以貯図書、
なお、この条に「猛焔延及忍岡、器庫書庫倶燬」と述べているが、このとき忍岡は罹災から免れているので神田の私邸の類焼による書庫の焼失を、忍岡の書庫の焼失と誤って記したものであろう。

(19) 『昌平志』巻第二・事実誌
「厳有院殿御実紀」巻十五、万治元年三月十三日の条・同年四月十日の条

(20)「厳有院殿御実紀」巻二十、万治三年十二月二十五日の条
(21)『昌平志』巻第二・事実誌
(22)『昌平志』巻第一・廟図誌及び巻第二・事実誌、万治三年十二月の条
(23)『昌平志』巻第二・事実誌、万治三年十二月の条
(24)『昌平志』巻第一・廟図誌
(25)『昌平志』巻第二・事実誌、万治三年十二月の条
(26)『昌平志』巻第二・事実誌、寛文十二年春の条
　　賜給官材増築塾舎
(27)『昌平志』巻第二・事実誌、寛文十二年春の条
(28)『昌平志』巻第二・事実誌、延宝二年十一月の条
(29)『昌平志』巻第二・事実誌、寛文二年二月の条
(30)『昌平志』巻第二・事実誌、寛永十二年二月の条
(31)『昌平志』巻第二・事実誌、寛文四年二月の条
(32)同右
(33)内閣文庫蔵
(34)「釈奠旧儀」(『昌平志』巻第五・儀節誌)
(35)『庚戌釈菜記』所収
(36)送神詞には次のごとき文字の異同が見られる。
「宗」は、松永尺五の『釈奠儀例』(内閣文庫蔵)及び『昌平志』巻第五には「崇」となっている。また「維」は『釈奠儀例』『昌平志』ともに「惟」に作る。「雍雍」は、『釈奠儀例』では「雍容」、『昌平志』では「雝雝」となっている。「歆」は、『昌平志』では「韻」と作り、『釈奠儀例』は「歆」である。
(37)『庚戌釈菜記』に次の人々がその掌にあたっていることが記されている。

初献　学士(林　恕)
亜献　林鼇(鳳岡)
終献　林憲(信恕)
分献　林鼇、坂(井)享
分奠　林憲、坂(井)享
迎送神　狛庸
掌儀　高(井)安成
揚簾　(小島)道慶、(狛)春沢
祝　璋
司尊　(中)村顧言、林泰(秦カ)
賛者　(沢)南(高)直
介者　小出泉、石習
分献執爵　小出泉、津省
分奠執爵　石習、津省、左(佐カ)筠
鶴丹(安)、田欑(説丹攅)安悦
下簾　(岸)田植、(中)島周
告文　仲籠
斎郎　尾退、施定、井通、立知忠
書格如意　森默
知意　川宗倫
問者
初問　(中)島周
二問　左(佐カ)筠

三問　石習
四問　(岸)田植
五問　賀璋
答　者
初答　林憲
二答　坂(井)享
三答　林戇
四五答　学士(林恕即ち春斎)
文　台如意二本　尾退
読　師　林戇
講　師　(沢)南(高)直
諸　生　湊安、宅直、和(田)堅
伶　工
羯鼓　安李治
太鼓　秦兼伴
笙　多忠行
篳篥　狛光信
笛　狛高重
警　固　太田備中守(資宗)家士
石岡氏
士卒五十人許
膳司並饗応　岸清隆、林之盛

なお、祭供及び釈奠図を示せば次のごとくである（次頁）。

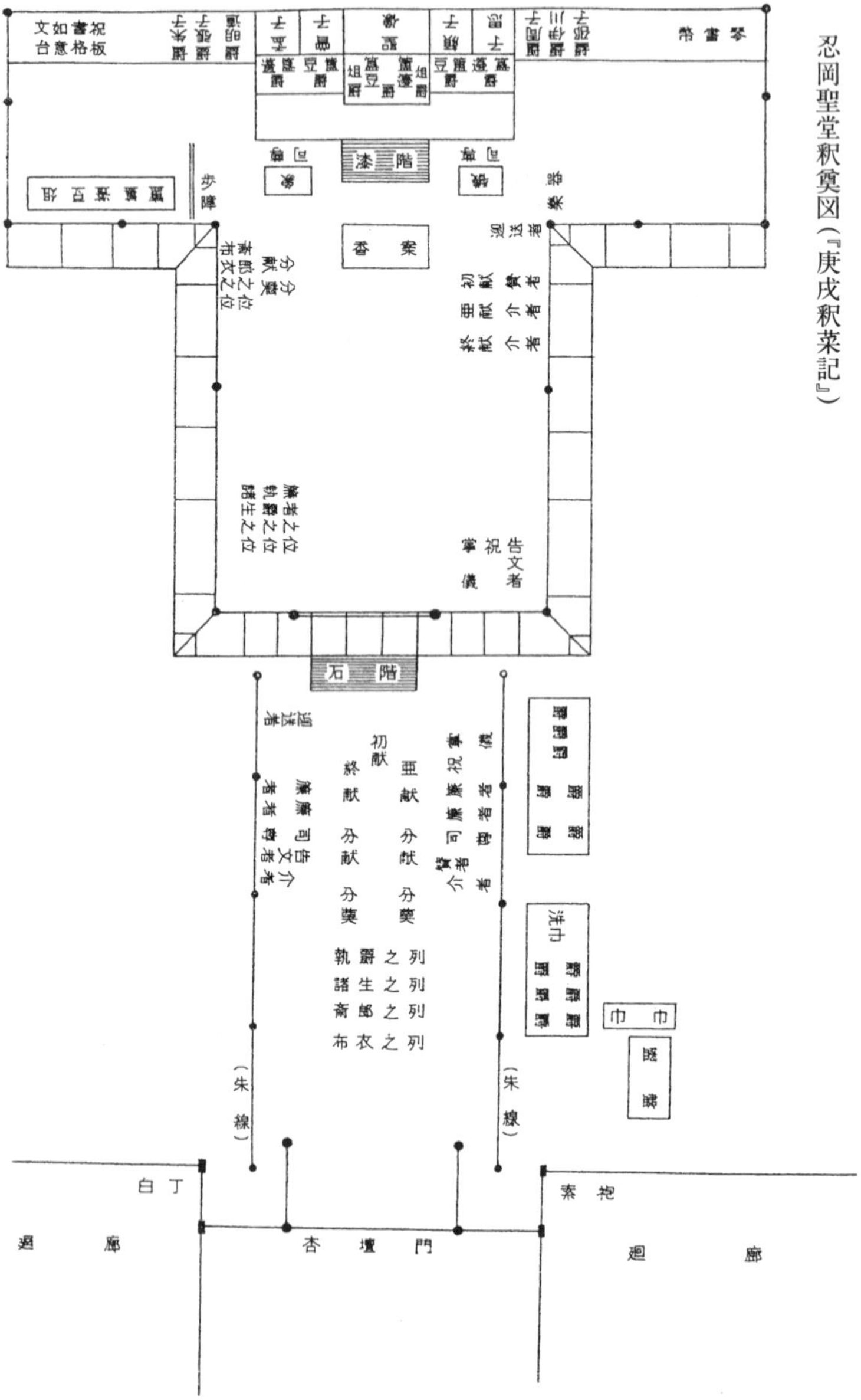

忍岡聖堂釈奠図（『庚戌釈菜記』）

○祭供（『庚戌釈菜記』）

聖　像　簠　俎 雄兎 粢盛　爵　時菓　爵
　　　　簋　俎 白黒餅 雌兎（雄）　豆　干肉 菜　爵
　　　　　　　　　　　　　　　　爵
思　孟　簋　粢盛　　爵
　　　　籩　時菜
顔　曾　簠　粢盛　　爵
　　　　豆　干肉 菜
周　子　爵　兼設銅台
五幅　　同　前

（38）『昌平志』巻第二・事実誌、寛永十一年二月の条
なお、延宝元年十二月に薩摩の国主島津久通が琉球国製の香案一張を聖堂に寄進しており、延宝二年八月の釈奠には水戸光圀が永井尚征とともに釈奠を参観した。このとき、永井尚征の家士をもって聖堂諸法門の警護にあたらせている。
（39）「常憲院殿御実紀」巻一、正保三年より延宝七年の条
（40）「常憲院殿御実紀」巻十七、元禄元年二月二十五日の条（新訂増補国史大系43『徳川実紀』第六篇）
（41）同右
（42）『昌平志』巻第二・事実誌、元禄元年十一月二十一日の条
「常憲院殿御実紀」巻十八、元禄元年九月二十八日の条
（43）林信言「聖堂事実記」（『日本教育史資料』七・祭儀）
（44）『昌平志』巻第二・事実誌、元禄元年十一月二十一日の条
（45）『昌平志』巻第二・事実誌、元禄三年七月の条

（46）同右
『聖堂之画図』（元禄四年、内閣文庫蔵）
（47）『昌平志』巻第一・廟図誌
（48）同右
（49）『昌平志』巻第二・事実誌、元禄四年正月の条
（50）『昌平志』巻第一・廟図誌
なお、四賢以下の配置は次のごとくである。

東哲五位（西向）

費公閔子、薛公冉子、黎公端木子、衛公仲子、魏公卜子、

西哲五位（東向）

鄆公冉子、斉公宰子、徐公冉子、呉公言子、陳公顓孫子、

東祀三位（南向）

周元公、程正公、邵康節

西祀三位（南向）

程純公、張明公、朱文公

東　廡

澹台子滅明、原子憲、南宮子适、商子瞿、漆雕子開、樊子須、公西子赤、梁子鱣、冉子孺、伯子虔、冉子季、漆雕子哆、漆雕子徒父、商子沢、任子不斉、公子良孺、奚子容蔵、顔子祖、句子井彊彊、秦子商、公祖子句茲、懸子成、燕子伋、顔子之僕、楽子顔、邽子巽、公西子輿如、公西子蔵、陳子亢、琴子牢、未叔子乗、左子丘明、穀梁子赤、高堂子生、毛子萇、杜子春、王子通、欧陽子修、楊子時、陸子九淵、蔡子沈、許子衡、陳子献章、王子守仁、

西　廡

宓子不斉、公冶長、公哲子哀、高子柴、司馬子耕、有子若、巫馬子期、顔子辛、曹子卹、公孫子竜、秦子祖、

顔子高、壌子駟赤、石子作蜀、公夏子首、后子虔、公子肩定、鄡子単、罕父子黒、栄子旂、左子人郢、鄭子国、原子亢、廉子潔、叔仲子会、狄子黒、孔子志、施子之常、秦子非、申子棖、顔子噲、公羊子高、伏子勝、孔子安国、董子仲舒、后子蒼、韓子愈、胡子瑗、司馬子光、胡子安国、呂子祖謙、張子栻、真子徳秀、薛子
瑄、胡子居仁、

(51)『憲廟実録』（内閣文庫蔵）

(52)葵、下坂康継作、長さ一尺六寸、靶鞘は金銀にて装飾。以後、釈奠の際はこの神剣を聖像の左側に置くのを例とした。
「常憲院殿御実紀」巻二十三、元禄四年二月十一日の条
『昌平志』巻第二、元禄四年二月十一日の条

(53)『釈奠儀例』（内閣文庫蔵）には、次のように傍点箇所三字の異同がみられる。
大哉聖王実天生徳作楽以崇時祀無斁清酤惟馨嘉牲孔碩薦羞神明庶幾昭格

(54)同右（次のように傍点箇所五字の異同がみられる）
有厳学宮四方来崇恪恭祀事威儀雍容歆茲惟馨神馭還復明斯畢咸膺百福

(55)春斎が寛文十年、『本朝通鑑』の完成の功により、幕府からそれまで国史館に支給されていた編輯書生の費用九十五人扶持を、以後、林家の諸生の教育費に充てるべく賜わったものである。

(56)『憲廟実録』

(57)「常憲院殿御実紀」巻三十及び附録巻中
『憲廟実録』

(58)『昌平志』巻第一・廟図誌及び巻第二・事実誌
『憲廟実録』
「常憲院殿御実紀」巻三十一より巻五十一

(59)「釈奠旧儀」（『昌平志』巻第五・儀節誌）

(60)『釈奠今儀』（国立国会図書館蔵）

第二章　幕府釈奠の推移

一　新井白石の林家儀式批判

第一章において江戸幕府における釈奠の成立について述べた。そこで本章においては、五代将軍綱吉が死去した宝永六年（一七〇九）に起筆し、十代将軍家治が没した天明六年（一七八六）にいたる間の江戸中期の釈奠の推移と、幕府における教学の実態がいかなるものであったかについて考察したいと思う。

宝永六年一月十日、将軍綱吉が没すると、家宣が同年五月一日将軍職を継いだのであるが、家宣が湯島の孔廟に参詣した最初は、儲君の代の宝永四年（一七〇七）二月二十五日である。

　儲君盛服服熨（斗）目長袴整儀詣謁孔廟、礼如大君故事、大学頭林信篤及信充、信智、以次伏謁於杏壇門外、参政弾正忠松平正久、侍側唱名皆蒙賜恩言、訖列相坐於庁堂、執政伯耆守本多正永、伝命賜信篤白銀百錠酒魚各件、信充衣三套、信智二套、信篤即日詣西城請安、翌二十六日、介於間部詮房、献聖門志闕里志各一部、乾鯛一匣為謝、儲君謁廟昉於此、（1）

このように、家宣は、熨斗目、長袴の盛服で小笠原長重を先導に永井直敬・水野忠位などを供奉して赴いた。聖堂では大学頭林信篤とその子信充・信智がこれを迎えたのである。このとき、家宣は先例にしたがい、信篤に白銀百錠、酒魚、信充に衣三套、信智に衣二套を授けたのであった。これに対し、信篤は翌二十六日は登城して、家宣に『聖門志』『闕里志』の各一部と乾鯛一匣を献上している。家宣が将軍となって参詣したのは、宝永七年（一七一〇）八月四日のことである。この参詣にあたり、新井白石は従来の林家の儀式に痛烈な批判を加え、これを『釈奠儀注』として改正すべきことを建言したのであった。

> 七月廿五日に参りし時、来月上丁、大成殿に御詣あるべき儀等問はせ給ふ御事共ありて、同廿九日にめされて、大成殿御詣の次第を撰進らすべきよし仰下され、明れば晦日に、これを撰進す。かねてまた仰下さるゝ旨ありて、八月朔日、本朝神拝の儀を授まいらす。同き四日に御参詣の事ありけり。
> （以下原文は二行割）これは、はじめ、「大学頭信篤、前代御参詣之次第をしるし奉れり、其儀こと〴〵く当時の進止を取りて、定申せし事也と見えて、古の礼にかなふべきにもあらず、聖廟に参らせ給むに、形のごとくにも其礼を行はれざらむには、しかるべからず。釈奠の儀によりて、其次第をまいらすべし」と仰下さる。御束帯を用ひらるべしや否の事、内々其儀ありしかど、「今の冠は、後世幞頭の制にして、本朝のえぼうしといふもの、周弁の遺製（制）あり。また、先王の礼服はこと〴〵く直垂領なり。今の団領は胡服に出たり」とて、御えぼうし・御直垂を用ひらる。また、九拝の中、振動拝に至ては、「倭国に其礼のこりぬ」と、鄭大夫が説にも見えたればとて、「神拝の儀さづけまいらせよ」とありしかば、其儀を授け奉りたりき。[2]

すなわち、今の冠は、後世の頭巾をとったもので、本朝の烏帽子は周の冠の制をとったものである。また、唐土先王の礼服は直垂領であるのに、今の円領は、中国北方民族である胡人のものであるから、先聖に謁するにはよくないというので、立烏帽子に直垂を用い、また参拝も振動拝すなわち神拝の儀で行うべく建言したのであった。その結果、八月四日上丁の参詣には、新井白石の儀注に則して行われたのである。参詣にあたり家宣は、八月一日、白石より本朝神拝の儀を習い、四日次のごとく参詣が行われた。

> 大駕備儀謁孔廟、特於仰高門石階下降輿、歩入杏壇、大学頭林信篤及信充、信智伏迎於門左、執政大和守久(若年寄)世重之、参政越中守(若年寄)加藤明英、各正班迎候於門右、大君衣冠整儀、盥於廟庭訖升殿、首相肥後守保科(松平)正容(会津藩主)引詣、拝袝北向、執政相模守(老中)土屋政直、但馬守(老中)秋元喬(朝)知、加賀守(老中)大久保忠増、通政越前守(側用人)間部詮房及近侍内務数人、陪位大主醴播磨守(寺社奉行)鳥居忠英奉持幣篚、逓与信篤、信篤跪受遂授信充奠於神座、近侍一人酌酒奉爵而進、大君乃歴内階親献奠焉、其礼皆君美所進議也、儀既訖、大君下殿各官移班、伏送如初、仍賜信篤白銀百錠酒魚各件、信充、信智衣各三套、信篤亦依例、献四書条説、四書彙通各一部、大君親行献奠昉於此、[3]

家宣は湯島聖堂の仰高門で輿から降り、歩いて杏壇に向い、ここで大学頭林信篤及び信充・信智の父子は門の左に伏し、若年寄久世重之、同加藤明英は門の右でそれぞれ将軍を迎えたのである。家宣は衣冠に儀を整え、廟庭において盥を行い大成殿に昇った。松平正容の先導により、太刀は宮原氏義、刀は中根正利、沓は建部広明が奉じている。そこで小納戸白岩八右衛門、鈴木百助が唐戸を開き、家宣は上堂して東の上畳に着座すると、小姓曲淵景衡・一柳直臣が褰帳した。このとき家宣が奉薦した幣帛は、鳥居忠英より林大学頭信篤に授けられ、信篤はこれを受けて子の信充に授け神座に献じたのである。そこで家宣は拝位について再拝し、自ら爵を執り酒を汲んで聖像に奠供すると重ねて再拝して退座したのである。このように、献官の奠供によらず、将軍が自ら奠供したことは前例に見られなかったことである。これはすべて新井白石の儀注によって行われたことは前述の通りである。

綱吉が元禄四年（一六九一）二月十一日はじめて聖堂に参詣したとき、林信篤に神剣を授けて奉納したのち焼香を行い、その後、飲福の礼を行った。これが終わると一旦御成殿に退き、杏壇門内に設けられた仮閣に臨み、初献、亜献、終献によって行われた釈奠の儀を上覧したのであった。ところが、家宣自ら奠供を行ったので、初献も亜献・終献もなく、かつ迎送神の詞も告文・講筵もなく終わっているという簡略そのものであった。ただ先例に倣ったのは、参詣後に家宣は、林信篤に白銀百枚、二種一荷と、信充・信智に各々時服三套を授けたという点であった。林信篤は献官も講筵も勤めずして下賜されたことは、まったくその面目を失ったことであろう。すでに、新井白石の登用以来、林家にとっては、宝永六年（一七〇九）正月に常憲院の石槨銘問題、宝永七年四月の武家諸法度問題でその面目を失った。その憤懣の故であろうか信篤は、宝永七年六月に、

儒役林大学頭信篤しきりに致仕をこふといへども、先、是までのごとくつかふまつるべし、出仕の事はゆるされ、内々は御垂問もあるべしと仰下さる、(4)

と、致仕を乞うたことがある。このとき、致仕は却下されたものの、宝永八年（一七一一）二月の朝鮮使節接待及び将軍の称号問題、同年三月（改元四・二五）には白石によって、水戸の三宅観瀾、金沢の室鳩巣を幕府の儒者に登用したことなど、信篤は、すべて白石の権勢に屈し、有名無実化していった。これと同時に、白石の信任のほどが知られるのである。しかし、家宣は正徳二年（一七一二）十月十四日五十一歳をもって没した。

二　林信篤と新井白石の確執

家宣の嗣子家継が、正徳三年（一七一三）四月二日、六歳の幼少で将軍の地位についた。そこで、間部詮房を側用人とし、白石も引続き近侍することになったので、白石と信篤の確執は依然として続いた。それは、将軍家継の日光・伊勢への奉幣に関して服喪問題が起こり、信篤は将軍家継が幼少であるから服喪の必要がないというのに対し、白石は、中国、本邦の礼典にもとづき服喪すべきだと主張して遂に信篤の意見を押えたのであった。さらに信篤が将軍家宣の死去により、正徳の年号を改めるべく主張したが、結局白石の前に屈せざるを得なかっ

た。このように信篤は大学頭としてその地位を挽回せんとしたが果たすことができなかった。その跪きをみて白石は、

信篤明儒の説を信じて、正徳の号然るべからずとおもひし所、其材の愚なるに出たらむには、いかにやすべき、（中略）上御幼稚の間なれば、御服忌の事あるまじ、と申せし事も、古の時だに、三年の喪は期にしてやむべし、ともいひたり、ましてや、今は大御台所、御母上をはじめまいらせ、しかるべき人〳〵も、我言を取用ひ給ふべし。又正徳の号不祥の事申したらむには、大御台所、御母上をはじめまいらせ、しかるべき人〳〵も、我言を信じ用ひ給ふべし、などおもふ、例の曲学阿世の故智によりて、ふたゝび時にあふべき事をこひねがふ姦計に出しとぞみえたる、(5)

と痛烈な罵倒を浴せている。ただただ信篤の忿懣は募るばかりであった。

家継の服喪は白石の意見を採り、正徳三年の釈奠を止め、翌四年八月に家継の代となってはじめて釈奠が行われた。しかし、このときの模様は不明で知るよしもないが、五年八月の釈奠は将軍が幼少のため参詣はなかった。ただ伊達綱村以下の四大名及び諸大夫は許されて釈奠の儀を参観しており、釈奠後、今まで跡絶えていた講経が庁堂で信篤によって行われ、次で饗宴が催され猿楽が演じられたのである。(6) 講経は元禄の釈奠においては仰高門東舎で行っていたのである。この祭典について「各趣其職一如故事」(7) と述べているように、すべて大学頭林信篤の手によって行われたことは、非常に簡略なものであったにせよ、綱吉以来のこととて、せめてもの慰めとなったことであろう。

家継は幼少であり、かつ病弱のため遂に聖堂への参詣はみることができず、享保元年（一七一六）四月三十日八歳で没した。

三　将軍吉宗の登場と林信篤の復権

その後、和歌山藩主徳川吉宗が享保元年八月十三日三十三歳で将軍となった。吉宗は、それまでの将軍側近者をことごとく解任した。そのため、家継の側用人間部詮房はもちろんのこと、新井白石も追われる身となった。吉宗は諸事権現様の定め通りという方針をもって、白石の手になる諸政諸礼はことごとく旧制に復したのである。したがって儀例については、大学頭林信篤の意見を徴し、林家の儀例に則して行う態度で臨んだから、ようやく林家の面目を取り戻したのであった。しかし、吉宗の政策は、倹約に重きを置いていたので、釈奠に対してもその政策が及び、享保七年（一七二二）二月六日信篤を御前に召して、

春秋両度之釈菜に相定可申、然上は拝見之輩旗本陪臣諸士等は不及申、国主万石以上たりとも祭儀以後不及饗応直に可差戻候、乍去祭儀に預り候者江計相応之膳部等差出宜敷(8)、

と申渡した。すなわち、春秋二季の釈奠は同様に行い、釈奠後の饗宴は祭儀に預るもののみとし、聖堂の費用は、元禄四年（一六九一）二月十一日綱吉から寄進された祭田千石で一切を賄うべきことを命じたものである。二季の釈奠のうち、秋祭より春祭が盛大に行われるようになったのは、かつて春祭には将軍（綱吉）の参詣があったためである。近年、将軍の参詣はみられないのに、儀礼のみ盛大さを踏襲していたので、それを改め二仲祭ともに同礼とし、かつ簡素に執り行うように命じたものである。

同年八月四日、春秋同礼とし、かつ釈奠後の饗宴を廃して秋の丁祭を行った。その職掌をみると(9)、清道者一名、迎送者一名、読詞者一名、掌儀二名、引者一名、祝者二名、読告文者一名、唱名者一名、開戸者一名、帳簾者三名、伝供者二名、分献伝供者二名、司尊二名、初献賛者一名、初献官、初献介者一名、亜献賛者一名、亜献官、亜献介者一名、終献賛者一名、終献官、終献介者一名、解三献官剣者一名、分献賛者二名、分献官二名、分献介

者二名、分奠二名、執爵二名、斎者七名、摂爵盤者一名、摂書格者三名、文台者一名、読師一名、問者二名、答者二名、講師一名を配している。

この釈奠は寛文及び元禄の先例にもとづき、初献官に大学頭林信篤、亜献官に林信充、終献官に林信智がこれにあたり、また読師に林信篤、問者に人見行充・浩、答者に林信篤・信智、講師に林信充をあてて行い、往時を偲ばせるものがあった。これは多分に、林家の幕府に対する示威的なものがあったのではないかと思われる。かくて信篤は、享保十七年（一七三二）六月一日八十九歳で他界した。彼は、延宝八年（一六八〇）五月、林春斎（鵞峰）の死去により家督を継いで以来、家綱・綱吉・家宣・家継・吉宗の五代の将軍に仕えて講筵し、その間、湯島聖堂の創建、釈奠の確立、儒学の興隆に多大な業績を残した。信篤はすでに享保八年に致仕して大内記と称し、享保九年には家督も三男の信充に譲っている。

信充は享保八年（一七二三）に大学頭となって父の跡を継いだが、服喪などがあって享保十八年八月まで釈奠をみることができない。吉宗も宝暦元年（一七五一）六月二十日六十八歳をもって卒去している。吉宗の執政中一度の参詣もなく、聖堂への援助も施さなかったから、林家の聖堂運営は困難を極めたのである。

このように、吉宗は一度も聖堂の参詣を行わなかったが、吉宗の儒学に対する態度をみると、綱吉の個人的な好学とは大いに異なっている。吉宗の態度は、学問を殖産の資とするという、いわゆる国家人民に実益のあるものを重んじ、白石のごとき礼文的なものは好まなかったようである。「有徳院殿御実紀」[10]に「まつりごちたまふたすけとなるべき書のみ、常に御覧あり」と述べ、閑居のときは経伝史子はもちろん、『慎思録』『農業全書』『八訓』『和漢事始』『名数書』『集義和書』『集義外書』や『延喜式』などを座右に置いて近習の人々にも読ませたという。また吉宗は、教学的な立場から一般士庶に対する教育に意を注いでいる。すなわち享保七年、荻生徂徠・室鳩巣に命じて『六諭衍義大意』を出版し、寺子屋の手本としたこともそのあらわれである。[11]室鳩巣はこれについて「今川庭訓の様成類にて、其よりは風教に助け有之物に御座候」[12]と評している。翌八年には、菅野兼山の江戸私塾会輔堂に、また享保十年（一七二五）に三宅石庵の大坂懐徳堂にそれぞれ助成金を与えて援助したことは、彼の教学政策として注目されることであろう。さらに吉宗は、

> 御家人の学をはげまし給ふ事にひたすら御心を用ひ給ひ、享保のはじめより、林信篤父子、林又右衛門信如をはじめ、凡林氏の徒弟はみな昌平の学舎にて書を講ぜしめ、士庶ともにきく事をゆるさる、[13]

と、それまで幕府家臣の学問の場であった聖堂学問所を広く門戸を開放し、さらに通学の便をはかって、

> 其他各門の儒臣は高倉屋鋪にて講義せしめられ、室新助直清《（鳩巣）》は『論語』後に『周易』、木下平三郎寅亮《（菊潭）》は「学庸《（大学・中庸）》」後に『詩経』、土肥源四郎元成《（霞洲）》・荻生惣七郎観《（北溪）》・服部藤九郎保庸《（寛斎）》は『孟子』、元成《（土肥霞洲）》は後に『書経』、岡田文蔵某は『近思録』、児島平蔵某は『小学』[14]、

と、江戸八重洲河岸にあった公卿高倉家の屋敷を開放してこれにあてている。このように昌平学舎や高倉屋敷を士庶に開放したが、時すでにその風潮も衰微しており、儒学興隆策ははなはだ困難なるものがあった。

> されど両地の学舎、業を受る人少かりしかば、小老《（若年寄）》石川近江守総茂仰をうけたまはり、諸儒をめして、いかにせば御家人文学に志すもの数そふべき、おもふ所あらば、忌憚ることなく聞え上よ、[15]

と諸儒者会議を行い、これについて意見を徴したのであった。この時の意見は、

> 是迄のごとく、心のまゝに講席に出る事にては、人々怠りて奮発するもの少かるべし、御家人の文学を専ら興し給はんとならば、大番両番の頭をはじめ、官務のいとまには必講席に列るべしと令せられなば、其下に属する番士のごとき命をまたずして集るべし、さて万石より上の人人、その外顕職の輩も講席に出べきよし、宿老よりおもただしく令を下されなば、やむことをえず席に列り、次第に生徒も数そふべし、かくするうちには、をのづから見なれ聞なれして、実に学に志するもの出来ぬべし、[16]

というのが大勢を占めた。なお、個人の意見としてまず木下菊潭は、

上より厳命を下さるゝより外は考ふる所なし、

と言い、また、

すべて道を尚むとならば、まづ師を敬せよと古より申すなり、今の儒臣等皆位卑く禄微にして、をのづから人の尊敬も薄ければ、まづこれを寵待して衆に示し給はゞ、人みな儒をうやまふの心を生じ、学に志すべきか、又学校をもをこしたまひ、書籍をあまたたくはへ、生徒の心にまかせてかしあたへ給ひ、其心をもすゝめ給ふべき、(17)(18)

と述べ、若年寄石川総茂が学問に志す御家人某を宅に召して問いしに、

今文学にも種々の流派ありて、人々尊信する所異なれば、一概にはなし得ざるべし、各所に郷校のごときものをあまた立られ、その好むところの師にしたがひて学ばせ給はゞしかるべし、(19)

さらに、石川総茂は酒井忠音の儒臣松田善三郎に意見を求めている。彼は、

人人真実に学に向ふの志を興し給はんとならば、先宿老、少老の方々をはじめ、御志を興し給へかし、下是を見ならひて風俗にうつりなば、文学を嗜むものはいかほども出来ぬべし。今当路のかた〲をみるに、文学をいみきらひ給ふにはあるまじけれど、真実に御尊敬ある人は、いまだ一人もおぼえたてまつらず、されば世に実学を興さんには、まづ顕職の方々より御志を興し給ふより外の術はさぶらふまじ（中略）、学問の世に行はれむことを思召《(な)》ば、各つとめと同じごとくおもひ、講釈をきくべしと命を下されなば、あまねく流行し侍るべし、(20)

と答えている。そして側衆の有馬氏倫が室鳩巣を召して詳しく尋ねたのに対し、鳩巣は、次のように述べた。

とかく文学の世に流行すべき盛旨ならば、まづ御身よりさきだゝせ給ひ、実に聖人の道を御尊敬あり、近習

の人々にも、のこりなく学をはげまし給ひなば、下は自然とこれに化して命令をまたずして興起すべし、近き頃明君家訓といへる書の世にもてはやさるゝにても御覧あるべし、この書は十年ばかりさきに、某があらはして梓行せしものなれど、たれみるものもなかりしに、此ほど近習の人々のもてあそばるるよしつたへ聞て、はやつのり求むるもの多くて、近頃は書肆どもはからひて重梓するにいたれり、かばかりの冊子さへかくのごとし、まして近習の人々に勤学せしめられ、そのうへに士たるものは、弓馬の芸と同じく、文学をつとめよと仰下されんにをいては、四海たちまちにその風にむかはん事、何のかたきことのさふらふべき、(21)

これをもってみても、当時、旗本・御家人の儒学がいかに衰退したものであったかを如実に物語っていると思われる。「顕職の方々より御志を興」し、かつ幕府より「士たるものは、弓馬の芸と同じく、文学をつとめよと仰下され」ることを儒者達は強く望んだのに対して、吉宗は、

凡学問といふもの威令に迫りてなすときは、其末遂ぬものなり、既に元禄のとき深く儒学を好ませ給ひ、群臣に令して学におもむけ給ひしかど、いくほどなくして怠りぬ。とかく上より、をして令するに及ばず、人々の心よりむかふやうになし給はん、(22)

という考えであったから、幕府家臣に対して厳命をもってこれを行わしむることはなかった。こうした点も、明らかに綱吉の文教政策と異なる態度を示しているのを感ずる。前述のごとく、吉宗は白石を退け、林信篤を信任したが、それは儒学の興隆を意味するものではなかった。書籍蒐集に尽した吉宗の業績は高く評価されるものであるが、自身はあまり好儒の態度を示さなかったようである。(23)吉宗の儒学について、室鳩巣の書簡(24)によれば「御学問御好み沙汰は曾て不承候」と記し、さらに「御学問御数寄候様に御座候へども、御真実に御勤被遊候御様子には相見不申候」と述べていることからも、その一端をうかがい知ることができる。

享保期における儒学の傾向を子細に検討すると、吉宗の命によって『六諭衍義大意』の出版にたずさわった荻

生徂徠のいわゆる「徂徠学」が隆盛を極めた時期であったといってよいであろう。彼は、聖人の道は利用厚生の道であることを強調したので、これにより殖産の風潮を招来した。そのため新田の開発、蘭学・医術などの進歩発展をもたらした。吉宗の政策はこうした徂徠学の殖産思想に傾倒したとみられる面が多々ある。経世済民としての実利的な学問を重視し、朱子学に対し綱吉と異なる態度を示したのもそのためであった。また、それが当時の社会に適合した政策でもあったのである。

四　林信言と釈奠

吉宗は、宝暦元年（一七五一）六月二十日死去したのであるが、これ以前延享二年（一七四五）九月すでに隠退しており、嗣子家重は同年十一月二日に将軍となっていた。一方、林家においては、宝暦四年（一七五四）十二月、信充[25]は民部少輔に転じ、長子信言が大学頭に任ぜられた。家重は将軍在職中一度も聖堂の参詣を行わなかったことは吉宗と同様である。家重の代の釈奠をみると、非常に異例のものが多かった。すなわち、延享四年（一七四七）の秋祭は、信言の病疾により九月に行われており、宝暦元年八月及び宝暦二年二月の釈奠は国喪により中止し、宝暦二年八月にようやく行われている。宝暦九年（一七五九）二月及び八月の釈奠は、信充の死去により林家が服喪していたため行われなかった。宝暦十年の春祭は、三月二十五日に大学頭信言が献官となって行われた。三月に行ったのは、二月四日に家重が右大臣に、大納言家治は右近衛大将兼任の宣旨を受けたので、二月十五日に転兼の慶賀を行ったためである。このように異例の釈奠が多かった。家重は、宝暦十一年六月十二日五十一歳をもって没したが[26]、家重の文教政策についてはみるべきものがほとんどない。ただ寛延二年（一七四九）十月、足利学校の修復料として父吉宗と同様に金百両を援助し、さらに宝暦五年九月、足利学校が雷火により焼失したので造営料として五百両を与えている[27]。

五　林信言の聖堂修復

家治が将軍となったのは宝暦十年（一七六〇）九月二日であるが、その翌月に聖堂の修復を行っている。[28] これは、宝永元年（一七〇四）十一月、孔廟が類焼により再建して以来、今日まで五十有余年間一度も修復を加えることがなかったので、特に大成殿の腐朽がはなはだしかったためである。これまで林家は再三にわたり幕府に懇請してきたのであったが、聖堂への関心が薄く、犬冢遜の言をかりれば「斯文掃地、雖当路大臣亦或有不詳廟学所由」[29]というありさまであったから、なかなかその実現は困難であった。そこで大学頭林信言は、宝暦七年十月「聖廟興造之顚末及列朝崇尚之典故併其廃墜」[30]を記して老中堀田正亮に請願した。この上書がいわゆる「聖堂事実記」[31]である。こうした信言の努力によって宝暦十年に許可され、十月より着工の運びとなった。越えて十一年二月十五日に竣工し、三月十三日神位の奉遷がなされ、宝永の故事に倣い、大学頭林信言は執事を率いて挙行した。このため春祭は一カ月遅れて三月二十一日に行っている。[32]

このときの釈奠について詳しく伝えるものがないが、わずかに内閣文庫に『昌平学校釈奠儀注――宝暦中昌平学校釈奠儀注――』[33]というのがある。これは「宝暦辛巳（十一年）之夏」に昌平国学都講久保泰亨の撰によるもので、『開元礼』『闕里志』及び元禄の典礼にもとづき釈奠の雛形を示したものであるが、かくのごとき雛形が作られているところをみると、林家は聖堂の修復とともに、なんとか元禄・宝永の先例に復し、盛大な釈奠を行い、これをもって幕閣の聖堂に対する関心と援助を求めようとしたのではないかと思われる。この「儀注」は結局用いられなかったようであるが、しかし、この時期にこうした釈奠の研究がなされたことは、やがて行われる寛政期の改革に大きな影響をもたらすことになる。

この年の八月及び翌十二年二月の祭礼は、将軍家重の死去によりとりやめ、国喪に服した。十三年二月十九日の丁祭は近隣の火災により正午頃に挙行するという異例のものであったが、明和元年（一七六四）には、春祭を三月二十九日に行っている。これは朝鮮使節の来朝によるものである。さらに異例のものとしては、明和八年（一七七一）の秋祭を十二月四日に行っている。これは、五月に信言の子信愛が死去し、六月には田安宗武の喪があり、九月には将軍家治の夫人五十宮が死去するなど、不幸が続いたためである。このときの釈奠で注目されることは、幕府が聖堂の祭祀を援助するため、諸侯の進献をはかったことである。

享保以来、祭祀補修之費、皆取於祭田、而田有定租、加以旱凶、其所支用或不給焉、以請於官亦不察焉、(34)

とあるごとく、享保以来聖堂の費用は祭田千石のほか、一切の援助を得られなかったので、その運営は非常に困難を極め、祭祀にも事欠くありさまであった。これまでも再三この窮状を幕府に訴えたが、援助を得ることができなかった。しかし、大学頭林信言は、明和八年に改めて請願したところ、同年七月、幕府は元禄の故事にならい、諸大名に金品を献上させ、もって釈奠の費用となすべく、諸大名に次のごとく命じた。

昌平坂聖堂釈菜ある時は、そのかみみづからも参拝し、品々進薦せし人々ありしに、いつとなくその事絶て、今はまうづる人もいと少し、この秋の釈菜より初てむかしのごとく春秋二度ともに、その志ある者はこころにまかせ参拝するとも、又は進薦の品献ずるともなすべし、(35)

これは諸大名の自発的な進献を奨励したにすぎなかったので、

列侯或有未奉令者、蓋事不出於朝意、且義渉棄捐也、唯列相一二諸侯、及期捐《棄》焉、(36)

という状態で、諸侯はこれにあまり応じなかった。そこで、明和九年すなわち安永元年（一七七二）二月十九日の釈奠に先立ち、幕府は再び諸大名に進献を命じたため、ようやく進献をみるにいたり、以後これが定例となった。(37)ところが、この釈奠の十日後に目黒行人坂大円寺より出火しこれが大火となり、翌三十日朝には火は昌平の地に迫り大成殿も遂に類焼するにいたった。このとき、入徳門・東西舎・学寮は危うく災を免れ、また聖像及び殿門の諸額を避難させ、焼け残った庁堂の一隅にこれを安置した。[38] 六月になって幕府より聖堂再建の沙汰があったものの、大火のためなかなか着工をみるにいたらなかった。そこで、九月十八日に庁堂を改飾して神位を奉安し、ついで二十二日に釈奠を行っている。[39] 祭器はことごとく焼失したので権宜によって行い、庁堂の祭場も狭隘であったため一切の観覧をとどめて行われた。[40] かくて安永二年九月、聖堂の再建は勘定奉行川井久敬の指揮で着工の運びとなったが、この再建に懸命の努力を尽した大学頭林信言は、同年十二月十一日に五十三歳で死去してしまったのであった。

信言の子信愛はすでに明和八年図書頭のまま二十八歳で没しているため、孫の信徴がその跡を継いだ。しかし信徴はまだ十三歳の少童であったため、安永三年（一七七四）二月二十一日の釈奠以降しばらくの間、信篤の三男信智の子にあたる信有が献官となってとり行っている。これまで献官は林家の宗家がこれにあたっていたが、このときはじめて支族の手で釈奠が行われたのであった。五月早々に聖堂は完成したが、幕府の財政が疲弊困憊の折とてすべて節減をもって作られた。

安永甲午、脩造廟殿廊廡諸門、略倣原規、始備制度、不唯樸略、又多裁減、破広為狭廊廡厨庖、皆減深闊、剗崇斯卑廟殿減、崇五尺柱楹榱桷不択淑慝、且止索斲、不加丹髹、硐瓦壖墻、不用銅裹、壁垣続塈、砌磚補泥、礎石或経火裂、多脩其故而完、以省工費、苟且為制、唯入徳門及学舎、出於火余、仍係旧建更衣所及廟幹、看守舎并同、又神庫一所、焚燬不復置焉、凡是挙也、値時廃弛、是以怠緩逾年、僅能挙事、王既告竣、将掲殿額、有司懼其制不称、乃相議曰、殿額威重、非諸門扁之比也、宜謹貯蔵、以俟異日鼎建、備制度乃顕掲焉、蓋護其非也、以謀於主祀林信言、信言固執不可曰、廟貌隆替、与気数関、亦未如之何、已如殿額、則先朝盛意、不当狥時顕晦也、議者不能奪、竟仍旧掲、[41]

と記されているごとく、大成殿は高さ五尺を減じ、[42] 屋根葺は磨き瓦とし銅を用いず、また用材も特に選ぶことなく、丹梟を加えず礎石などは焼けた部分を削ってそのまま用いるという粗末極まる廟殿であった。したがって避難させた綱吉の筆になる黒漆金字の扁額は、あまりにも壮麗で、この粗末な大成殿に掲げるには、到底不似合であるから、後日この扁額にふさわしい壮麗な大成殿を再建するまで、別に保存して置いた方がよかろうという意見も出たほどである。この新殿に五月九日、林信有が祭酒（主）となり執事を従え、宝暦の故事によりて神位の遷座が行われた。このとき、元禄期に諸侯より奉納された祭器はことごとく焼失したので、幕府は林信有の懇請を受けて諸侯に祭器の献納を促した。これに応じて諸侯は、かつて祖先が奉納した祭器と同種のものを進献したのである。(43)

翌安永四年（一七七五）二月の釈奠は林信有が献官となって執行したが、天明五年（一七八五）二月の釈奠は大学頭となった林信徴が献官となって行った。林信有は聖堂の再建に信言の遺志を継いで腐心し、かつ信徴の後見役を勤めてきたのであったが、天明五年九月、五十五歳をもって没した。彼が没した翌年正月二十二日に湯島付近から発した火が昌平におよび、大成殿・庁堂・黌舎などことごとく灰塵に帰したが、幸いに聖堂火消役酒井忠交の家衆により、聖像及び殿門の諸額を避難させ、焼け残った仰高門西舎すなわち聖堂の看守所にようやく安置させた。このような状態にあるとき、二月七日、本郷丸山から出火し、火は湯島に迫ったので、酒井忠交の家衆が西舎より再び神像を避難させたが、幸い西舎の類焼は免れた。しかし、この狭小な西舎では到底釈奠を挙げうべくもなく、天明七年の聖堂再建をまたなければならなかった。このような事態の中で九月八日、将軍家治は死去し、翌七年正月には、大学頭林信徴（二十七歳）もまた世を去るという不幸が続いた。

六　釈奠の衰微

以上、綱吉の死後すなわち宝永六年（一七〇九）から、家治の没した天明六年（一七八六）にいたる七十八年間にわたる釈奠及び聖堂の推移をみたのであるが、家宣以後は将軍の聖堂参詣が跡絶え、したがって幕閣をはじめ諸大名や旗本・御家人の聖堂及び釈奠に対する関心が次第に薄らいでいった。その結果、宝暦頃になると幕府の役人達は「挙世の文盲になりしは、前にも後にも類なき[44]」ことだといわれるようになる。同じ宝暦頃、中村深蔵（蘭林）が奥儒者を勤めていたときの話であるが、

奥儒者たりしとき誰一人敬礼するものもなく、当直に出れば若き小納戸衆など孔子の奥方御容儀は美なりしや醜なりしや、[45]

と嘲弄するほどであった。また作事奉行が倹約令の主旨を戴して、

昌平の聖堂は、第一無用の長物なれば、取崩し然るべし、[46]

と建言したのを、その掌にあたる若年寄水野忠友が、取次衆を介して高聴に達せんとしたところ、

取次衆、聖堂と言もの何なることを知らず、奥右筆組頭大前孫兵衛（房明）に、聖堂に安置あるは神か仏かと尋しかば、大前、たしか本尊は孔子とか言ことに候と答ければ、取次衆其孔子と言は何なりや、と又尋ければ、大前、論語とか申書物に出候人と承り候と答ける、[47]

というありさまであった。これは、文政四年（一八二〇）以後に肥前平戸藩主松浦静山によって書かれた随筆『甲子夜話』に見える記事であるが、前述した享保期における幕閣及び旗本御家人の実態や「浚明院殿御実紀」明和八年（一七七一）七月朔日の条に「昌平坂聖堂釈菜ある時は、そのかみみづからも参拝し品々進薦せし人々ありしに、いつとなくその事絶て、今はまうづる人もいと少し」と、幕府自らそれを認めていることから『甲子夜話』の記事を裏付けるものがあり、崇儒好学の風潮が衰微したことを端的に示していると思う。故に、巷間において異説や朱子学批判が行われていく原因があった。

江戸時代の儒学について、一般的に為政者による封建教学としての使命を果たしたかのごとく論じられている

が、しかし、幕府の儒学に対する態度は、以上のごときがその実態であった。釈奠についても、将軍の参詣があり、幕閣の関心が高ければ、日本・中国の故事典礼を究め、より盛大な釈奠を行うことになるのであるが、幕府の消極的態度が、林家をして単なる聖堂の御守役としてしまった。林信篤の没後、林信敬にいたる期間は、最も入門者が少ない数を示している。かくのごとき状態であったから、朱子学もまた衰微していったわけである。この間、湯島聖廟において林家とその子弟により細々と奠供を続けてきたにすぎない。こうした釈奠の衰微が、寛政期にいたり朱子学復興の文教政策をもって、再び故事典礼にもとづく釈奠の研究を施し、新たに釈奠の儀例を定めて盛大に行った。かくして昌平坂学問所を中心に、再び朱子学の興隆をみるのであるが、それは次章以降で述べることにしたい。

（1）犬冢遜『昌平志』巻第二・事実誌、宝永四年丁亥二月二十五日条（日本教育文庫・学校篇、同文館）。なお「常憲院殿御実紀」巻五十五（新訂増補国史大系43『徳川実紀』第六篇、吉川弘文館）宝永四年二月二十五・六日条には次のごとく記されている。

廿五日、大納言(家宣)初て昌平坂大成殿御参あり、小笠原佐渡守長重先導し、本目讃岐守正房御刀、間部中務少輔詮衡御沓の役し、永井伊豆守直敬、御側水野肥前守忠位供奉し、佐渡守長重、本多伯耆守正永、間部越前守詮房、大久保長門守教寛、御側青山備前守秘成、保田内膳正宗郷、奏者番松平弾正忠正久、大目付横田備中守重松予参す。林大学頭信篤に銀百枚、二種一荷、七三郎信充に時服三、百助信智に時服二たまふ。廿六日、儒臣林大学頭信篤西城に、聖門志、闕里志、箱肴を献す、昨日初て御参ありしによてなり、

このほか『右文故事』巻之十一（内閣文庫蔵）にも見える。

（2）『折たく柴の記(中)』（日本古典文学大系95、岩波書店）

「文昭院殿御実紀」巻七、宝永七年八月四日条及び附録巻上（新訂増補国史大系44『徳川実紀』第七篇）

『右文故事』巻之十二

『昌平志』巻第二・事実誌
『新井白石日記』（大日本古記録、岩波書店）

（3）『昌平志』巻第二・事実誌
「文昭院殿御実紀」巻七

（4）「文昭院殿御実紀」巻六、宝永七年六月二十三日条
『折たく柴の記(中)』

（5）『折たく柴の記(下)』

（6）『昌平志』巻第二・事実誌
五年《(正徳)》乙未八月二十五日、釈奠孔廟、大学頭林信篤説経於庁堂、遜按、是日雨不妨儀、監察官仙波某、銃手隊長戸田某、管繕令安藤某、工曹主事竹村某、各趨其職一如故事、祀典既訖、信篤父子講経於庁堂、列侯大夫士咸環聴焉、仍延設宴猿楽侑飲、尽懽而罷、説経庁堂昉於比、

（7）同右

（8）「聖堂事実記」（『日本教育史資料』七・学校）は、宝暦七年に林大学頭信言が、聖堂の再興をはかって幕府に提出した意見書である。
なお、『昌平志』巻第二・事実誌には、
七年《(享保)》壬寅二月六日、令二仲祀典毋有隆殺、著為定式、
遜按、元禄以来、二仲常典、豊於春祭、殺於秋祀、雖云二丁、或闕其義、蓋当時君臣、春秋異観、其祀典礼秩、亦因有隆殺、遺制承襲、未之釐正也、有徳大君不以允焉、乃召林信篤面諭之曰、二仲致祭、古今通典、今祀従春秋、而礼有豊殺、稽諸経未之前聞、宜加釐正二仲同礼、又諸侯大夫士、凡来観礼者、儀畢従輒去、不必延設饗、但与祭執事人不在此限、亦須節虚費毋従豊美、越十八日通政遠江守加納久通、申伝令曰、釈奠宴礼、宜延設饗者、正銃手隊長、監察官、及与享之人、他如僚属、止伝小餐、又猿楽人数輩、例擬侑宴、於是禁停無与焉、凡事渉於溢冗者、一切停禁、而其費用亦取諸祭田著為定式、

（9）『昌平志』巻第二・事実誌

(10)「有徳院殿御実紀」附録巻十（新訂増補国史大系46『徳川実紀』第九篇）
(11)「兼山麗沢秘策」（『日本経済大典』六、明治文献）
『日本教育史資料』七・学校
享保七年六月二十二日奉行大岡忠相、町年寄奈良屋ヲシテ手習師匠馬場春水、石川勘助、荒木蓉谷、星野伊織等十人許ヲ召シ六諭演《衍》義大意ヲ賜ハシム、是ヨリ先キ吉宗程順則カ六諭衍義ヲ得テ大ニ悦ヒ、荻生茂卿ヲシテ訓点シ、室直清ヲシテ訳解シ石川勘助ヲシテ書セシム、名ツケテ六諭衍義大意ト曰フ、遂ニ忠相ニ命シ梓行シ、府下手習師匠最名アルモノニ与ヘシム、十月吉宗戸田ニ狩シ、島根村ヲ過キ、村医吉田順庵子弟ヲ集メ教授スルヲ見ル、其手本鷹場法度ヲ書シ子弟ヲシテ国法ヲ知ラシムヲ善ミシ、明日伊奈忠達ヲ召シ順庵ニ白金十枚ヲ賜ヒ、六諭衍義大意ヲ与ヘ弟子ヲシテ之ヲ習ハシム、
(12)「兼山麗沢秘策」享保七年四月九日付奥村源左衛門宛書翰
(13)「有徳院殿御実紀」附録巻十
(14)同右
(15)同右
(16)同右
(17)このとき学校のことも問題になり意見を徴しているが「学校のことは、たとへ所々に造立ありても、入学の生徒、学にむかふもの乏しきときは、せんあるまじ」（「有徳院殿御実紀」附録巻十）ということで、結局沙汰止となっている。このことからも当時の風潮をうかがい知ることができると思う。
(18)「有徳院殿御実紀」附録巻十
(19)同右
(20)同右
(21)同右及び「兼山麗沢秘策」
荻生徂徠も『政談』の中で次のごとく述べている。

学文の上の事、御世話にて昌平坂高倉屋敷にて、儒者講釈するとも、御旗本の武士に聴人絶えて無し、只家中

の士、医者、町人など少々も参る、此輩が為に計り御世話遊ばさる、は詮なき事なり。是仕形不宜故、上の思召と相違すると見えたり、

(22)「有徳院殿御実紀」附録巻十

(23)吉宗の学問について『紀州政事草』『紀州政事鏡』（明治十一年写、国立国会図書館及び内閣文庫蔵）にもとづいて論ぜられる場合があるが、これは、吉宗の紀州藩主時代の正徳四年になるもので、吉宗の訓諭を主として書き述べ、その教化をはかったものであるからおのずから史料的価値が知れよう。

(24)『兼山麗沢秘策』

(25)信充は宝暦七年に隠居したが、翌年十一月七十八歳をもって卒した。

(26)『足利学校記録』（足利学校遺蹟図書館蔵）

(27)「惇信院殿御実紀」巻十・二十二（新訂増補国史大系46『徳川実紀』第九篇）
『足利学校沿革誌』（足利学校遺蹟図書館）
『足利学校年譜』（同右）

(28)『昌平志』巻第二・事実誌、宝暦十年十月条

(29)同右

(30)同右

(31)『日本教育史資料』七・祭儀、宝暦七年に書かれたもので、湯島聖堂の変遷を記している。

(32)『昌平志』巻第二・事実誌、宝暦十・十一年条
十一（宝暦）年辛巳二月、修孔廟成、十三日奉遷神位
遜按、首事於前年十月、訖工於是年二月（十五日）、将作令弾正少弼安藤維要、督役事、而監察官浅野氏従監焉、修理既畢、越三月十三日、奉遷神位、儀一如宝永故事、神龕徑穿便門、至於杏壇、既正神座、奏楽均輿、大学頭林信言盛服、帥各執事祭告焉、将作令以下該工諸官皆預焉、而銃手隊長、監察官亦遵常典各赴其職、翌十四日林信言早朝因通政主殿頭田沼意次而報告焉、

(33)『昌平学校釈奠儀注——宝暦中昌平学校釈奠儀注——』（内閣文庫蔵）

昌平学校釈奠儀注

前期二十日、林祭酒告御側衆曰、某日値丁宜率例

釈奠于学次日、

命下若丁日適、

国忌日、則択他日亶之、

前期十日、廟監六員率其属、搭廠廟殿至講堂、其間

三十七間余前期一日則銭満長席於其下升降出使践地廟前左右設欄、

庭中左右、為諸侯及麾下士観礼之所、陪臣以下左

右回廊設席、

前期六日、執事官、尽会於講堂、肄儀訖退、

前期三日、林祭酒就学館宿斎、

前期一日、廟監六員率其属掃除廟之内外、易簾帳、

掛従祀絵像六幅於神座之左右、堂内布猩罽紅氈、

建竜旗清道幡於入徳門外及庭中左右、庭中東方

設盥器、

是日、祭酒率執事官詣神厨、点視滌漑訖実祭器正

位、簠三実粢秋則加一実新穀簋三実菜粉糕胡糕豆三実魚腊塩鴨籩三

実乾栗時菓俎三実錬鱉魚配位、簠簋豆俎毎位各一饌物準正

位従祀簠簋豆籩各一無俎饌物同配位犠尊二象尊二実酒

罍尊二実明水斟酒、十哲爵加冪祝実幣于篚

尊案二設漆階左右上置犠尊象尊罍尊加勺冪設香案於堂中

央上置香炉香合火筋燭台二夾之楽器陳於堂東方、石磬款

器天球笾具琴硯幣篚在神座之東、祝板書格詩凡
飲福爵受胙盤在西、皁子二設堂外西方欄内上置三献
配亨従祀爵巾各一並匣之盤匜之類陳其下
釈奠日未明、諸執事官、集於講堂、皆服祭服三献官衣冠或
東帯余官皆布衣伶官狩衣標者持劔伝刀者素袍卯刻、御目付率其属来指
揮、門内諸事坐堂外西偏監祀御先手二員各率其
属守仰高門及西門、辰刻伶官先升、就堂内東方位、
伝刀者二人従之、入坐杏壇門内左右、次清道者鞠
躬入杏壇門、解刀授伝刀者、楽作乱声、諸執事官鞠躬、
解刀序入就階下位立定、楽止、掌儀升堂巡視堂内
左右、詣香案前焚香畢而復位、迎神掌儀唱○凡掌儀唱者皆出位
少進如坐則起迎送者升、楽起平声音取詣漆階下位、唱迎神曲
詞曰、
大哉孔聖、道徳尊崇、維持王化、斯民是宗、曲（典）祀有常、
精純並隆、神其来格於昭聖容、伶官奏越天楽、迎送
者復位、褰帳揚簾掌儀唱帳簾者升、褰帳揚簾帳簾者
階（升カ）漆階、開闔者升、啓櫝訖降皆復位、初献賛者北向
鞠躬西向曰鞠躬興、献官以下在位者皆鞠躬興、左
右以序升堂、惟祝升立堂外東方欄内凡升階毎升当階鞠躬漆
階則否惟献官以下在庭中央者及清道者猶在位堂
内衆官立定、掌儀降迎初献官、升復位、賛者引初献
官、右旋就盥器盥手訖升、楽作万歳楽引者焚香、祝詣

神座之右取幣篚、初献官升漆階、祀奉幣篚、従升授
於階上、初献官受跪尊之読詞者、立漆階下、読尊幣
詞、詞曰、
自生民来誰底其盛、維王神明度越前聖粢帛、倶成
礼容斯称黍稷非馨、維神之聴訖復位、献官降楽止、
献官詣香案前、鞠躬興拝興拝興拝興拝平身賛者立献
官之右唱後皆傚之畢就位、亜献官以下升各就位、着座掌儀唱
衆官皆座、奠供、掌儀唱引者焚香、掌儀祝立於神厨外
視饌具、献官一員升漆階、楽作慶雲楽伝供者立神座
之西、斉郎入神厨取饌具、進授伝供者、伝供者受之
升漆階授献官、献官受跪奠之奠爵十哲神主前亦在此時訖、献
官降復位、楽止、伝供者復位、分献一員、奠供従祀但斎
郎奉之耳無伝供者訖、分奠、斎郎、掌儀、祝皆復位、掌儀迎初献
官、引者焚香、賛者引献官詣堂外卓子前、介者従之、
賛者、取爵於匜進之、献官受爵、介者酌盤水、献官洗
之、賛者又授巾献官拭爵訖授介者、楽作五常楽賛者
引詣犠尊前、介者跪授爵賛者、賛者跪奉爵、司尊斟
酒、献官視之升漆階、賛者奉爵従升授献官、於階上
献官受跪奠之、読詞者詣漆階下立、読初献詞、詞曰、
大哉聖師、実天生徳、作楽以崇、時祀無斁、清酤維馨、
嘉牲孔碩、薦羞神明、庶幾昭格、訖復位、献官降楽止、
献官詣香案前、祝持板跪、於献官之左、読祝文衆官皆俛伏曰、

維、
年号某年歳次支于某月支于朔越支于日、命従
五位下守大学頭林某、敬致祭于
大成至聖文宣王、惟、
王、徳配天地、道冠古今、刪述六経、垂憲万世、謹、以幣
帛醴斎粢盛庶品、祇奉旧章、式陳明薦、以
兗国復聖公、
郕国宗聖公、
沂国述聖公、
鄒国亜聖公配、且設
十哲木主、貼
先賢先儒画像於東西、而以
周元公、
程純公、
程正公、
張明公、
邵康節、
朱文公従祀、尚
饗、
訖興、還祝版、於原所献官俯伏、興鞠躬平身賛者唱訖
復位、亜献、終献儀同初献、読詞者読亜献詞、詞曰、
百王宗師、生民物軌、瞻之洋洋、神其寧止、酌彼金罍、
惟清且旨、登献惟三、於嘻成礼、終献詞同亜献、楽亜献大

平楽終献三台塩引者迎分献、焚香、分奠賛者引分献、詣卓
子前、介者従之、左右分献儀同三献但無楽及俯伏等之儀訖
皆復位、引者迎分奠、焚香、分奠興執爵従之儀亦如
分献、訖復位、引者焚香、飲福受胙掌儀唱賛者引初献
官、詣香案前、賛者座献官之左、爵盤者介者兼之興取飲
福爵授、祝於漆階下、祝受升漆階、酌福酒、降就東方
奠案前、司尊挙罍尊冪酌明水、祝持爵跪献官之右
進之、献官受啐酒授之、賛者爵盤者又取受胙盤授
祝、祝文升漆階、咸先聖神座前胙降、進献官、献官受
両手捧之、為食状授、賛者、爵盤介者受入神厨訖、読
告文者跪献官之左、読告文訖復位、献官俯伏興鞠
躬興拝興拝興平身賛者唱皆復位、掌儀迎初献官、賛
者引献官入神厨、介者従之徹供掌儀唱引者焚香、掌
儀祝立神厨外、献官升漆階、楽作還城楽読詞者読徹
饌詞、詞曰、
犠象在前、豆籩在列、以享以薦、既芬既潔、礼成楽礼(備)、
人和神悦、祭則受福、率遵無越、儀準奠供訖、献官降、
楽止、賛者引初献官、出神厨、介者従之、皆復位、亜終
献官入神厨、飲福受胙、分献徹従祀之供、亦準奠供
之儀訖復位、祝徹祝板、入神厨初献官升徹幣、楽作
雍(慶)徳祝升漆階受幣篚、降授斎郎、斎郎持入神厨、初献
官降復位、楽止、賛者引亜終献官、出神厨、介者従之

唐聖堂惣図略

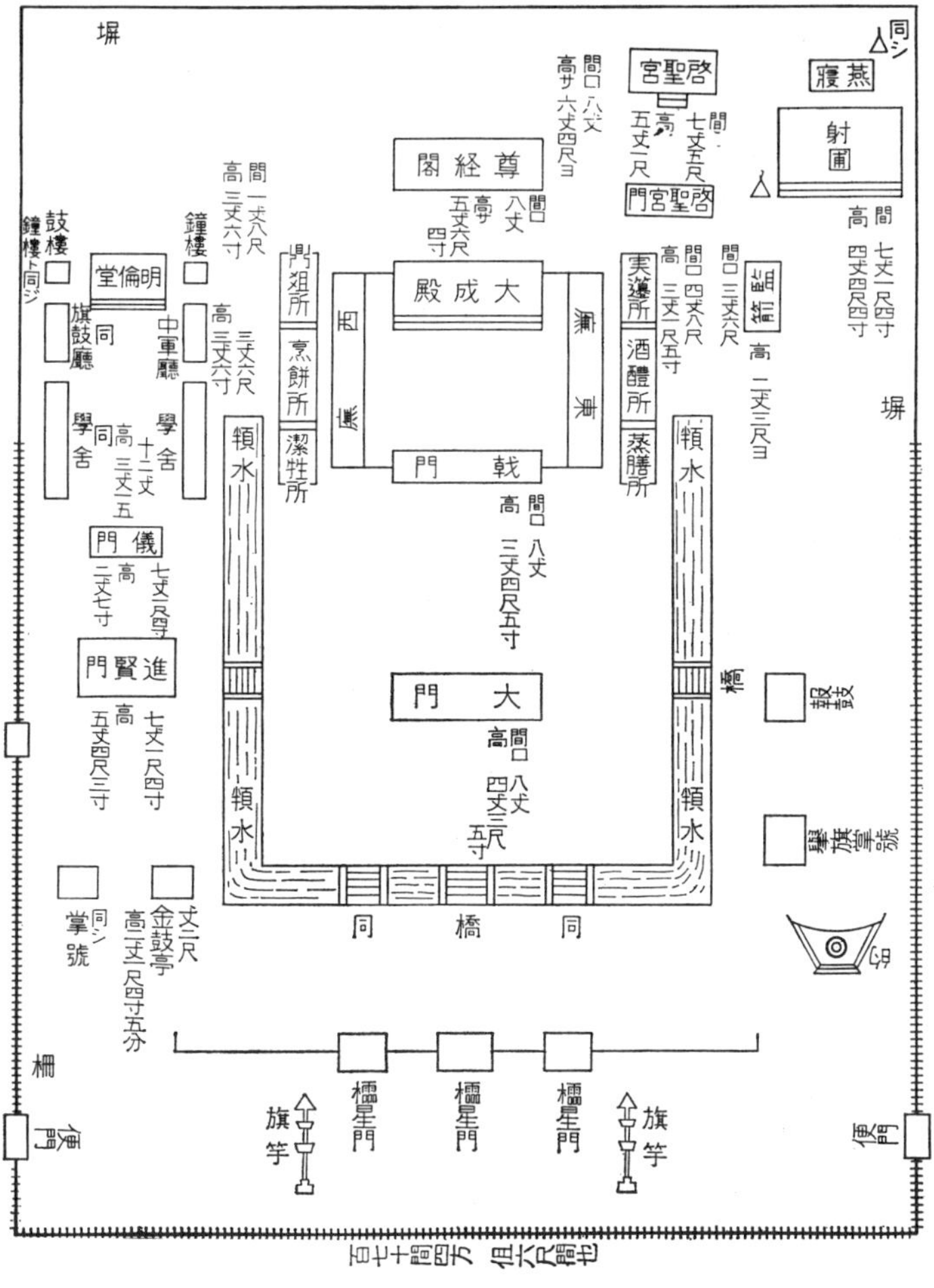

復位、掌儀祝復位、開闔者闔櫝訖復位、下簾掌儀唱簾者升下簾、引者焚香、書格者介者兼之興奉書格、置初献官前、講経義一章、三問三答畢、書格者奉書格還於

原所、又奉詩券凡置香案前、講師出位俯読献詩及
衆官姓名訖、介者亦還詩巻於原所、起座（掌儀唱）衆官
皆興、掌儀出位少進、鞠躬興鞠躬興（掌儀唱）衆官皆鞠
躬興、掌儀詣香案前、跪焚者、訖復位、送神（掌儀唱）迎送
者詣漆階下、唱送神曲、詞曰、
有厳学宮、四方来宗、恪恭祀事威儀雍雍、歆玆維馨、
神馭還復、明禋斯畢、咸膺百福、奏越天楽訖復位、楽
止、垂帳（掌儀唱）帳者升垂帳、礼畢（掌儀唱）清道者以下以
次降堂、復庭上本位、楽作（夜半楽）掌儀視衆官皆降然
後敢降庭上、序列立定楽止、初献賛者、北向鞠躬西
向曰、鞠躬興、衆官皆鞠躬興乃以次出、楽作（長慶子）惟
掌儀、待衆官皆出、而後出、楽止、其幣及祝文燎於神
厨、

謹按、右釈奠儀、大抵、拠唐開元礼及闕里誌、而憲
廟時、又一時取
旨所損益、則不必無小異也、蓋廟殿倣
国家、
宗廟之制階無分東西堂上、又設階廟制既異、則礼
不得不従変也、如其執事官称、亦有与西上称謂
不同者今不敢妄加縁飾、乃紀実以備他日之考
拠云、
宝暦辛巳（十一年）之夏

昌平国学都講久保泰亨薫沐拝撰

(34)『昌平志』巻第二・事実誌、明和八年十二月四日条

(35)「浚明院殿御実紀」巻二十四（新訂増補国史大系47『徳川実紀』第十篇）

(36)『昌平志』巻第二・事実誌、明和八年十二月四日条

(37)『昌平志』巻第二・事実誌、明和九年二月十九日条

　前年已有捐置之令、而列侯未悉奉令焉、是年特申前令、於是祭前一日、列侯秩万石上者、皆遣使各捐儀刀銀錠、

「浚明院殿御実紀」巻二十五、安永元年二月十九日条

　林大学頭信言が昌平坂の文廟にて、釈菜の礼行ふにより、去年より万石の人々に、聖学を崇尊する志あるものは、心にまかせて、ものまゐらせよ、といふ事を、老臣より令し下しつれど、其期にのぞみいまだこと行はず、よりてことし、又重てその事を令し下されける、

(38)「浚明院殿御実紀」巻二十五、安永元年二月廿九日条

『昌平志』巻第二・事実誌、明和九年二月三十日条

(39)『昌平志』巻第五・儀節志、明和九年二月条

　廟殿罹災、未有修造、秋祭徂期、常典殆闕、乃従主祀請、繕飾庁堂、姑擬廟殿

（庁堂三間、深二丈四尺、架抹楼二層、上高二尺五寸、下則五寸、倶深三尺、上棚安神櫝五座、下棚東西亦各架棚、并高二尺五寸、各安哲位、東西相向、北壁架棚、亦高二尺五寸、置頓殿門諸額、従祀位在於其北、東向、東壁架棚、高同於西棚、闊一丈二尺、以棲賢儒扁、又於堂西南、添造板閣二間、深可九尺、以為神厨、而柵門東、構屋三間、与原置看舎、東西相向、以為立仗之所、又西庁西角、斜張帷幄、遮蔽内外）

越九月十八日、奉遷神位、奠薦儀文、皆従権宜、粢菜各一、魚腊二、黒餅白餅各一、盛於土器、載以木台（俗云三方）、正位三爵、配座各一爵（但配座用土杯）、執事者凡七人、其次序、捲簾啓櫝、進饌、献爵、焚香、拝、読告文、徹爵、徹饌、闔櫝、下簾、

礼畢（告遷礼訖、以粢菜魚腊黒餅白餅、告遷位於神農祠、亦爵用土杯木台、及読告文）、

（九月）二十二日、釈奠庁堂、中於堂内設香案一張（夾於香案、対設燭台）、置洗爵位於東階、司楽（服尉（斗）目半袴）位

於東南隅層列焉、而監察官一人、負神厨而東向、監曹駆使一人、跪於南階、少西北向、献官盛服（服大紋）、帥各執事（服熨《（斗）》目半袴）、献奠一依旧章、銃手隊長帥其属、立仗於柵門、亦如故事、但以堂庭狭隘、不許与観、其方位陳設、并具後幅、　（カッコ内は原文二行割）

(40)『昌平志』巻第二・事実誌、明和九年九月十八日条

九月十八日、繕飾庁堂、奉安神位、二十二日釈奠庁堂、遜按、災後神位久寓庁堂、而未有修造之令、秋祭、愆期、常典殆闕、乃従主祀林信言、請繕飾庁堂、以比廟殿、将以有事焉、先依故事、行告遷儀、九月八日通政出羽守水野忠友、伝令十八日奉遷焉（献官以下服熨《（斗）》目半袴、祭器用木台土杯）、越二十二日釈奠庁堂、亦変礼也、其礼秩一従権宜、多所損滅（初献官服大紋、亜献終献并服熨《（斗）》目長袴、与祭執事者并服熨《（斗）》目半袴）、監察官以下皆因便設位、且以其陋隘、一切停観、釈奠庁堂昉於此、　（カッコ内は原文二行割）

(41)『昌平志』巻第一・廟図誌

(42)元禄四年に竣工した湯島聖堂の大成殿は、間口五間五尺、高さ四丈三尺三寸、奥行三丈七尺五寸
宝永元年に再建した大成殿は、元禄の大成殿より三尺を減じている。

(43)『昌平志』巻第二・事実誌、安永三年条
『昌平志』巻第三・礼器誌

(44)『甲子夜話』巻四（国書刊行会）

(45)同右

(46)同右

(47)同右

第三章　幕府学制の改革

はじめに

天明六年（一七八六）正月の火災によって聖堂・学舎が延焼し、さらに九月八日には将軍家治の不幸に遭遇し、聖堂の財政難と学問の衰微に陥った矢先とて、聖堂の衰頽は覆うべくもなかった。このような事態において寛政期を迎えるや、幕府は諸種の改革に着手した。学問の府といわれる聖堂に対しても、積極的な政策が施されたのである。本章においては、寛政期における聖堂の再興と学制の改革について考察しようとするものである。

一　聖堂の再建

天明六年正月二十二日、類焼によって聖堂及び学舎が灰燼に帰したが、聖堂火消役酒井忠交の家衆の手により、辛うじてその難を免れた聖像は、仰高門の西舎にようやく仮安置することになった。さらに九月八日には将軍家治が死去するなど、聖堂が重大な危機に直面した経緯については前章ですでに述べた。(1)

越えて、天明七年（一七八七）正月にようやく聖堂再建の運びとなったが、同月十四日、大学頭林信徴が継子もなく二十七歳で世を去ったため、中奥小姓富田明親の子で二十一歳の信敬を林家の嗣子に迎えた。したがって二・八月のいわゆる丁祭は、林家の服喪と「未修廟宇」[2]により「廃停釈奠」[3]するも止むなきにいたった。九月にいたり、ようやく孔廟の竣工を見たのであるが、その規模はすこぶる偏狭でまさに聖堂に対する時代の風潮を象徴しているかのごときものであった。すなわち再建の聖堂は、

修造廟殿廊廡諸門、一依安永制、而樸略実過之、蓋時議専務省費、不復顧大体、其尤甚者、為聴堂、視之宝永制、減者十七八、蔀屋卑陋、規模褊狭、大約如士庶一区之宅、又原間架用仲間（六尺五寸俗謂都間）今改用縮間（六尺俗謂鄙間）其陋可知矣、明年戊申八月丁祭、以其狭窄、不能備礼、主祀具状以請、令添造廠宇数間、（仰高門更衣舎亦係添造）又黌舎旧制四十五間層構（上下為房凡三十八）而中間一局、為講堂、今制矮屋、止二十七間（十八房共一構）講堂炊厨、列在其間、亦其陋可知矣、夫廟学之制、元禄而宝永従其時体、皆極隆盛、安永一変、始失制度、至於天明、不存旧貌、故事毎大興造、必命列侯、助工役焉、元禄宝永皆用故事、而安永天明、費出官帑、不課列侯、亦其工役不渉大挙也、又毎繕葺例皆官修、享保以来取費祭田不渉官銭、其或不給、以請於官、亦僅数年一修、頽圯殊甚、衰墜極此、今大君起自内藩、紹承大統、正位之初、理正綱紀、典章修明、曠廃頓振、於是主祀林信敬等、上其衰頽併具学図請先加修挙、乃令改作工役渉時土木斬新、規制具備、而廟殿則未之及也[4]、

と規模は宝永の聖堂に比して減ずること十に七八であり、かつ従来は都間六尺五寸であったのを改めて鄙間六尺とするなど、「大約如士庶一区之宅」は狭窄なもので、ぞんざいな安永度の聖堂にもまして粗略なものであった。このようなものであったから、寛政五年（一七九三）七月十日の大風に逢い、杏壇門が倒壊する始末であった。『昌平志』はこのことに関して「門即天明修造、比雖細瑣而廟中一変、亦当時修造之略者可知也」[5]と素直に述べている。神位の遷座は、これより先、天明七年九月十六日に行ったが、儀式は「如安永故事、但時遭国喪[6]、不用奏楽、不読告文、以略其礼」[7]という簡素な儀式であった。この儀式の献官は人見蘆州であった。これは大学頭林

信敬が養父信徴の喪に服しているため代わって行ったものである。林家と血縁関係のない者が祭主になったのはこれが最初であった。天明七年四月十五日に家斉が将軍の地位につき、同年六月十九日に松平定信が老中となるのである。そして聖堂の再建なった同年九月に、聖堂における学問奨励として老中阿部伊勢守正倫は次のごとく令達した。

　享保年中[8]諸人為学問、於聖堂日々講釈之儀、林大学頭(信充)江被仰付候、巳来今以打続、日々朝五ッ半時より九(ツ)時迄之内講釈有之間、右聴聞志有之輩ハ、貴賤不限、聖堂江罷越承候様可致候。[9]

これによると、聖堂講釈が享保年中より今まで打ち続いていると述べているが、しかしその内実は決して順調なものではなかった。すなわち、享保五年（一七二〇）六月六日、若年寄石川近江守総茂の達によると、

　於聖堂講釈、長之日ハ御旗本、半之日ハ陪臣町人罷越承之候処、段々承候者人少ニ付、林大学頭相願候故、御旗本幷陪臣町人共ニ同日ニ承候筈ニ罷成候之間、勝手次第ニ可致之由ニ御座候、此趣急度被仰渡候ニ而ハ無御座、寄々咄候様ニと之儀ニ御座候。[10]

と記しており、聴講者が次第に減少していくありさまであった。それに天明六年の類焼後はこれも廃講の止むなきにいたったので、このたび聖堂の再建を機に再び開講し、学問の志あるものは貴賤を問わず、仰高門東舎における講釈を聴聞することを促したものである。

このように学問を奨励したものの、堂舎の狭隘なることにはいかんともなし難きありさまであったから、林信敬はこれを幕府に訴え、天明八年（一七八八）二月に、聴堂及び仰高門東舎に各数間を添造することになった。[11]こうして「将挙事、而殆有欠」というほど狭窄な聖堂を多少なりとも増築し、翌八年二月二十七日、新築の聖堂において、はじめて釈奠を執り行った。このとき、すでに国喪も解け、大学頭林信敬が祭主となって「備礼、再告遷」[12]たのであった。釈奠の寄附物について、天明八年七月、松平定信は大目付へ次のごとく布達した。

聖堂釈菜之節、前々は参拝幷寄附五品も有之由候処、近来は左様之儀も無之様相聞候、当秋釈奠より春秋釈菜之度々、先規之通志次第可致寄附物候、且又参拝之儀は可為勝手次第候、[13]

これは「廟学之制」が「安永一変」して「始失制度、至於天明、不存旧貌」[14]ほど衰頽したのを旧に復すため、明和八年（一七七一）七月・同十二月、[15]翌安永元年（一七七二）二月、同三年五月の釈奠に際し、幕府が諸大名に進献することを促した先例にならったもので、これはどこまでも自発的な寄附を促したものであり、強制的なものではなかった。また幕府は聖堂の再三にわたる罹災により、その防火対策の強化をはかるため、寛政二年（一七九〇）十二月、金沢藩主前田治脩に聖堂火消役を命じた。

元禄制、課大諸侯一人、専備救火、享保以来、雖亦依例、止小諸侯、以其寡力頗難於職、故其称止於奉神龕及殿門諸額而避災、寛政庚戌（二年）雖令復原称兼備救撲、而改作廟制、高広十倍、固非力可救矣、至是特命加賀守前田治脩、永備救撲、亦以其邸第之近、便於赴急也、而令旧所課主水佑板倉勝喜復於原職、止於奉而避災、[16]

元禄の頃は聖堂火消役を大諸侯に命じていたが、その後、小諸侯に命ずるようになったため、消火にあたる人数も少なく、かつ江戸の屋敷が、聖堂に必ずしも近隣しているとは限らなかったから、聖堂が火災にあった場合、火消役が駆付けても神龕や諸額を避難させるのに精一杯でとても防火にまで手を廻すことができない状態であった。そこで幕府はこれを旧制に復し、大藩であり本郷の屋敷が比較的聖堂に近隣しているところから、この前田治脩に命じたものである。なお火災の節、神龕・諸額の搬出に専念させ、その万全を期するため、別に庭瀬藩主板倉勝喜をそれに任じている。

二　正学復興

松平定信は、天明七年六月老中に就任、そして翌八年三月、将軍補佐の顕職についたが、定信の聖堂に対する積極的な政策が施されるのは、寛政二年（一七九〇）以降であるとみてよいであろう。後世いわゆる「寛政異学の禁」と称する有名な布達は、寛政二年五月二十四日、林信敬に達せられたものである。

朱学之儀者、慶長以来御代々御信用之御事にて、已に其方家代々右学風維持の事被仰付置候得者、無油断正学相励、門人共取立可申筈ニ候、然処、近来世上種々新規之説をなし、異学流行風俗を破候類有之、全く正学衰微之故ニ候哉、甚不相済事ニ而候、其方門人共之内にも、右体学術純正ならさるもの折節者有之様ニも相聞、如何ニ候、此度、聖堂御取締厳重に被仰付、柴野彦助、岡田清助儀も右御用被仰付候事ニ候得者、能々此旨申談、急度門人共異学相禁し、猶又不限自門他門ニ申合、正学致講窮、人才取立候様相心掛可申候事(17)、

同時に柴野彦助（栗山）・岡田清助（寒泉）の両儒官へも次のごとく達した。

朱学之儒者、慶長以来御代々右学風維持之事被仰付置候儀ニ候得者、無油断正学相励、門人共取立可申筈ニ候、然ル処、近頃世上種々新規之説をなし、異学流行風俗を破候類有之、全く正学衰微之故ニ候哉、甚不相済事ニ而候(18)、已下林家へ達ト同文言略之、

林信敬は、この諭達を受けて同年五月、早速林家の門下に示諭した。

御当家開国の初め、宋学御取立被続而、聖堂御建立有之候儀、全く風俗正敷相成、人材致成就候様にとの御美意に有之候、然る所、種々新規之学致流行、我等門人にも右体之学致候者有之候様ニ相聞、此度被御沙汰候段、於我等も恐入失面目候仕合に候、此後は門下一統正学致出精、人柄相慎候様、急度相心得可申儀被存候、修行方の儀、追々令申聞候(19)、

この一連の令達がいわゆる「寛政異学の禁」の発端となり、以後拡大解釈され、ますます強化されてその影響は甚大なものとなるのである。松平定信がこの政策に出た経緯については、種々議論があり、現在になお問題を

残しているが、これには、次のような事情が背景にあると考えられる。すなわち天明八年正月、昌平校に学び阿波蜂須賀家に祗候していた柴野彦助を幕府儒官として招き上京させた。また寛政元年（一七八九）九月に、山崎闇斎の学統を継ぐ岡田清助を抜擢して同じく儒官に任じ、将軍家斉自らの姿勢を正すために、林信敬と両儒官に毎月吹上の上覧所において講筵せしめたのであった。この柴野・岡田両儒官は、大学頭林信敬を援けて学制の改革に着手するが、前述のごとく聖堂の学問が衰微の一途をたどっている現実からみれば、寛政の諸改革にともない、学問の府としての聖堂における正学の再興をはかったのはけだし当然であったと思われる。

これがあたかも「異学の禁」として一般に受けとめられるようになったのは、松平定信の諸政策が人心を一新せしめ、大いに綱紀を粛正[20]したため、各藩においてもお家安泰のため、公儀の執政にならう因習から、林家に対する諭達が拡大解釈され、各藩もまた粛正するようになったものと解される。それはかつて将軍綱吉が湯島に聖堂を移し大いに釈奠と儒学の振興をはかった際、各藩においても聖像を設け釈奠を行い、藩主自ら儒学を修めるなど、儒学の隆盛をみたのと同様である。幕府は、林家に対する「異学の禁」を命ずるとともに、翌三年三月、林家に対して、次のように達した。

特加学糧五口、併前凡百口、支養生徒以其余銭新講学本別賜三十口於信敬、以充塾糧、儒員佐学政及黌学家塾、各給支糧、弁昉於此、[21]

つまり寛文十年（一七九七）の『本朝通鑑』完成の功により、林鵞峰は修史のため書生に給せられた九十五人扶持を、そのまま林家の塾生の学糧として下賜されたのであった。このたびこれに五口を増して百人扶持とし、聖堂「お座敷講釈」のための学糧にあて、別に「林家の私塾」に対し塾糧として三十人扶持を給したのである。これにより、幕府は、「お座敷講釈」という公的な運営に対する援助と、「林家の私塾」という私的な面を歴然と区別して援助することになったことは、幕府の聖堂における「異学の禁」の政策と、柴野・岡田の両儒官を聖堂の学制に介入させたことと相俟って、聖堂における学問を林家の私的なものから、幕府の公的なものへと強化していく地盤を固めたものとして注目される政策である。

しかるに、こうした公的な学問興隆政策も、結局学舎が狭隘なために多くの学生、聴聞者を収容できないありさまであったから、当然学舎の増改築が問題となるわけである。そこで寛政三年（一七九一）四月八日、老中松平定信は、老中鳥居忠意、若年寄井伊直朗・同堀田正敦、目付石谷清茂・同平賀貞愛とともに聖堂を丹念に視察した。

天明修造廟学、専徇時勢、其狭隘殆不可言、而黌舎為尤甚焉、学政亦従之衰弛、師生皆曠於其職、前年已改宿弊、以布新政、育英之道将復興焉、然黌制未備、不可以立規、時議始及之、学官以為言、於是執政越中守松平定信、丹波守鳥居忠意、参政兵部少輔井伊直朗、摂津守堀田正敦監察官石谷清茂及平賀貞愛弁巡廟学廟殿両廡陳設祭器貼簽名件以便認辨興学之議剏於此云、列相巡廟学、昉於此(22)、

この巡視により、「前年已改宿弊、以布新政、育英之道将復興」したが、いまだ「黌制未備」るを目の当たりに見たのであった。定信が廟学を巡視したのは、定信の文教政策にもとづくものであったことはもちろんであるが、「林信敬与柴野邦彦・岡田恕等、議図録学制以請修挙(23)」たことも、同年八月の「興学の議」を決するに大きな役割を果たしたものである。かくて十月に起工の運びとなった。総奉行に側衆加納久周、将作令に曲淵景露、工曹主事に馬場某（のち江原某）があたり、その年の十二月には学舎が完成し、翌四年四月にはその他もおおむね完成し、八月十六日に落成の祝賀を挙げたのである。大普請にもかかわらず短期日に成し遂げたことは、幕府の正学振興の熱意の一端がうかがわれる。完成した庁堂及び学舎の規模は左のごときものであった。

庁堂制、外庁南向、左右夾房、亦各南向、前至一局、此為正堂、平日以為講席回廡週(周)匝、通為曲廊、外庁又直通短廊二間、達於次局、正与正堂限以紙褄、東隔曲廊、列置三局、為該祭諸官次舎、各為褄禍、以北為上、聯接

其北、又置三局、亦限以裓、以南為上、首為儒員局、次楽工局、又次学生局（平日授読伝習之所）倶作屋一行、過此而曲廊通、舗機板、以達於斎室二局、（為諸儒会議之所）連接於東北隅、此為主祀斎宿之所、次三局、則冢宰廟幹諸房、而庖厨六間、接於其西、北壁近東一局、置頓雑具、又南近東一局、列設食架、又次二局、為厮養舎、（旧制、毎祭神田村正来執役、亦止宿於此）凡其規画、皆便於丁祭饗宴、他如有事、臨時立局、（或為講堂或為試場及賜賚、会議、各随其便立局無常）曲廊已通於斎室諸局、左転達於内庁、西向庁西置学舎門廊屋、一行、左為憩所、右為守舎、門内規地、除講堂基、竹欄為界、以擬後挙、学舎重構、其北倶二十二間、南北二行、相背為向、而中於両舎共一庭、其制重屋層檐、前後通階、以便往来、上下為房、各二十三、毎房架設壁橱閣板、以充閣度貯蔵、（舎北穿掘土窖畳石護崩、以備貯蔵）南北両舎、各異食堂、而共炊厨、浴室構其西南、亦両舎共焉（連構二間雑貯器具）稍南隔庭作屋一行、転折為房凡四、是為職員局、（即司講、司籍、司漏諸員局、但司籍局視之他舎闊可六尺樹設庋閣以棲図書）其漏室則特高一層、欲報時四達也、員長二舎、重構其南、各具書斎歇房、而共客次、三局（上局二間、深一丈五尺、次局称是、又次為外堂壁掛槃牌粉書学規修業規）北為司賓局、（北向掲槃牌粉書出入規）実与客次共屋、稍南而並西墻、置教官宅、（東向）宅仍旧構、（即宝永所置員長舎）添以数間賓次、外堂、後軒、便室、皆係繕治、又南為廟幹舎、（東向）亦仍旧構、而修完、凡其興造、皆撤旧更新、計間架、四百余坪、肇工於辛亥（寛政三）十月、報成於壬子（寛政四）八月、（学舎以辛亥十二月畢工）於是庁堂黌舎、皆備規制、曠年之廃以興、(24)

庁堂・学舎の改修は「皆撤旧更新、計間架、四百余坪」の増改築であった。このとき、寛政三年（一七九一）九月に廟学儒官として任命された尾藤良佐の教官宅もあわせて設けられた。同年十二月、庁堂・学舎が完成した直後すなわち四年正月八日に総奉行の加納久周が工事を巡検し、かつまた全工事がおおむね出来上った八月八日には、老中戸田氏教が巡検し、十六日に落成の祝賀を挙行したのである。この祝賀は、

儒員以下、凡出於林氏之門者咸与焉（賀銭有差）席間賦詩懽譊、極暮而罷、廟学賀落成昉於此、(25)

と、廟学の落成の祝宴を庁堂において林家の門弟を列席させ、詩を賦し懽譊するなど盛大に行われた。このよう

に、廟学の落成において祝宴を張ったのはこれがはじめてであり、ここにも正学復興の示威的なセレモニーの意図が強く感じられるのである。

三　素読・学問吟味

寛政四年（一七九二）八月十六日、竣工の祝賀が行われた七日後の八月二十三日に、幕府は聖堂の講釈について左記のごとく令達した。

聖堂御座敷向出来ニ付、林大学頭儀も時々出席講釈有之、柴野彦助、同岡田清助、同尾藤良佐は定日講釈致し候間、罷出承度面々は勝手次第可罷越候、尤入門之儀も是又勝手次第之事ニ候(26)、

すなわち、学舎の造営により儒官の講釈の日には志ある者は自由に聴聞することを促し、また入門も勝手たるべきことを触れた。かくて、幕府は九月十五日に庁堂において講釈を行うよう大学頭林信敬・儒者柴野彦助・岡田清助・尾藤良佐に命じた。

起請於九月十五日、会信敬疾、族人信彭（字公寿号東谷信有子）摂講白鹿洞規、（毎歳開講例止洞規発講席間給賜刊刻洞規於聴者各一本）毎月六次（庚申七月改制毎月三次）日用四九、（講止四書小学起於正月十五日停於十二月十四日始於未時終於申時）令列侯大夫士、及藩臣処士、咸与聴焉、（庚申四月改制不許藩臣処士）席間立局標別班位、因請於官、置書手四員（称隷監曹職属学官丁巳改制称廟学使令増置二十人）簿録聴者姓名、毎月上勤惰於官、又令学生二員（庚申改制儒員及助授生掌之亦無員）輪日授読（毎六之日、通読前授毎歳季秋学官小試）廟学置書手授読生、并昉於此(27)、

この日、林信敬は病気のため林信有の子信彭が代わって講釈を行った。講釈の日程と内容については、一年の講釈期間を正月十五日より十二月十四日までとし、毎月六回、四・九の日に未刻から申刻まで四書及び『小学』を講釈した。列侯大夫士・藩臣・処士にいたるまで聴聞を許し、聴聞者の姓名を隷監曹職が記録し、それに毎月勤惰の状況を附して幕府に報告している。また学生二人に毎月六の日に、前回の講釈を復習として通読させると

いう補助的指導を行っている。そして、毎年九月に儒官による小試験を行うという制度を設けた。さらに幕府は教授陣容の充実をはかり、この年、佐賀藩主鍋島治茂の儒臣朱子学者古賀弥助を廟学の学賓として迎え、三カ月の間講釈をさせた。廟学において学賓を迎えたのはこれがはじめてであった(28)。なお、古賀弥助は、寛政八年（一七三〇）五月二十八日、今度は学賓としてではなく、正式に儒官として幕府に召出され、同年六月朔日、はじめて将軍家斉に謁見を許されて、以後学制を預かることとなった(29)。

以上のごとく幕府は庁堂・学舎の増改築を施し、教授陣容を整えたので、次は学問の普及と内容の充実をはかるため学制の改革を行った。すなわち寛政四年（一七九二）九月、儒官林信敬・柴野彦助・岡田清助・尾藤良佐が典考となり、監察官中川忠英・森山孝盛を監試として、廟堂において旗本・御家人及びその子弟に考試、つまり学問吟味を命じたのである。

林信敬、柴野邦彦、岡田恕、尾藤孝肇弁典考、監察官中川忠英、森山孝盛弁監試、其試格定設四科、経義・史学詩格、作文応試者二百八十人、各以所通預達於官、官令考官、従其所通各試焉、場作四局、紙票科名典試即典考監試諸官匣盛試目於前、試人以次進、詣於匣所、認科探一退、就各局経止講説、講止易、書、詩、四書、孝経、小学如三礼皆用墨義史用墨義、切禁懐挾口授、考試既訖起於是月十三日前後八日踰月而畢典試閲巻累日、準比程式、批定甲乙、黜其文義舛戻、詞理紕繆者、併上之官、此法有故不行明子令改試格開闔庁堂昉於此(30)、

これが最初の「学問吟味」であった。この「学問吟味」というのは、旗本・御家人で十五歳以上の者に施す学問奨励のための試験である。試験の方法は、初日は小学、二日目は四書、三日目は五経、四日目は歴史、五日目は論策となっており、各自が自由にこれから選択して受験することができるようになっている。合格者には褒賞を与えて奨励し、褒賞は合格者中その成績により甲・乙・丙に分け、褒賞物はその身分によりおのおの差があった。すなわち、御目見以上当主並勤仕の者については、甲科が時服二、乙科が巻物（紗綾・綸子）三を賜わり、

御目見以上部屋住の者は、甲科が銀十五枚、乙科が銀十枚を下賜された。そして御目見以下、上下格の者は、甲科が銀十枚、乙科が銀七枚を賜わり、また御目見以下羽織格の者は、甲科が銀七枚、乙科が銀五枚とそれぞれ褒賞を賜わり、丙科の者は、褒詞だけを賜わるというものであった。(31) このとき受験した者は二百八十人であり、解答はもちろん朱子学に準拠しなければならなかった。同年十二月十二日、幕府は目付中川勘三郎（忠英）・森山源五郎（孝盛）の名をもって、学問吟味に対する受験者をできるだけ多く募るため、幕府直臣各組支配の頭々に該当者を報告するよう促している。

寄合布衣已下御役人、御番衆、小普請之面々、御目見以下之者迄、当人并総領厄介等、且布衣以上御役人者総領厄介計、以来年々於聖堂学問吟味有之候間、去年中被書出候分幷其已後学問修行有之分共、不洩様、丑年（寛政五年）正月中迄可被書出候、尤書出有之候科之書目ハ、何方好候而も差支無之様、兼而御達可被下置候、

一、同断に付、十五歳迄之者、四書五経何方ニ而も素読出来之分、是又御書出可有之候、

一、右被書出候認振之儀者、諸事亥年（寛政三年）相達候通可被心得候、尤上蔵半紙竪帳ニ而御書出有之候、

右之通、対馬守殿（若年寄安藤信成）被仰渡候間、其段御心得不洩様御書出可有之候、尤已来年々別段ニ御通達申間鋪候間、毎年二月定例之儀ハ、御心得御書出可有之候(32)

と奨励した。このように学舎・儒官及び学問の方法、内容にいたるまで、幕府が聖堂運営の一切の主導権を掌握するようになったことに対して、決して快く感じていなかった林信敬であったが、彼は越えて寛政五年（一七九三）四月二十日、その嗣子もないまま二十七歳の若さで他界し、林家の血統はここに再び絶えることになった。このことは、幕府をしてさらに林家の私的な相続に対してまで干渉を許すこととなった。同年七月九日、幕府の斡旋によって美濃岩村藩主松平乗薀の子衡（述斎）が林家の相続者となり、その十二月、大学頭に任じたのである。(33) 聖堂における林家の権威は失墜し、わずかに林家私塾の門下を教育し、寛政五年七月に設立した「和学講談

所」[34]が大学頭の支配となったにすぎない。
　また老中松平定信は、かくのごとき文教政策を積極的に進め、正学の復興に努めたのであったが、同年七月二十三日、その職を辞したのであった。その後、老中松平信明がその任にあたり、定信の聖堂運営に対する方針を変えることなくその政策が引継がれていくのである。信明は、定信が辞職した直後、九月十八日に聖堂の「学規・職掌」を定めて、いよいよその監督を強めていった。なおこの「学規」は、入学・行儀・修業・講会・放緻の五則に分け、左のごとく規定した。

学規五則
一曰、入学
僧道、商工、楽伎、優雑及離絶君父、偽冒姓名、不道郷貫、而竊籍他邦者、并不許入学、但如商工棄其本業、奮志篤学者、許歯於生徒之末、
二曰、行儀
学校是育材首善之地、而教化所由出焉、宜篤実退譲、必信必礼、勿議国政、勿失成憲、切禁游惰驕傲、妄誕虚誇之習、博奕玩戯、衣食豊美之風、長幼有序、先後有次、自非疾病、有故不敢晏起、質明聞柝必起、
三曰、修業
経史、作文各因其材、而造就亦須由四書小学、尤禁敗俗非聖之書、新奇怪異之説、毎歳準程試其成否、三年不成、乃従黜去、
四曰、講会
討論義理、講窮精微、須必有依拠、切禁無稽臆説、作詩若文字句声律、須就先輩、質問、
五曰、放緻

学問啓闔、厳限晨昏牌、具姓名、出入必信放於卯時、繳於酉時、自非疾病、有故不許出宿於外、外人亦不許
留宿於内、
職掌八条
曰員長
二員、掌教育生徒、毎日一次巡視学舎、
曰司監
摂司儀二員、掌勉励遊惰、稽察勤怠、毎日二次巡視学舎、
曰司講
無定員、或為講解師、或為司塾講、或為授読師、
曰司計
摂司器二員、掌合計、
曰司籍
一員、掌書籍、
曰司漏
一員、掌報時、
曰司記
一員、掌簿録、
曰司賓
二員、掌応接賓客及学門箯鑰名牌放繳、

又以学糧羨銭、購求経史、以為学本、置学規立職員貯学本昉於此、(35)

と、学生心得ともいうべき、入りて学ぶ者の規律を述べたものである。同時に職制を定め、その職掌についても明確に規定し、聖堂の教学体制を一層確立したものとして注目される。幕府は一方において教育内容の充実をはかりまた他方においてより広く学問の風潮を高めるための努力を惜しまなかった。その具体策として、学問吟味の応試者を間断なく促していることである。「学規職掌」を定めた翌十月に、再び学問吟味について令達した。

学問御吟味之儀、先達て被仰出、追々於聖堂吟味も有之、此度猶又再吟味被仰付候ニ付、心掛候、其書目を認、詩作文章心掛候者も其段認之、去年中罷出候者ハ勿論、其外追々出精之者も可有之に付、先達て相達候趣を以、改て当月中書出候様、向々え可被達候、(36)

前年九月、最初の学問吟味に続いて、此度「再吟味被仰付候ニ付、心掛候」という主旨で出されたのである。ところが「(寛政五年)癸丑試法有故不行(37)」とあるように、寛政五年は学問吟味が行われなかった。したがって同年十一月二十一日、再び学問吟味について同様の文面で督促している。

聖堂ニおゐて学問御吟味有之儀ハ、惣而学問之儀御引立之御趣意に候間、右御吟味之節望候而罷出候者ニ不限、学術よろしき聞え有之者ハ勿論之事、相応ニ解可致候者迄も無遺漏取調、書出可被申候、学問厚く相心懸候者、右書出シニ洩候而ハ、頭支配不行届筋にも可相成候間、悴共幷厄介に至迄も無残念を入候様可被致候、尤御吟味之上ハ、若年寄対面之儀も可有之候条、可被得其意候、

右之趣、組支配有之向江可被相触候、(38)

と、「学問之儀御取立之御趣意」により、学問吟味を望む者はもちろん、吟味を望まない者でも「学術よろしき聞え有之者」をよく調査して書出を行うよう命じ、もしこの書出に該当者を洩らした場合は、頭支配の不行届になることを厳命したもので、前回の通達より一層厳しいものになっている。なお、吟味の上は若年寄との対面も

許されることを述べている。これによって学問吟味の奨励に幕府が如何に力を注いでいるかを知ることができるであろう。このように、再三にわたる学問吟味のため書出を命じ、ようやく第二回目の学問吟味を行ったのは、寛政六年（一七九四）二月のことであった。

令改試格、考官更加審議、立之程式、以前年十二月、会試人於庁堂、蓋試人預以所通達於監試、監試乃達於典考、於是典考照其人与所通之書、示以定格、面問就否、且席間掲示試格、使之先知定嚮皆遵体格、是年二月三日、以論語小学同試焉、此為初場応者為合格、以就本試、其不能応者、雖科兼数目、業精一経而以不中格、黜為附試、其本試科目凡三、曰経義学庸孟為一通易書詩春秋三礼各為一通毎通各試三道曰歴史、左伝史記為一通両漢書為一通通鑑綱目為一通又別出問目二通毎通各試二道曰作文、紀事題二首其一対訳史論一通復文、二通凡試五道而経史皆用墨義、即演訳也、試巻揩式、曰章意曰字訓、曰解義、曰余論、首署姓名尾題年月又預更建白、有異学唱新奇説者、輒痛排抑之、四書義主集註章句易主本義書主蔡伝詩主集伝春秋主胡伝礼主陳註儀礼周礼并主古註疏此為準格越二十日試本科、皆初場合格者也、林衡、柴野邦彦、岡田恕、尾藤孝肇、并典考、中川忠英、石川忠房、并監試、試人既就囲、監試奉命賜試目、前一日典考封緘試目各二道以上於官試日早期参政以各柢道下於監試貼之庁壁、毎科六通、後改三通席上給紙筆、令各自写、切禁挾懐及口相受授者、辰時就試、及暮納巻受巻二員即書手分局給紙筆及受試巻不賜秉燭、以防代筆換巻為暮未成許納一道凡五場而畢、初日学庸孟、次易書詩又次歴史、又次作文此為本試試後一日、為附試前後凡五場丁巳特立不挾書格更与挾書同科、異日倍至十場典考閲巻累日、準比程式、朱書通否、批評始定、乃擬考校、兼科合格者為上等優説経義不戻規矩者、為中等一優一否者、為下等如説失経意言無根柢肆為蔓衍背馳忘返者則其文辞雖可観、而皆不在収采唯示駁放許其後試具試巻及其姓名、封上官、依賞格、随其甲乙、褒賜衣物銀錠各有差、凡十九人是年改定試法、三歳一次、著為定格(39)、

このとき試験の方法を改正して行った。まず前年十二月に応試者を庁堂に会させ、そこで監試は応試者からの書出を典考に渡し、典考はそれにもとづき応試者の面接を行い、書出の事項を確め、この年の二月三日に『論語』『小学』をもって初場すなわち予備試験を行い、これに合格した者に二月二十日本試験を受けさせた。本試

験の方法は、経義・歴史・作文の三科目のうち応試者が予め定めた一科目を受験させるもので、出題の内容は経義が学庸孟と易書詩春秋三礼、歴史が『左伝』と『漢書』、『後漢書』及び『通鑑綱目』、作文は紀事二首を出題した。選考にあたり「有異学唱新奇説者、輒痛排抑之」と「異学の禁」の態度を明確に示している。

なお、典考には林衡・柴野彦助・岡田清助・尾藤良佐の儒官があたり、監試には目付中川忠英・同石川忠房がその任にあたって行われた。合格者は上等、中等、下等に分けて幕府に上申し、幕府はその甲乙にしたがい褒賞を与えた。このとき応試者二百三十七人中十九人が褒賞にあずかり、またこれ以後三年に一度学問吟味を行うことを定めた。したがって次回（第三回）の学問吟味は、寛政九年にあたるわけである。その準備として寛政八年（一七九六）六月二十日、若年寄堀田正敦の指令をうけ、目付矢部定令が左のごとく令達した。

来巳年（寛政九）二月中、於聖堂学問御試有之候間、諸事去ル寅年之趣ニ相心得、心懸候者ハ罷出候様可被致候、

一、学問御試に付、布衣以上御役人者、総領二男三男厄介、且寄合布衣已下御役人、御番方、小普請之面々、御目見以下之者共、当人并総領二男三男厄介等迄御差出可有之候、尤書出方之儀者、別紙短冊之通御認、三枚ツ、、八月中迄に御差出可有之候、

一、四書五経ハ新注、周礼儀礼ハ古注、小学ハ本注之本ニ而御試有之事、

一、経書之弁書、歴史和解弁問目答書作文之仕方、寅年之通候、若、認方不案内之者ハ、御試当日手本差出置可申候事、

一、去々寅年（寛政六）御試之節、拝領物有之候分者、此度御書出シ不及候、

一、八月二十九日迄御差出無之候得ハ、御書出之者無之儀と相心得候事、

右学問御試ニ付、従此節取調候様、摂津守殿（若年寄堀田正敦）被仰渡候間、此段御達申候以上、(40)

と、寛政六年（一七九四）に改正した学問吟味にもとづき、いわゆる受験要綱ともいうべきものを通達したのである。寛政九年二月、受験者の便宜をはかり「当春中、学問御吟味ニ罷出候ニ付、当番等ニ当候節は、頭支配心得ニて繰合、聖堂御吟味之方え差出候様(41)」にと、目付森川俊尹・同矢部定令から、頭支配に通達し、同年二月十六日に初場が行われた。

二月十六日初場甫訖、閲巻累日、越三月、始試本科、前後凡十場、試法一依甲寅格（寛政六年）、但経義一科、欲試其精、特立不挾書格、更与挾書同科異等、而試之、亦異場以防旁観口授、其法依例賜目全書経文、貼票席間、格雖云不挾実同於白本唯不具註文已又有一人、分一科随其精否、受試於挾不挾両場者、或有受不挾於初場、而不能受於本試者、皆随其所請而各試焉、林衡、柴野邦彦、尾藤孝肇、古賀樸、弁典考、森川俊尹、矢部定令、弁監試、考試既訖、考官遂巻批評、官随其甲乙、二十三人賜衣物銀錠、各有差(42)、

と、「依甲寅格」って二月に初場、三月に本試が行われた。典考に林衡・柴野彦助・尾藤良佐と、今回より前述の事情により、岡田清助に代わって聖堂附儒者となった古賀弥助がこれに加わっている。監試には目付森川俊尹・矢部定令がこれにあたった。このたび二百四十九人の受験者中二十三人が合格し、前例にならい幕府よりそれぞれ褒賞にあずかった。

以上、幕府直臣のうち十五歳以上の者に行う「学問吟味」について述べたのであるが、これに対して、幕府直臣の子弟で十五歳以下の者を対象に試験を行う素読吟味がある。素読吟味は別に「童科」ともいう。幕府が最初にこの童科すなわち素読吟味を行ったのは、寛政五年（一七九三）十一月二十九日である。

考官預更稟議、詳定程格、十五歳下十一歳上試四書五経十歳下八歳上四書小学七歳下不限定格従各所習試其熟否、大学頭林衡（述斎）、柴野邦彦、岡田恕、尾藤孝肇弁典考、中川忠英、森山孝盛、弁監試預設書案張於正堂典考坐左東向、監試坐右西、向、童子進坐案前員長由傍執書毎部与読数行考試已訖、従其熟否、準比賞格、越十二月四日、賜合格者六人匹段、以勧奨之明年甲寅審定試格雖不合格而誦読習熟者亦賜彩紙自是童科

毎歳一試、著為定格、経童之科昉於此(43)

この素読吟味の方法は、十五歳以下十一歳以上の者は四書五経、十歳以下八歳以上の者は四書と『小学』から出題し、七歳以下の者は特に定めなく、各自習う所に従ってその熟否を試すものであった。このとき典考に大学頭林衡・柴野彦助・岡田清助・尾藤良佐、監試に中川忠英・森山孝盛があたったことは、寛政四年（一七九二）九月の学問吟味と同様である。十二月四日、合格者六人に対し学問所において褒賞を与えてこれを勧奨した。

素読吟味は、学問吟味が三年毎に行われるのに対し、毎年行うことを定めたが、この時の素読吟味を以後の定格とした。しかし、翌六年には素読吟味が行われなかったが、幕府はこの素読吟味を学問吟味と同様に勧奨した。すなわち同年十一月十四日、目付中川忠英・同石川忠房・同矢部定令の連名で左のごとく通達している。

布衣以上御役人幷寄合、布衣已下御役人、御番衆、小普請之面々、御目見以下之者共、総領二男、三男厄介迄、一統十五歳已下之者、四書五経之内何レ之部ニ而も素読出来之分、御書出可有之候、

一、別紙案文之通、美濃二ツ切ニ認、都合三枚ツヽ、御差出可有之候、

一、書出後、忌中又ハ名替有之歟、或ハ厄介等他江養子に罷越候歟、又ハ病死御奉公出等之儀有之候ハヽ、其都度々御書面を以、御申聞可有之候、

右之通御心得、当月中迄御城拙者共之内江御差出可有之候、以上、(44)

と、幕府の正学興隆の熱意のほどが、この素読吟味にもみられるのである。幕府は翌七年九月二十九日に試験科目や該当者の書出し、手続きの方法等についてさらに詳細に記して通達した(45)。かくて第二回の素読吟味は、翌十月に行われた。

試依前格、林衡、柴野邦彦、尾藤孝肇、山上復字子復号桐原弁典考、森川俊尹、矢部定令弁監試、考証既訖、準比程格、賜出格七人合格者十八人匹段彩紙、各有差(46)、

試験の方法は、寛政五年（一七九三）十一月二十九日に行われた先例にならい、典考には大学頭林衡・柴野彦助・尾藤良佐、それに岡田清助に代わって山上復がこれにあたり、監試には前回と異なり目付森川俊尹・同矢部定令があたった。このときの合格者は十七人であった。褒賞は『日本教育史資料』[47]によると「十五歳以下甲科桟留更紗取交セ二反ツヽ、乙科更紗一反ツヽ、十歳以下紋唐紙二十五枚ツヽ」となっている。次いで、第三回の素読吟味が行われたのは寛政八年（一七九六）十月であった。

試依前格、林衡等典考、森川俊尹・矢部定令・小長谷政良弁監試、考試既訖、準比賞格賜出格八人合格者十五人匹段彩紙、各有差、[48]

このときの素読吟味は、全く前回と同様にして行われ、十五人の合格者があった。しかるに幕府は、寛政九年（一七九七）十一月二十日、この素読吟味に改正を施したのである。すなわち、

童科旧格、試童止年十五下者、是年改定試格、年十七上、十九下者、亦皆許就焉、蓋律有官年本年之称、童科或犯年格、往往有触律、乃吏審議、改童科為句読科、且其所試止四書、五経、小学、試訖、賜合格者匹段有差、改童科為句読科昉於此、[49]

と、今まで十五歳以下の者を対象としていたのを改め、十七歳以上十九歳以下の者を対象とし、呼称も素読吟味、すなわち童科を改め句読科と改称した。年齢の引き上げにともない、出題は四書・五経・小学の範囲とし、また褒賞も同時に改められた。[50]このように年齢の引き上げを行った理由として、『昌平志』には「童科或犯年格、往往有触律」と記されているが、他の法令にはこの点について触れているものがみあたらない。

しかし、これで事実上十五歳以下を対象とする童科を中止したものであり『昌平志』の理由のみでは、学問奨励の方針に即さないものがある。

以上のように、「吟味」の年齢変更を行った意図するところは不明であるが、その理由は、応試者が比較的少

なかったか、聖堂の施設や教育に問題があったのではないかと思われる。ただ、幕府の失政については、なんら記すところがない。従来、学問吟味は十五歳以上の者を対象としているので、それとの関係については「素読御吟味罷出候ても、定式三ケ年目学問御試之節、弁書筆記等ニ罷出候儀は勝手次第」[51]とした。そして寛政十年（一七九八）十二月に、句読科の試験を行った。[52]さらに翌寛政十一年十二月[53]と毎年行われたのであるが、文化九年（一八一二）八月にいたり、

従十七歳十九歳迄之者、素読吟味之儀ニ付、年々九月晦日限有無共御申聞有之候様、兼而申達置候処、御倹約御年限中、隔年吟味有之候間、当申年（文化九）御差出不及候、来ル酉年（文化十）亥年（文化十二）九月晦日限、只今迄之通り有無共御用聞可有之候、[54]

と、倹約中のこととて、隔年に吟味を行う旨を目付佐野庸貞・同水野忠篤の両名によって通達された。これが文化十四年にいたり、

従十七歳十九歳迄之者素読御吟味之儀、当丑年より年々御吟味有之候間、前々之通御心得、九月晦日限有無共御申聞可有之候、尤定式御吟味有之候ニ付、向後は御達申間敷候間、年々九月晦日限御書出可有之候、依之申達候、[55]

と旧に復し毎年行う旨を目付荒川義行・同牧義珍から通達したのであった。

以上、学問吟味と素読吟味について考察したが、いずれも幕府の権力によって正学復興を目的とした学問奨励策として行われたものであり、このことから、幕臣の教育に対する幕府の熱意のほどがうかがわれるのである。ただこの学問吟味や素読吟味の結果が、幕府の役職の上でいかなる影響をもち、またこれが幕吏として任用や昇進に果たした役割についてはいまだ解明されていない。しかし、以上の政策からみて、松平定信の意図した正学復興の基盤は彼の在職中に作りあげられたものと考えられるのである。

四　聖堂の拡張

幕府は聖廟の改築、人事、学問政策の上から、聖堂に対する官学的色彩を強める施策を行ったが、さらに幕府は天明七年（一七八七）に再建した粗末な聖堂に対して改修を加え、また庁堂・学舎の整備を加えて官学の殿堂として名実共に整った学問の府を築きあげるべく努力が払われた。寛政四年（一七九二）八月、こうした幕府の意図によって庁堂の増築が施されたのであった。しかし、そのとき改造を加えなかった天明再建の粗略な聖堂は、学問の殿堂としては、それに似合わないものとなった。それに学問の興隆にともない、教育施設としての堂宇にも不足をきたした。そこでさらに増改築を施すことになるのである。そもそもその動機は、寛政八年（一七九六）十月十五日、将軍家斉の廟学巡覧にあった。

王子のほとり鶉狩ありし時、昌平坂なる聖廟へ御野服のまゝにて立寄らせ給ふ。杏壇門を入たまひ、御足をとゞめられ御中礼有て、それより大成殿へのぼらせ給ひ座せられて、御野服なればにや、きと御礼拝にも及ばせ給はず、御会釈の御気色ありて聖像を御覧あり、其外廊廡のあたりまでも見廻らせたまふ。其頃迄は饗応座敷と称する所に渡らせ給ひ、おほやけより納め給へる品々を始め、諸侯の献納の物ども御覧あり、其中宥座の器に水を張らしめて、其さまを試み給ひ、林大学頭衡を御側に召寄られ、典故など問対おはりてたゝせ給ふ、門際まで衡送り奉りしかば、ねむごろの仰有て出たゝせ給ひき、後御燕閑のとき供奉せし御小姓等侍りしに、さきに杏壇門にて中礼せし我意をしるやと仰ありし時、御深慮の程をいかでか知り奉らん、聖廟の御事なれば、御崇敬あそばされしなるべしと答奉りしものありしかば、さるにもあらず、杏壇門を入し時、正面に大成殿の額見えし故にこそ、こは常憲院殿（綱吉）の御筆なる故に礼せしなり、聖像への会釈は、堂へ昇りて後の事なりと宣ひけり、この時の御事は聖堂天明の火にあひてより後、造構ごとに粗略なりしが、また近頃は破壊極りければ、新営の事かねて衡より建白せしかども、費用も多き事なればとて、政府の議も定まらざりしが、御みづから御覧ぜられ、棄おかるべき事ならずとて、不日に改造の事を仰出されけり。[56]

天明再建の聖堂が粗略で破壊もひどかったので、かねて林衡が造営について建白していたものであるが、幕府も財政難のこととて容易に決しかねていたわけである。家斉自身つぶさに聖堂を巡視したことにより、「棄ておかるべき事ならず」とて、同二十二日、近年中に大改造を行う旨の下命があった。かくてその準備が着々と進められるのである。

寛政九年（一七九七）正月二十八日に医員多紀安元の要請もあって、神農祠を医学館に移した。これは元禄以来この聖堂の地に安置されたものである。[57]翌三月には、聖堂の敷地を拡大するため、西に隣接する射圃一千余坪をこれにあて、学舎の増設をはかった。[58]ついで寛政十年（一七九八）二月七日、老中松平信明に聖堂再建の総奉行を、[59]また翌々日の九日には「勘定奉行石川左近将監忠房、作事の奉行神保佐渡守長光、目付小長谷能登守政長聖廟再建の事奉はるべしと命ぜらる、堀田摂津守正敦も奥にて同じ事奉はる」[60]と、総奉行の下に若年寄堀田正敦以下の者が命ぜられ、大工棟梁は平内政休が任じられた。三月にいたり、いよいよ工を起こし、まず敷地を拡め、聖像を仮殿に徙すことから始まった。翌寛政十一年三月二十七日にいたり、廟舎の建造に着手することとなった。

　八年丙辰十月二十二日、参政摂津守堀田正敦、坐於朝堂、伝命大学頭林衡曰、曩者廟殿罹災、因循歴年未復故貌、将以近歳大加鼎建、旧制或不慊礼意、宜加審議以備規制、林衡退与諸儒議、乃据投化明人朱之瑜字魯与号舜水製明制孔廟衣様、之瑜嘗為水戸源義公製大成殿及戟門両廡木様蔵在其府詳於廟図誌諸加鼎新、[61]

と聖堂の改築にあたり、林衡は諸儒と相計り、結局水戸藩が所蔵していた朱舜水作の孔廟模型に準拠することにした。したがって明制にならうものである。改築の主眼は、寛政四年に庁堂及び学舎の増改築を行ったのに対し、

　其規画一傚明制、雖以時宜、凡自殿室廊廡門階、以至基礎、砌磚、罳罘之属、皆鼎新規、以革旧制、其興造

之盛、実近世所未有也、又増黌学制、具公廨体、雖因壬子(寛政四)制、補其未備、而係創造者十七八、於是廟学之制称完美、締構之盛報具備[62]、

と、大成殿をはじめ、廊廡・諸門及びそれに属する一切を新規に改造し、さらに「添造庁堂、補作黌舎、創置講堂伝習之所[63]」することによって、学問の隆盛をはかるとともに、官学の殿堂にふさわしく「雄偉輪奐粲然[64]」たらしめようとするものであった。幕府は、再三にわたる災火から聖堂の建造物を護るため、さらに敷地の拡張をはかり四隣の地を接収した。

寛政己未(十一年)、規劃区域、大加変革、丁巳(寛政九)已収学西隙地及蔬圃、以添学区、己未又截射圃数百坪、及移北街、稍北以加増広、又廟東収昌平阪(坂)、撤鳳閣寺、以広廟区、凡近側第宅市鄽、宜備逸災者、皆従撤除、又学西演馬場、謂之桜馬場、以原多桜樹名焉、頃歳枯朽、無復遺櫱、玆歳令植桜柳楓各数百株、斉列周埒[65]、

すなわち、東側は、神田神社の正面に通ずる昌平坂をこれより東に移し、昌平坂・遠的矢場・鳳閣寺の故地を敷地に拡張した。ちなみに、このとき新たに作られた道路が、現在の昌平坂である。廟殿の後ろにあたる北側の道路も境内に繰り入れ、さらにその北側に居並ぶ民家をも取り払ってそこに道路を新たに設けた。

このように聖堂に接近せる民家を除き、かつ堤を築いてそこに樹木を植え、火災の防止をはかったのである。かくて敷地の総面積は一万千六百余坪となり、以前より四千余坪が増加した。こうして寛政十一年（一七九九）六月二十二日に早くも大成殿の棟上げの運びとなった。十月にはすでに落成し、翌十一月十日に廟位の奉遷が行われた。このとき増改築された廟宇は、千五百坪に及ぶ大工事であったから、「其興造之盛、実近世所未有也[66]」と『昌平志』に特筆されているのである。

さて新築された大成殿は、

正殿即大成殿十一間深四丈七尺九寸南面、東西及北倶用板壁自基礎即伏蓮華至殿極、即古老銭四丈八尺四寸、為楹三十二前面六楹梁梲榱桷、承以

斗拱、雲栄頂格、皆鐫雲紋、併両廊諸門、倶髹漆之、装以稜金釘鉸浮漚鋪首之属、硐瓦用銅裹、而殿頭雙峙鳶爪、即鬼犾頭銅造龍頭魚身、二脚雙角、毎角両支鋭如鋒刀銅質塗金、赫爍眩目即拒鵲也四隅置鬼竜子、銅造貓形蛇腹而有牙各二、殿扉畳扇、用銅枢而啓闔焉、亦装以稜金釘鉸浮漚鋪首之属、殿内及階布鋪方石、南階三級、畳成礪石、北階亦同、但畳五級而構室於殿内北壁、是為神座、正位南向、配座東西向、各二位、錦帳翠簾恒屏遮之闔直両楹殿額仍元禄製書、特加補潤、梁棟牌文、高書於其中云、上棟大成殿（江戸昌平阪《(ママ)》）、首云、征夷大将軍内大臣再建、尾去、寛政十一年己未十月二十二日、列書於下云、伊豆守松平信明、摂津守堀田正敦、左近将監石川忠房、佐渡守神保長光、和泉守小長谷政良、及村田昌敷、篠木信節、五島信房、河合久易、江原易詳、牧慶包、和田元良、凡十二人最後低書云、平内政休・政林是官匠、両廊各十五間入深一丈六尺六寸東西向、立面各八楹、合為柱楹各二十一、左右及後、皆用板壁、設以櫺子、各横通短廊、一間五尺余、北接正殿、殿側穿戸、与短廊通、廊各穿戸北出、但西廊近北穿開門戸西出、亦通長廊達於神厨南属杏壇、各穿小戸通於門内東西相擁、中為廟庭、布以板石、限以甬道、闔直階径(67)

とあるように、大成殿は、門口十一間、奥行四丈七尺九寸、高さ四丈八尺四寸の、荘大な規模のもので、南面し、東西及び北は板壁、南は柱間皆開きとし、扉には畳扇を用いた。斗拱には雲紋彫刻を施し、殿宇・諸門は黒漆塗とした。屋根は銅瓦葺とし、棟の両端には唐銅鋳物の鬼犾頭を置き、屋根の四隅には同じく唐銅鋳物の鬼竜子を置いた。殿内は正面北壁中央に一室を設け、ここに聖像の神龕を安置した。「大成殿」と書いた殿額は、元禄の昔、将軍綱吉の揮毫にして、このたびこれに補修を加えて掲げた。東西両廊は間口十五間、奥行一丈六尺六寸あり、柱は各二十一本、左右と後は板壁にして櫺子を設け、西廊の西側に門戸がありここより神厨に通ずる。屋根は銅瓦葺で床には四半石を敷いた。

この大成殿は朱舜水の聖堂模型に準拠したことについては前述したが、実際には、これより多少縮小されている。しかし、元禄創建時の大成殿に比して二倍半であり、東西両廊も元禄の四倍となり、杏壇門も高くなった。

次に諸門のうちまず、杏壇門は、

杏壇門、十一間、入深一丈六尺五寸南向、門面六楹、合為柱楹十五中為正門、更与左右、皆設扉扇、是為中及左右門、而両端各作房舎、豁開円窓施設櫺子以通於廊、其制作同於正殿、銅裏硐瓦而装置鳶爪鬼竜子及用稜金釘鉸之属而実取法於戟門、榜以杏壇、存旧制也、門扁亦仍原掲、少加製造、旧扁、即納言藤原基輔書、宝永丙申掲焉、其広幅与改作門制不称乃命屋代弘賢就其成書展拓字画門外規地、布鋪板石、限以石欄、下臨絶崖、而畳成石階二十級、亦仍旧畳、特為漫勢、階尽又限甬道、東置水盤、即石盤、宝永甲申置製西置井亭、(68)

間口が十一間、奥行が一丈六尺五寸あり、柱十五本、正門と左右の門に扉があり、両端の房舎には櫺子の円窓を設け、屋根には大成殿と同様に鬼犾頭と鬼竜子を置いた。「杏壇」の門額は、宝永三年藤原基輔の揮毫になるものであるが、新造の杏壇門は一段と高くなったので、門額が小さいため新造の杏壇門には適せず、そのため基輔の原字を展拓して新たに作って掲げた。杏壇門外西方には便門を設け、学問所に通ずるものであった。

次に入徳門であるが、これは改造せず宝永の旧造のものをそのまま移して用いた。ただし、元来朱漆であったのを改めて黒漆とした。

入徳門、六柱、門面一丈三尺三寸、深一丈三尺南向、制仍旧構、即宝永制、但原置在今杏壇門之地改移今処特加髹漆、以与諸門称、旧制塗以朱漆今改髹漆之亦仍旧扁、門西穿墻、置便門一座、以便出入、稍西畳成石磴数十級矩折西上、達於学庭既穿入徳門、而南出門階五級甬道矩折而東、畳成石階五級、傍施石欄、前臨層崖、既下石階、則甬道転而北折、亦傍施石欄、畳階三級、下階而北、甬道折而向東、径至仰高門、甬道北列置二舎、西為更衣所、又称日講舎十二間深一丈八尺為局凡五、前堅板墻以屏遮之東為看守舎、六間深六丈六尺為局凡六并南向、倶仍旧構而移置焉、看守舎係於宝永制更衣所係於寛政辛亥置稍東並垣、置井一幹、甬道南置水盤一基、倶構亭覆之、(69)

と、門の西側に便門があり、また西方の石階数十段を昇れば学問所に達する道に通ずる。この入徳門の外から甬道を左折して東に向かえば仰高門に達する。これまで大成殿と諸門が一直線になっていたのを、仰高門を東方に移したものである。仰高門は、

仰高門、六柱、門面一丈三尺、東向、制同諸門但不用稜金銅瓦而碙頭摸印官章側開耳門以便出入亦仍旧扁、門側置卒舎二間深九尺稍北置憩所、八間、即丁祭立仗之所又南並東垣、置井一幹、他皆規地布満細石、既出仰高門、右転南出、遮設梐枑、竪下馬牌、(70)

と、入徳門の位置から移したもので、門も額も旧のままである。仰高門は、東向で門面が一丈三尺で柱が六本ある。屋根は瓦葺で銅を用いなかった。門の南側に小門及び門卒房舎がある。入徳門から仰高門にいたる甬道の北側に更衣所（日講舎）があり、桁行十二間、奥行三間のものである。その東に並び看守舎がある。一方、大成殿の西方に位置する建造物について見ると、正殿のすぐ西側に神厨がある。

神厨、十三間、深一丈二尺、若九尺、為局七八在於正殿西、東南向通廊七間、闊一間、以達於西廊、神井仍旧治、構亭覆之在於神厨西、神庫三所、各七間亦仍旧置、在其西北、(71)

新築された神厨は長さ十三間、深さ一丈二尺で七間の通廊があり、西廊に通ずるものである。(72)神厨の北側に神庫三棟がありこれは以前に建てたものである。神厨の西方に庁堂があり、そこに間口十四間、奥行五間の講堂を新築した。

講堂、十四間、深三丈南向、即原除堂址之地且撤員長舎以広規画為局若干、紙褙隔限之、是為読授伝習之所、堂前規地連竪板墻、穿開学門、南向(73)

さらに南北学舎の南、すなわち庁堂寄りに学舎一棟を新築し、学舎はこれで三棟となった。

其設黌舎、皆因壬子制、但原止二構、各二十二間、更増一構、二十三間於其南、共三構、原置二構倶重屋、并東西行、其次序自北而南、凡三重、北舎北置庫所亦係創置最南一構、即新構即講堂北、毎構雙通短廊、以便往来、側置吏房一局即南舎西南、炊厨、浴室亦仍旧置、列在其西、(74)

その他、この学舎の西南にあった尾藤良佐の教官宅を書生寮にあて、新たに教官宅として敷地の西南の一隈と、北東の一隈に建造し、尾藤良佐と古賀弥助の住宅にあてたのである。[75]

寛政十一年（一七九九）十月に竣工した聖廟における改作及び造築は以上のごとくであるが、この工事には巨額の財政を費すことになったので、幕府は同年十月十日に、この工費を大名の助役として命じた。この助役を命ぜられたのは、[76]次の十一名の諸侯で、合わせて三十万石余を納入した。

本多伯耆守忠温（正）[77]（田中藩主、四万石）
堀又七郎親寚（飯田藩主、大和守、二万石）
松平近江守長員[78]（浅野氏、広島新田藩主、三万石）
堀　左京亮直方（村松藩主、三万石）
小出信濃守英筠（園部藩主、二万六千七百石）
黒田甲斐守長恵（舒）（秋月藩主、五万石）
松平駿河守親賢（杵築藩主、三万二千石）
稲垣信濃守長続（鳥羽藩主、三万石）
秋月山城守種徳（高鍋藩主、二万七千石）
本多伊予守忠奝（神戸藩主、一万五千石）
鍋島和泉守直宜[79]（鹿嶋藩主、二万石）

なお、このとき平戸藩主松浦清[80]は自ら「捐二万金助工役[81]」たのであった。同年十月二十二日、老中松平信明と若年寄が列席して、「征夷大将軍正二位内大臣再建[82]」と記した棟札を大成殿に掲げ、十一月十一日に神位を仮殿より新廟に奉遷した。この日、松平信明以下参列し、将軍の代参として大司礼（高家）兵部大輔有馬広寿を遣し、大学頭林信衡が祭主となって献奠が行われた。[83]また十二月三日、このたびの聖堂再建について行賞を行ったが、

この褒賞にあずかった者は、[84]

林大学頭衡　時服

勘定奉行石川左近将監忠房　金・時服

作事奉行神保佐渡守長光　同・同

目付小長谷和泉守政良　同・同

右筆所詰の者　銀・儒官に時服

右筆与頭近藤吉左衛門孟郷　時服

奥右筆　銀

であり、それぞれ褒賞を与えてその労をねぎらった。越えて十二年（一八〇〇）二月二十三日、新築した大成殿においてはじめて釈奠を行ったが、このとき、前日に側衆大久保豊前守忠温が代参した。[85]三月十五日、再び行賞を行い、さきに自ら進んで献納した松浦清に延寿国吉の刀を、また助役を命ぜられその任を果たした十一名の諸大名には各々時服十着を賜わった。[86]

このように、いわゆる「寛政異学の禁」を契機として正学振興のため、幕府は積極的な政策を施し、聖堂を官学の性格に固めていった。学問の府としてふさわしい壮大な大成殿を再建し、学区を拡張して学舎の増改築を行い、その偉容を整えたのもそのためであった。老中松平定信は中途にしてその座を去ったが、しかしすでにその軌道が敷かれ、これを引き継いだ老中松平信明もまた将軍家斉とともに学制の改革を施すなど、正学振興のためその努力が認められる。またこうした熱意は享和元年（一八〇一）四月二十日、将軍家斉の新廟参詣[87]にもみることができるのである。

五　学制の改革

幕府は、正学復興にともない、正学の奨励として試験を主体とする学問吟味や素読吟味を行ったのであるが、一方聖堂における教育にも積極的な政策が施された。すなわち、幕府による壮大な聖廟の再建や庁堂・学舎の増改築はその現れである。将軍家斉は、寛政八年（一七九六）十月十五日、廟学を巡視し、聖堂に対して大いに建造を加えんことを決したのであったが、翌九年十二月、幕府は聖堂の教育に対して学制の改革を行った。

廟学所由、始於林氏忍岡私塾、元禄癸（辛）未、雖陞為学院、仍循故轍、多所因襲、是以官私并行、事渉疑似、亦其成法也尚矣、又寛文庚戌（十年）従林恕之請、以史館餼稟、為学費[88]、以待四方英髦、其教育之、不限士庶許生徒、皆負笈而遊焉、至是変更黌制、乃放生徒、罷職員、（即癸丑所置、）専令大夫士及子弟講肆焉、（改称学問所明年戊午令入学講肆従各所詣、庚申四月申諭前令始開黌舎）又元禄辛未所置神田、原充祭費及廟幹門卒諸支給、享保壬寅（七年）始令小小補繕取費於此、而其租税出納、主祀司焉、故世不詳其義、或指為主祀秩禄、亦其称謂渉於疑似、是月朔特加賜主祀大学頭林衡俸廩千五百苞、併原秩凡三千石、（班亜親衛郎（小姓組番頭）騎将）定為世禄、而神田之入、統於大司会、以充祭祀黌学之費、因徼壬子（寛政四年）所賜私塾糧三十口、改増学糧、併前凡百三十口、亦統於大司会、於是祭田世禄、殆正称謂、官私之用、不混而一、又罷廟幹六員、始置廟学使令十二人（後増至二十八人）廟卒十八人、（後増至二十八人）其制、大約学官（即主祀）下有教官、（二員）以掌教授、又有廟学主事、（二員）以掌雑務、其下有廟学使令及廟卒、以掌祭器書籍、文簿、会計、及看舎、守門之事、改革黌舎、放生徒、罷廟幹、而置廟学諸職、幷昉於此、[89]

と、湯島の廟学の起源は、そもそも忍岡の林家私塾に由来するものである。幕府は元禄四年（一六九一）に聖堂を湯島の地に移した際、林家の私塾と区別して置かれたのである。聖堂の運営は因襲により官私並行して行われて来たため、林家は『本朝通鑑』修史以来、官費をもって私塾の学費にあて、かつまた大夫士及びその子弟の教育に限らず、一般の就学を許すなど、その運営の上で事が擬似にわたるものが多くなってきた。そこでこの擬似を正すため、学制の改革を行ったのである。すなわち、林家の私塾と寛政五年九月に制定した職員を廃止し、庁堂・学舎を「学問所」と改称し、ここにおける教育は、専ら「大夫士及子弟」を対象とすることに改め、また元禄四年、聖堂領千石を定め、これで祭費をはじめ聖堂経営一切の費用にあてるものであった。(90)

しかし、これ以外に幕府より修復料及び改築料その他多大の援助を受けてきた。そのため享保七年の釈奠において饗宴を廃し、幕府の補助を止めたこともあったが、その後、再びそれが失われ、聖堂領の意味も不明確となり、その使用にも擬似にわたるものが多くなった。そこで寛政九年（一七九七）十二月朔日、幕府は林衡に俸廩千五百俵を加え、旧禄と合せて三千石とし、今までの祀田、塾糧、学糧を勘定奉行の管理に委ねることにするなど、官私の混同をここにおいて整理した。また職制の面にも改革を加え、廟学使令（学問所勤番）十二人、廟卒（同下番）十八人、学官（大学頭）の下に教官（学問所儒者）二人を置き、教授にあたり、また廟学主事（学問所勤番組頭）二人を置き雑務にあたらせ、その下の廟学使令及び廟卒は祭器、書籍、文簿、会計、看舎、守門のことを掌らせるというものであった。

以上のごとく幕府は、この学制改革において、聖堂における林家の私的な色彩を完全に払拭し、学問所を幕府の直轄にするなど、幕府の直臣及びその子弟教育を目的とする官学校として、その行政を確立したのである。これは松平定信が老中の座を去った四年後のことであった。なお、学問所の名称については、その後も混同して用いられたようで、天保十四年（一八四三）八月七日、老中水野忠邦が次のごとく令達している。

昌平坂学問所之儀、古来ハ聖堂と相唱候得共、右ハ大成殿と別称ニ付、寛政以後学問所と計相唱候筈之処、其節別段達之趣も無之候間、爾後其段不相弁向も有之候、向後ハ都而学問所と相唱候様、向々江可被相達、(91)

と、その呼称を正している。『昌平志』によると、「除廟区外、概称学問所[92]」とあり、庁堂・講堂・黌舎・寄宿舎・書生寮がその主な対象であり、廟区に対する学区の呼称である。

この学問所において開講されたのは、新廟が落成した翌十二年からである。開講にあたり幕府直臣に対し、寛政十二年三月に、

学問之儀は、御代々御世話被遊、就中元録(禄)、享保之間厚御引立被遊候、今度於学問所御教育有之儀候条、人々相励候様可致候、尤文武之道一致之事ニ候間、武芸之儀も、弥無怠可心掛儀勿論之事候、

右之趣、万石以下之面々え可被相触候[93]、

と達して、学問所における教育を促している。また幕府は、学制改革にもとづきその役職を命じた。すなわち、学問所勤番[94]は寛政十年二月十七日に七人を、さらに六月九日には三人を任命した。また学問所下番[95]も学問所勤番と同じ二月十七日に三十人を任命している。学問所勤番組頭を任命したのは、寛政十二年三月三十日でこれに小十人格奥詰黒沢正助及び天守番鈴木岩次郎を任じた[96]。なお、大学頭に林衡、学問所儒者として尾藤良佐及び古賀弥助がこれにあたったことは従来通りである。幕府は、この大学頭、学問所儒者の意見にもとづき、学問所の運営について積極的な政策を施した。十二年四月には、

此度昌平坂学問所御普請出来ニ付、当夏中より兼而被仰出候通、御家人之輩御教育可有之候間、学問修業之志有之者ハ、勝手次第可有入学候、委細林大学頭幷御目付小長谷和泉守(政良)、羽太庄左衛門、且尾藤良佐、古賀弥助江承合可申候、

一、於学問所定日之講釈、幷仰高門内にて同(日)講之儀も前々之通有之候間、承度面々ハ勝手次第罷越候様可致候、

右之通、万石以下之面々江可被相触候[97]、

と、学問所への入学、定日講釈及び仰高門内日講の聴聞は勝手次第とした。同月素読（句読）の指南を受けるものは、願出により通い稽古にても寄宿稽古にても自由とし、(98)さらに仰高門日講について次のごとく規定して、仰高門外に張り出した。(99)

定

一、講釈毎日四時ヨリ九時マテ有之事、
一、聴聞人貴賤ニ限ラス来リ掛リ次第可相通事、但シ無袴ノ者ハ不相成候、席分ハ押木有之事、
一、著(着)座後物静ニ可致事、但シ講釈中供ノ者ハ御門外へ払置候事、
一、朔日、十五日、廿八日、五節句ハ休日ノ事、但シ臨時休日ハ御門外へ掛札差出置候事、
一、出席ノ面々自身姓名ヲ帳面ニ記シ可申候、御役名頭支配肩書ニ認メ、部屋住等ハ父ノ姓名御役名等可認事、
　但シ陪臣ハ主人ノ姓名ヲ記シ浪人百姓并町人等ソノ訳肩書ニ可認事、

仰高門日講は、四時（巳刻）から九時（午刻）まで約二時ずつ毎日行い、休日は従前通り朔日、十五日、二十八日及び五節句とし、聴聞には部屋住の者、陪臣、浪人、百姓から町人にいたるまで許して行われた。また学問所御座敷講釈については、

一、毎月四・七・九ノ日学問所御座敷ニ於テ講釈アリ、万石以上以下、布衣以上、宿合御目見以上以下聴聞ノ事、
一、毎月一・六ノ日学問所稽古所ニ於テ講釈アリ、寄宿生、通学生聴聞ノ事、外来人モ聴聞ヲ許ス、(100)

と定めた。寄宿の規模について『日本教育史資料』(101)に、

寄宿人部屋ハ三棟アリ、一棟十軒ツヽナリ、三棟ノ内一棟ハ、六畳、四畳二タ間アリ、四畳ハ家来ノ部屋ナリ、三棟ノ内二棟ハ七畳ツヽナリ、但シ三棟ニテ部屋ノ数三十アリテ、三十人ヲ限トス、御目見以上ノ者二

十八、御目見以上ノ者十八ノ定メナリ、御目見以上ハ四書五経ノ素読ニテモ入学差許ス、御目見以下ハ四書ノ講釈出来ナラテハ入学差許サス、寛政以来ノ規則ナリ、

と、定員は三十名で、御目見以上と以下の区別も定められているのがみられる。なお、この寄宿について詳細な規定を施したのは、享和元年（一八〇一）三月のことである。

学問所寄宿人之儀稽古部屋え引越候後、十二月満候得は引取候様最初よりの定に付、当三月以後月限満候者は、段々に引取申儀勿論に御座候得共、其内にて出精の志深く候者は引続寄宿相願候上、猶又十二月寄宿差許申儀に御座候、扨又向後之寄宿人取扱方之儀御目見以上は素読相済看書等自分にて出来候者は勿論弁に志厚人柄も相応に有之候者は、看書十分出来不申候ても寄宿差許、御目見以下は格別に心掛厚く以来学問にて御用立可申様に見受候者計を差許候方に取扱申儀に御座候、未熟之者共多く入れ置候ては、日々の勤業少く有之候故、自ら懈怠をも仕安く取締方も手を込申候儀故、右様之者は寄宿相願候ても先以通ひ稽古に罷出追々上達の上、寄宿相願可然と及挨拶候方に仕候、此段申上置候以上、(102)

これをみると、御目見以下は学問にて用立できる者のみ許可するというもので、御目見以上との区別を厳格にしたのは、幕府の役職の上からであろう。これらの生徒は総て官費をもって賄われ、稽古所において聴聞した。なお、大学頭と儒者は、この講釈のほかに諸侯以下諸士に対する定日講釈を行った。ただし、仰高門日講は書生寮の書生がこれにあたっている。このほかに、陪臣、浪人に対して寄宿を望む者に設けられた書生寮がある。これについては、享和元年八月に林大学頭衡と尾藤良佐・古賀弥助の両儒者が幕府に差出した「学問所書生寮増之儀申上候書付」(103)によって、その全貌を知ることができる。

学問所御再建の節、尾藤良佐元御役宅を其儘相用ひ書生寮と名付、書生共三、四人指置、仰高門講釈、稽古所素読手伝等勤させ候様取計置申、其後陪臣浪人之遊学人共入寮相願候もの有之、且良佐弥助御役宅江入塾

願候ものも有之候得共、御役宅手狭に付差置かたく候に付、いつれも右書生寮え指置、稽古仕らせ置申候処、此節人数弐拾人余に相成り、右寮内には居余り申候、学問所御主法替後は、惣躰御家人の教育第一に仕候に付、前々の如く陪臣浪人等は不差置心得に候へ共、畢竟其本末軽重は有之候へ共、志厚き候もの陪臣浪人たりとも、相拒み候筋に有之間敷奉存候に付、書生寮明き候丈けは入置候儀に御座候所、最早此上指置候場所無之候に付ては、無拠、以後願出候者は相拒み候外無之候、全躰御主法替前は陪臣浪人共御扶持方さへ被下候儀、当時は全く厚志之者とも、自分賄にて入寮仕候へは罷在候場所計は何卒御取建被下度候事哉に奉存候、左候得は御家人御教育之余波相及ひ陪臣浪人共にても志有之もの御教育之御恩恵も御座候へは、御教化広大之御模様も有之可然哉に奉存候、幸是迄有来り候書生寮南之方明地御座候に付、板椽便所等を外にして、四十坪程之御建足し被下候得は、書生五十人計は差置候儀出来申候、可相成儀に御座候は丶、此段御評議御座候様奉願候、

書生寮は陪臣、浪人の遊学人を自費入寮させるもので、はじめ三、四人を尾藤良佐の役宅に置き、仰高門講釈稽古所素読の手伝をさせていたが、その後、入寮を望む者が多くなり、遂に二十人余りとなり、役宅には収容できないありさまとなった。そこで、この厚き志の者をできるだけ多く教育の恩恵に浴させるため、増築を願ったものである。書生の志望厚き熱意に酬いるため、林衡・尾藤良佐・古賀弥助の努力がうかがわれる。この請願が聴許され、一棟建足しをみたのであるが「遠国より罷出候者不絶御座候」(104)という状態で、またしても書生寮が過剰となるありさまであった。そこで文化八年（一八一一）十月、さらに一棟建足し七、八十人の定員に増したい旨を請願している。(105)こうした盛況さは「御座敷講釈」においても同様であった。

学問所御座敷四・九定日講釈聴聞人、追々増益仕席に居余り候に付、七月中相伺四の日、九の日を二分に仕、講書も両方別々に仕、人数割分け候処、其後段々出席人多く、此節又々指支(差)候に付、彼是評議仕候処、最早

外に仕方も無之候間、九の日之方を昼前、昼後両度に振分け可申哉に奉存候、[106]

と、学問所御座敷定日講釈も「席に居余り候」ほどになり、定日四・九のうち、九の日の受講者中「部屋住厄介之分[107]」を四の日へ繰り込み、さらに九の日は「朝夕両度[108]」に分けて講釈することとした。このように、聖堂・学舎の再建以来、稽古人や書生その他の受講者が急激に増加していった。そこで当然問題になるのは、教官の不足である。

昌平坂学問所稽古人、此節段々相増日々素読且講釈、会読定日計に罷出候者之外、寄宿は勿論通稽古之内にも日々之様に相越、寄宿人部屋之二階江相詰出精仕候者、都て六十四人も有之候間、輪講質問等様々に取扱、尾藤良佐、古賀弥助引請相勤罷在候、其上別段会読、詩文、点(添)削之儀等迄相兼候儀御座候、全躰御座敷幷稽古所講釈定日多く、其上内外多人数に相成候に付ては雑事之取扱も彼是有之、両人之勤方も殊之外手張候様相成申候、尤御座敷講釈は柴野彦助、岡田清助相掛り会読は山上藤一郎幷勤番組頭よりも相勤候儀に御座候得共、中々以引足り不申、右之通稽古人段々相増出精仕候処、教方之者手足り不申、追々手届き兼候儀に御座候間可相成儀に御座候は丶、松平豊後守(薩摩藩主)家来赤崎源助(海門)、松平安芸守(広島藩主)家来頼弥太郎(春水)両人之儀、学問幷詩文共世上江も相聞へ候者にも御座候、去る寛政四年古賀弥助、松平肥前守(肥前藩主)家来にて罷在出府仕候節、於御場所講釈被仰付候例を以、右両人在府中学問所江罷出御用相勤候様被仰渡、御座候様仕度奉存候、左候得は定日相立講釈、会読幷詩文点(添)削申談取計可申候、然時は御儒者御人少にても先御間に合可申奉存候、一躰御家人之内より教方手伝等仕候様取計度、色々相考評議仕候得共、当時相応之者無之候に付、不得止事、右両人之儀申上儀候に御座候、此節学問所一統教育等之儀、厚く御世話も御座候に付ては、追年出精仕候者之内より教方御用に相立候は随分出来行々は事足り可申哉奉存候得共、何を申儀にも当夏より御教育の(ママ)候も始り候事、殊に学問の儀は外芸術と違ひ、中々纔年月稽古仕儀程の候にては人の師範仕候様出来候様にては無之候間、只今より教方に手を尽し、追々御用立候者出来可申手続第一之事哉に奉存候、前申上候通教方手足り不申候に付、不得止事申上候儀に御座候、右の趣を以、御評議の上被仰付も御座候様仕度此段申上候、(109)

これは、寛政十二年八月に林大学頭衡及び尾藤良佐・古賀弥助の儒官が幕府に具申したものである。これによると、受講者の増加にともない教官の不足をきたしたので、すでに聖堂附儒者から奥儒者となった柴野彦助や代官となった岡田清助にお座敷講釈を依頼し、会読には山上藤一郎や勤番組頭までもこれにあたったが、それでもなおかつ不足であった。そこで、古賀弥助がかつて鍋島藩から藩士出講をした先例にならい、薩摩藩士赤崎源助・安芸藩士頼弥太郎の出講を依頼して、会読・定日講釈・詩文添削などについて援助を乞いたいというものである。これも聴許されて実現の運びとなった。これとともに林大学頭衡及び尾藤良佐・古賀弥助の両儒官の連名で享和元年（一八〇一）四月に学問所出役について上申している。

昌平坂学問所御教育仕法、追々申談候処、仰高門日講之方手足り不申哉と相見得候、其上前々と違ひ、御場所も屹と相成候に付ては講釈等十分に無之もの差出候ては陪臣浪人等も聴聞候事故、御外聞にも障り候間、御家人之内にて講釈等宜敷仕候者相撰、両三人も学問所出役に被仰渡有之度候、右振合は測量所御用出役之類例にて被仰渡御座候様仕度奉存候、素読稽古人数多にも成候て、右等えも差遣ひ(支)申儀も可有御座候、此段申上候、(110)

すなわち仰高門日講の講釈をする者が手不足となっているので、幕府直臣のうちから然るべき人物三人ほどを学問所出役として依頼したいというものである。これもまた聴許された。

かくのごとく、学制改革によって聖堂・学舎の偉容を整え、幕府直轄の学問所として幕府直臣の子弟の就学を奨励するに及んで、まさに幕府の意図した正学復興の方針に即する活況を呈するにいたった。

おわりに

学制改革以来、特に林大学頭衡及び尾藤良佐・古賀弥助の両儒者は、若年寄・目付等と共に学問所の経営と教授に献身的な努力を払った結果、以上、みてきたように学問の風潮を高めていったが、しかしその隆盛のあまり学問所儒官の負担が増大して劇務な生活となっていった。そのためか尾藤良佐は文化八年（一八一一）に病いに倒れて辞職し、二年後の文化十年（一八一三）に世を去り、これを追うがごとく古賀弥助もまた文化十四年（一八一七）に他界した。

ただ林大学頭述斎（衡）は、その後、天保九年（一八三八）にその子皝に大学頭を譲って隠退したが、天保十二年（一八四一）七月遂に七十四歳の生涯を閉じている。

両儒官が没したのちは、幕府直臣をもって学問所教官にあてるという幕府の方針にもとづき、増田金之丞・依田源太左衛門・野村兵蔵の三旗本と古賀弥助の子古賀小太郎が儒官に任ぜられ、林大学頭衡の下で学問所の教育にあたることになる。そして多くの入門者を許し、学問所で朱子学を、役宅で書生に陽明学を講じたという佐藤捨蔵（一斎）が、美濃岩村藩から抜擢されて学問所教官に任命されたのは、林述斎が没した天保十二年のことであった。

以上のごとく、寛政期における聖堂の朱子学復興策は、聖堂の学問所を幕府の直轄下に収め、諸種の改革を施すなど、これがやがて広く学問の興隆をもたらした影響は大きいものがあり、高く評価されるべきものであろう。

（1）本書第一篇第二章参照
（2）『昌平志』巻第二・事実誌（日本教育文庫・学校篇、同文館）

（3）『昌平志』巻第二・事実誌
（4）『昌平志』巻第一・廟図誌
（5）『昌平志』巻第二・事実誌
（6）将軍家治死去、天明六年九月八日
（7）『昌平志』巻第二・事実誌
（8）『徳川禁令考』前集第三・一四五八号（創文社）

講釈聴聞之事

来月より林家之者於聖堂講釈有之候、組中より（頭）聴聞之儀、心次第ニ而、急度被仰渡候筋ニハ無御座候、組より願候ハヽ、勝手次第参候様にと申渡候様、大学被申聞候、（享保三戌年八月十二日）

（9）同右、一四六〇号
（10）「文恭院殿御実紀」巻三、天明七年九月十八日条（新訂増補国史大系48『続徳川実紀』第一篇、吉川弘文館）
（11）『昌平志』巻第二・事実誌

天明八年戊申二月添造聴堂及仰高門東舎各数間

遜按（大学印南）、堂也、舎也、皆丁日預享之人、更衣及会集之所、而丁未（天明七年）修造、減其制度、狭隘不可以成儀、是年二月将挙事、而殆有欠焉、主祀乃具状以請、令添造各数間、

（12）『昌平志』巻第二・事実誌、天明八年二月二十七日条
（13）『御触書天明集成』二四三四号（岩波書店）
（14）『昌平志』巻第一・廟図誌
（15）『御触書天明集成』二四三五号

聖堂釈菜之節、先規之通当秋釈菜より春秋釈菜之度々志次第可致寄附物候、参拝之儀は、可為勝手次第旨、万石以上之面々え無急度可被通旨、先達て（明和八年七月）相達候処、此度釈菜之節、寄附物無之様相聞候、品之多少は志次第寄

附物有之様、猶又万石以上之面々え無急度可被通候、

明和の頃、すでに諸大名の聖堂釈菜に対する関心と尊崇の念も薄く、明和八年七月（同・二四三四号）に春秋釈菜のたびたびに志次第寄附を致すよう促されているにもかかわらず、明和八年十二月四日の釈奠には「此度釈菜之節、寄附物無之」というありさまであった。

(16)『昌平志』巻第二・事実誌、明和八年十二月四日条・明和九年（＝安永元年）二月十九日条・安永三年条

(17)『徳川禁令考』前集第二、八一三号

(18)同右、八一四号

『昌平志』巻第二・事実誌、寛政二年五月条

頃歳学政弛廃、師道闊疎、雖守旧規、亦多宿弊、今大君始正統位、鋭意治道、凡頽墜之宜振作者、莫不尽興焉、次至庠黌詢及師儒、連辟柴野邦彦、岡田恕弁居学職、邦彦等乃与学官林信敬、議条分規約、改革宿弊、於是四方生徒稍来学焉、

(19)「寛政異学禁意見書」（『日本儒林叢書』第三冊・史伝書簡部、東洋図書刊行会）

(20)聖堂における異学講究の禁を達した同月に、また幕府は出版取締令を出したことは、前年四月に熊沢蕃山の『大学或問』の売買禁止、同三年三月の山東京伝の処刑、翌四年五月林子平の蟄居などとともに、学問芸術に対する幕府の改革への意欲と、権威の確立を示したものとして一般に与えた影響は大きかった。

(21)『昌平志』巻第二・事実誌、寛政二年五月条

(22)同右、寛政三年四月八日条

(23)同右、寛政四年四月条

(24)『昌平志』巻第一・廟図誌、寛政壬子（四年）改作庁堂黌舎図

(25)『昌平志』巻第二・事実誌、寛政四年八月十六日条

(26)『御触書天保集成』五四六五号（岩波書店）

「文恭院殿御実紀」巻十三、寛政四年八月二十三日条

(27)『昌平志』巻第二・事実誌、寛政四年九月条
(28)同右、寛政四年条
(29)「文恭院殿御実紀」巻二十、寛政八年六月朔日条
(30)『昌平志』巻第二・事実誌、寛政四年九月条
(31)『日本教育史資料』七・試験
(32)『徳川禁令考』前集第三・一四六三号
(33)「文恭院殿御実紀」巻十五、寛政五年七月九日条・同年十二月十六日条
(34)『徳川禁令考』前集第三・一四八一号
(35)『昌平志』巻第二・事実誌、寛政五年九月十八日条
(36)『御触書天保集成』五四六七号
(37)『昌平志』巻第二・事実誌、寛政六年二月条
(38)『徳川禁令考』前集第三、一四六四号
「文恭院殿御実紀」巻十五、寛政五年十一月二十一日条
『御触書天保集成』五四六八・五四六九号
(39)『昌平志』巻第二・事実誌、寛政六年二月条
(40)『徳川禁令考』前集第三、一四六七号
(41)『御触書天保集成』五四七一号
(42)『昌平志』巻第二・事実誌、寛政九年三月条
(43)同右、寛政五年十一月条
「文恭院殿御実紀」巻十五、寛政五年十一月二十九日条
なお、『日本教育史資料』七・試験には、
寛政五年素読ノ試始ル、十五歳以下十歳以上ハ四書五経小学近思録ノ素読試ヲ受ク、十歳以下ハ大学論語孝経三字経ノ類素読試ヲ受ク

褒賞、十五歳以下甲科機留更紗取交セ二反ツヽ、乙科更紗一反ツヽ、〇十歳以下紋唐紙二十五枚ツヽ、

と、記されている。

(44)『徳川禁令考』前集第三・一四六五号

(45) 同右、一四六六号

布衣以上御役人、并寄合、布衣已下御役人、御番衆、小普請之面々、御目見已下之者共、惣領二男、三男、厄介迄、一統十五歳以下之者、十一歳迄ハ四書五経、十歳以下八歳迄ハ四書、七歳四書孝経之内二部以上、素読出来候分、御書出可有之、尤右従部数書物数多読覚候ハヽ、其段も御書出可有之候、右之定不揃に候ハヽ、御書出に不及候、

一、七歳以下ニ而御褒美有之候者、十歳迄之内御定之書物揃候ハヽ御書出可有之候、十歳迄之内御定之書物揃候ハヽ、御書出可有之候、十歳以下ニ而御褒美有之、十五歳迄定之書物揃候ハヽ、是亦同様御心得可有之候、

但、四書五経之御褒美相済候者ハ、以来御書出ニ不及候、尤其後学問出精弁書等出来候程に相成候ハヽ、学問御試之節御書出可有之候、

一、惣而素読御吟味ニ罷出候而、御褒美無之者ハ、十五歳満候迄、年々御書出可有之候、

一、別紙案文之通、美濃紙半紙に御認メ、都合三枚ツヽ御差出可有之候、

但、朱書年輩部分之通御心得之事、

一、書出後、忌中又ハ名替等有之候歟、或ハ厄介等他江養子に罷越候歟、又は病気御奉公出等之儀有之候ハヽ、其都度々々拙者共之内江、御書面を以御申聞可有之候、

但、父御役替、或ハ名替病死等之儀有之候節、是又都度々々御書面を以御申聞可有之候、

一、定式御吟味有之儀ニ付、年々申達間敷候間、右案文之通御心得、三枚ツヽ、毎年九月晦日迄御差出可有之候、

右之通御心得、来月十日迄に御城拙者共之内江御差出シ、尤有無御申聞可有之候、以上

九月二十七日　森川（目付、俊尹）主膳

(46)『昌平志』巻第二・事実誌、寛政七年十月条

(47)『日本教育史資料』七・試験
(48)『昌平志』巻第二・事実誌、寛政八年十月条
(49)同右、寛政九年十(十二)月条

「文恭院殿御実紀」巻二十三、寛政九年十一月二十日条

『徳川禁令考』前集第三・一四六八号

寛政九巳年十一月

堀田摂津守殿御渡二通并御目付達、

素読吟味之儀、幼年之者而已是迄ハ出席有之候処、自今素読吟味可受輩ハ、従十七歳十九歳迄之者ニ而、其年齢も書出吟味可受候、幼年ニ而出精之者、十七歳に相成候ハヽ、早速撰、吟味に加候事ニ候間、夫迄之修行猶更無油断出精有之候様ニ可致候事、

右之通、今度評議之上相極り候間、当年之吟味十七歳と書出候分より可被加、尤右之段向々江可被達置候、

十一月

『御触書天保集成』五四七二号

寛政九巳年十一月

摂津守殿御渡候御書付写、并御口達之覚書写とも弐通御達申候、

一、右ニ付、布衣以上以下御役人、寄合、御番方、小普請之面々惣領、次男、三男、厄介并御目見以下之倅、次男、三男、厄介等迄、一統従十七才十九才迄之もの、四書五経小学素読出来之分御書出可有之候、

但、寄合、布衣以下御役人、御番方、小普請之面々并御目見以下之者迄、一統当人ニても、右年齢ニて部数之通皆読之者は、是又御書出可有之候、

一、右素読若無点本ニて読覚候分、短冊之無点ニて可仕段書加え、御差出可有之候、

一、別紙案文之通、美濃紙半枚ニ御認、三枚宛御差出之事、

一、是迄四書五経皆読ニて御褒美有之候儀は御書出ニ不及候事、

一、右素読御吟味罷出候ても、定式三ケ年目学問御試之節、弁書筆記等ニ罷出候儀は勝手次第候事、

一、定式御吟味有之儀ニ付、向後は申達間敷候間、年々九月晦日を限、無相違御書出可有之候、
　但、素読にて御褒美相済候分は、相除御差出之事、
右之通御心得、当年は当月晦日迄ニ御書出、尤右日限迄有無共御申聞可有之候、依之申達候　以上、
　　十一月
（目付、俊尹）森川主膳
（目付、定令）矢部彦五郎

覚

素読吟味之儀、是迄は幼年之者罷出候儀に付、右幼年之者、素読吟味之取計は、猶追て可相達候間、此度之達しニ添候て、右之旨をも兼て向々え通達可被置事、素読吟味之儀、幼年之者而已是迄は出席有之候処、自今素読吟味可請輩は、従十七才十九才迄之者ニて、其年齢も書出、吟味可請候、幼年ニて出精之者十七才に相成候ハヽ、早速撰吟味ニ加候事ニ候間、夫迄之修行、猶更無油断、出精有之候様ニ可致事、
右之通、今度評議之上相極り候間、当年之吟味十七才と書出之分より可被加候、尤右之段向々え可被達候、
　　十一月

(50)『日本教育史資料』七・試験
　御目見以上、甲科丹後島（編）三反ツヽ、乙科同二反ツヽ、御目見以下甲科銀子三枚ツヽ、乙科同二枚ツヽ、
(51)『御触書天保集成』五四七二号
(52)『昌平志』巻第二・事実誌、寛政十年十二月条
　試法一依前格、考試已訖、褒賜有差、
(53)同右、寛政十一年十二月条
(54)『徳川禁令考』前集第三、一四六九号
(55)『御触書天保集成』五四八四号
(56)「文恭院殿御実紀」附録巻一
『昌平志』巻第二・事実誌、寛政八年十月十五日条
　是日巳牌大駕将猟北郊、王子里途径昌平巡覧廟学、大君猟服衣却輿、歩入仰高門、歴於石階瞻覧廟殿、洞開戸牖、畳啓殿扉、鋪張紅罽而撤香案嫌

設拝位也、鹵簿隊仗、整儀排列於門外、而近侍諸臣従焉、大学頭林衡、柴野邦彦、尾藤孝肇是日名日故服半袴以次伏詣於門右、瞻覧既畢、遂穿便門、移臨庁堂、堂内預陳礼器、簠、簋、豆、籩、爵、犠尊、象尊、罍尊、各全副、幣篚、祝板、香爐、香案、水盤、洗具、圧尺、棄水盆、銅句、各一個、皆用案卓、款具、款器硯及硯屏、天球、琴、石磬、羯鼓、大鼓、鉦鼓、鸑簫、笛、笙、墨帖、櫃書、硯匣、書閣、鉄如意、別陳貼金屏風各二座其一副釈奠図、其一副官賜、以擬留覧、大君仍顧款器、召衡至於前、命注水以試盈覆、且訳款文以進焉、遂由柵門而出、取途於御茶井、衡等移班伏送如初、尋二十二日、命下、将以近歳大加興造、大君巡覧廟学昉於此、

(57)『昌平志』巻第一・廟図誌

元禄戊寅(十一年)、廟学始置神農祠、迄今百年、毎歳二月、薄奠致祭、是年令徙於医学館、医員多記(紀)安元請之也、安元乃遣子元簡及家奴舁致、監曹駆使二人、監卒三人、護送一如元禄故事、

(58)『昌平志』巻第二・事実誌、寛政九年三月条

学西接射圃、原為閑曠之地、頃歳園丁開蔬窖即今卒舎之地、至是割地千余坪、以増学区、併原区凡七千余坪、戊午(寛政十年)改作、増至一万一千六百余坪以備逸災、又移廟幹舎於柵門西、並南垣、戊午改作添造為卒舎

(59)「文恭院殿御実紀」巻二十四、寛政十年二月七日条

(60)同右、寛政十年二月九日条

(61)『昌平志』巻第二・事実誌、寛政十二年二月二十三日条

(62)同右、寛政十一年九月条

(63)『昌平志』巻第一・廟図誌

十年(寛政)戊午、重命有司、鼎建廟堂、明年己未(寛政十一年)告竣、其経画(計)一依明制、寛文中投化明人朱之瑜、嘗為水戸源義公、製孔廟本様、離合活套、細悉制度、乃蔵在其府、先是丙辰令搬致焉、因倣其制、大加鼎建雑以時宜、杏壇門取制於戟門及改廡為廊之類具原未備移仰高門而東向以避正面之類革前宜改、殿廡不合為一構之類雄偉輪奐、粲然改観、於是廟殿又備制度、且撤除傍近市鄽、以広幅員、大規模、又因壬子(寛政四年)制、添造庁堂、補作爨舎、創置講堂伝習之所、亦殆百余楹、凡再挙、而廟学之制、報具備、而元禄宝永之盛、復継於今、

(64)同右

(65) 同右
除市坊、令街北亀有坊及湯島横街神田社戸各若干戸換占他処移第二街商戸稍北転街陌、迂廻湯島第一第二街稍北、因収其地以増学区東収昌平阪以広廟区移第宅、街北第宅、或殺前面以添街陌或曠其地寄為闊地又截演馬場以為教官宅区撤寺観、以増廟学之地、其広袤合旧区、凡一万一千六百余坪、随其方面、厳植囲垣、蓋元禄制、開除廟学近側之地、曠於其外、以備逸災、而未逾百年、市鄽繁庶、密邇廟垣、不唯渉褻瀆、実失備災之義、今制撤除市宅、因収其地、曠於其内、崇封列樹、以備縁火、不唯大其規模、亦防後世侵擾之患也、

(66) 『昌平志』巻第二・事実誌、寛政十一年九月条

(67) 『昌平志』巻第一・廟図誌

(68) 同右

(69) 同右

(70) 同右

(71) 同右

(72) 同右
庁堂、除廟区外概称学問所仍壬子(寛政四)制、而添造正衙、数間、北接正堂、即壬子制、内庁之地、更於正衙北飲洗所之側穿開小戸便於出入共屋通廡、南北行十一間、限以板障、東側二局、直通短廊、五間達於内局、飲洗所、移在其北又於外庁西、添造一舎、二間余、西南向、即看守之所、房舎、庖厨并仍旧置、斎室雖亦仍旧置、而少加添造、改為諸儒会議之所、更穿第三局北壁横通階於厨後、東西行十六間、達於講堂、

(73) 同右

(74) 同右

(75) 同右
又補脩原置教官宅、改為学舎、七間、助教生居之亦限紙褄、為房凡六、一舎、共厨湢、而二教官宅、皆係創造、其一在於卒舎西、与学区隣、開門南向、其一在於廟垣東、設門北向、

(76) 「文恭院殿御実紀」巻二十七、寛政十一年十月十日条
『昌平志』巻第二・事実誌、寛政十一年九月条

(77)『昌平志』巻第一・廟図誌

(78)『昌平志』巻第二・事実誌では伯耆守正意とあり、「文恭院殿御実紀」巻二十七では忠温となっているが『寛政重修諸家譜』によれば、この時すでに正温が藩主になっている。

(79)『昌平志』では長容となっているが、長員の誤りである。

(80)『昌平志』では直宣となっているが、直宜の誤りである。

(81)松浦静山は『甲子夜話』の著者であり、静山もかねてから自藩の教学振興には特に関心が高かった大名である。林述斎との親交もあって、湯島聖堂の再建にも関心があったものとみられる。彼は自ら勘定奉行に請い、次のような許しを得ている（『御触書天保集成』五四七七号）。

今度聖堂御普請被仰出候ニ付、御用相勤度趣被相願候、一体此度御造営之儀、御用途も不少儀ニ候所、段々申立之趣達御聴、奇特之事ニ思召候、依之御手伝をも可被仰付候得共、先頃も御用被相勤、未間も無之儀ニ候処、御手伝御用方急速ニ出金等仕候儀、折角存寄候て申立、難儀之筋ニも相成候ては如何候、相願候段は尤之儀ニ候間、上納金被仰付、御造営御用途差加候様被仰出候、上納方之儀は四五ケ年ニも連々上納可被致候、

七月（寛政十年）

右之通相達候間、得其意可被談候、

(82)『昌平志』巻第一・廟図誌

(83)『昌平志』巻第二・事実誌、寛政十一年九月条

(84)「文恭院殿御実紀」巻二十七、寛政十一年十月廿二日条

(85)『昌平志』巻第二・事実誌、寛政十一年九月条

(86)「文恭院殿御実紀」巻二十七、寛政十一年十二月三日条

(87)「文恭院殿御実紀」巻二十八、寛政十二年二月二十二日条

同右、寛政十二年三月十五日条

『御触書天保集成』五四八三号

『徳川禁令考』前集第三・一四七五号

(88) 寛政十年八月の釈奠の際、かつて林鵞峰（春勝）は『本朝通鑑』完成の功労として家禄二百石の加増とともに、修史事業のため、学糧として幕府より九十五人扶持を賜わっていたのを、このとき、幕府は改めて林家の塾生の学糧として預け置くことになった。そのため、林家の私塾生は官費をもって養うことになったのである。なお林家は、元禄四年二月、将軍綱吉より聖堂祭祀の費用として千石の祀田を与えられている。
(89) 『昌平志』巻第二・事実誌、寛政九年十二月条
「文恭院殿御実紀」巻二十三、寛政九年十二月朔日条
『大日本近世史料・柳営補任二』（東京大学出版会）によれば、寛政九年十二月当時、林衡は「中奥小姓次席儒者」の職務にあった。
(90) 『昌平志』巻第二・事実誌、寛政五年九月十八日条
(91) 『徳川禁令考』前集第三・一四五七号
(92) 『昌平志』巻第一・廟図誌
(93) 『御触書天保集成』五四七九号
『徳川禁令考』前集第三・一四七四号
(94) 「吏徴別録」（『続々群書類従』第七・法制部、続群書類従完成会）
「明良帯録」（『改定史籍集覧』第十一冊、近藤出版部）では、「聖堂上番」となっている。
(95) 「吏徴」（『続々群書類従』第七・法制部）
(96) 「文恭院殿御実紀」巻二十八、寛政十二年三月三十日条
(97) 『徳川禁令考』前集第三・一四七五号
(98) 同右、一四七六号
(99) 『日本教育史資料』七・教則
(100) 同右
(101) 『日本教育史資料』七・寄宿
(102) 同右

(103) 同右
(104) 同右
(105) 同右
(106) 『日本教育史資料』七・教則、日付は「申十月」と年号を欠いているが、文化九年のものとみられる。
(107) 同右
(108) 同右
(109) 『日本教育史資料』七・藩士出講
(110) 『日本教育史資料』七・教則

第四章　幕府釈奠の再興

一　釈奠の官営化

江戸幕府は寛政の改革の一環として、正学復興を旗印に湯島の聖堂を再建し、学問の奨励と制度の改革を施すなど、積極的な姿勢を示した経緯については、前章[1]ですでに述べたが、本章ではこれら正学復興政策に最も重要な位置を占める釈奠について、その実態を把握するとともに、その意義について述べてみたいと思う。

家斉が将軍となり、松平定信が執政となって最初に行った釈奠は天明八年（一七八八）二月二十七日である。これは前章[2]で述べたごとく、天明六年正月二十二日に聖堂及び学舎が類焼によって烏有に帰したため、天明七年正月よりその再建にとりかかり、これが九月にいたって竣工をみたのであった。そこで翌年二月二十七日に新築の聖堂において釈奠が行われたもので、これは天明五年二月以来のことである。

その間、前述の焼失によることはもちろんであるが、「遭国喪」[3]って中断を余儀なくされていたのである。しかるにこのとき「今春国喪已除、主祀私服亦[4]闋」[5]けたので「爰択日子令挙祀典」[6]るようになったものである。このときの釈奠は聖像の「告遷位」[7]げることが目的で、献官には、中奥小姓富田明親の次男で林信徴の没後、林家の養子となった林信敬がはじめてこれにあたり、[8] 参列者は目付・作事奉行以下造作に携わった諸役の者が主であった。[9] 祭器は天明六年の火災により失ったため、前回同様に幕府は諸大名に命じて祭器の進献を促している。[10]『釈奠私議』[11] によると「寛政元酉二月廿二日」に釈奠を行ったことになっているが、その内容は記録にとどめていない。

次に行われたのが寛政五年（一七九三）十一月二十一日[12]である。この年、大学頭林信敬は年頭からすでに病床に臥しており、自分の手で釈奠を執行することを断念し、そのため正月二十二日に側衆加納遠江守久周に対し、次のごとき伺書を提出している。

私儀病気ニ付、同氏百助釈菜相勤候様被仰渡奉畏候、初代ヨリ故百助（林信智）迄ハ布衣被仰付六位之袍著用仕候、当百助（林信彭）[13]儀ハ無官ニ而御座候、装束之儀ハ如何相心得可申哉、此段奉伺候、[14]

これによると、信敬は祭主の代理として、林信彭をあてる考えであったことが知られる。ただ信有は無官であったので、その装束についても伺を立てているのである。これについては「六位袍可被致著用候[15]」との許しを得ている。しかし、二月の釈奠が行われたかどうかは不明であり、また中止した理由もわからないが、このように林信敬は、疾のため病床にありながらも、なお釈奠の存続をこいねがって万端その手筈を整えたのであったが、不幸にして彼は四月二十日に死去（二十七歳）したのであった。そこで七月九日、美濃岩村藩主松平乗蘊の子息衡（述斎）が幕府の容喙によって林家の跡を継ぐこととなった。[16] 林衡は直ちに義父信敬の喪に服したが、八月の秋祭は林信彭がこれに代わって平常通り行う予定であった。

秋丁祭期、主祀林衡在喪服、例当族人林信彭摂祀、而信彭会疾、踰時始愈、乃用是月而補祭焉、[17]

しかるに信彭は病いに罹ったため、その平癒を俟って異例の十一月二十一日に釈奠が行われたのである。従来大学頭の服喪中は釈奠を中止していたのであるが、信敬の死去による服喪は林家の私的なものとみなし、中止することなく釈奠を執り行っている。こうした点からも聖堂の釈奠が幕府の手によって、完全に運営されるようになったことをうかがい知ることができるのである。

越えて六年の春祭は、四月十九日に行っている。旧臘十六日に大学頭となった林衡は、正月二十二日、側衆若年寄格加納久周宛に左記の届書を出した。(18)

聖堂釈菜之儀、例年二月執行仕候段奉伺候処、四月上旬迄御服穢被遊御座候付、延引仕四月中旬下旬之内、執行可仕奉存候、此段御届申上置候、

これは、服穢により二月の春祭を四月に延期する旨のものであるが、『昌平志』(19)には「四月十九日、釈奠孔廟、儒員林信彭献官、春丁会遭国恤、展限更用是月」とあり、この時も林信彭を献官として行われた。延期の理由に「国恤」または「服穢」とあるが、これは、田安完武の女で家治の養女となり、紀州藩主治宝の室となった種姫が、正月八日に疱瘡で死去したことを指しているものと思われる。(20)大学頭林衡が献官として行ったのは、その年の八月二日の釈奠からである。『昌平志』(21)に、

八月二日釈奠孔廟、大学頭林衡献官、主祀林衡始献官、審定儀節、頗加釐正旧儀、説経読詩於廟殿、而頒俎於神厨、是年少改其儀皆挙於庁堂、且不掲標旗、不植麾旗、説経読詩挙於庁堂及停標旗麾旗、

とあるように、林衡は釈奠の一部を改正して行っている。すなわち、説経読詩については、寛文の頃は廟殿において徹供前に行い、元禄頃は廟殿で下簾垂帳後に行っていたのを改め、これを庁堂において行うこととし、また頒胙式は従来神厨において行っていたのを改め、これも庁堂で行うことにした。その他、釈奠の折に掲げていた標旗・麾旗を廃止し、諸侯よりの献上物を東廡に陳列していたのを停止したこと、また釈奠当日の儀式準備の合図を、辰刻より卯刻に繰り上げたことなどが、このとき釐正を加えた主な点である。(22)なお、林衡が大学頭として、初めて行った献官の束帯については、次のごとく記されている。

旧例御代替幷林氏家督、初テノ釈菜皆束帯ヲ用ユ、且近ク寛政六年寅八月三日《(二カ)》、今ノ祭酒、家督初テノ釈菜

束帯ノ日、是亦先蹤ニ据テ足袋ヲ用ヒラル、其余ハ何レモ布衣ノ赤足ナリキ、今已ニ靴鞋ヲ著タル上ハ韈ノ著否ニ論ナキノミ、又旧例祭酒故アレハ支族三献ヲ摂行シ、布衣未布衣トナク臨時六位袍ヲ允サル、今亜終献各博士六位袍ヲ常典トス、若初献故アレハ通摂シテ廃闕ナカラシム、又諸享官布衣色目ノ事、稚亮装束抄及布衣雁衣ノ諸記ニ就テ新ニ両三種ヲ採用セラル、[23]

これをみると、前述の寛政五年(一七九三)正月二十二日、林信敬が支族の献官の装束について側衆加納久周に伺書を出し許可になったことが、その後、常典として認められている。これは釈奠に際し、祭主が病疾その他により支障をきたした場合、これに代わって釈奠を行わしめ、釈奠の停廃を極力避けようとする幕府の文教興隆策にもとづくものである。[24]寛政七年の釈奠は、『釈奠私儀』によれば十月二十三日に行ったことになっているが、その内容については記載がない。またこの年の春祭についても記録にとどめているものがない。ただ、十二月に幕府は釈奠の際、伶人の出勤について前もって大学頭より報告するように命じている。

釈菜之節、出勤之楽人、毎々遅参等も有之、御目付其外出役相揃候ても、右ニ付不得止事祭事遅刻ニ及候儀も相聞候、依之、以来は釈菜之節、前以大学頭より楽人出勤之断及差出、右之断書付、自分共より可相渡候間、其度々申渡有之候様可被致候、委細之儀は兼て大学頭えも相談可被置事、[25]

寛政八年(一七九六)は林信彭の死去のためか春祭がなく、秋祭は八月四日に行っている。『昌平志』[26]に、

主祀林衡会疾、力起執事、例当祭訖、説経読詩於庁堂、而不勝儀、乃令掌儀祝者止摂頒俎、以献官疾廃説経読詩、

とあり、この釈奠には林衡が病いを押して献官を勤めたが、そのため頒俎式や説経読詩も廃止して行ったことは異例のことである。祭儀について改められた点はみあたらないが、従来釈奠の呼称について「釈奠」「釈菜」と両様の名称で記されている場合が多かったが、この年に、「釈奠」の呼称に統一したことが知られる。[27]したがっ

てこの年以後の諸記録には、「釈奠」という呼称で記載されているのが多くなっている。

寛政九年の釈奠については、いかなる理由によるものか不明であるが、今のところ春秋二仲の釈奠について書き留めた記録はみあたらない。しかし、この年に釈奠の一部を改められている。すなわち、林大学頭は三月二十五日、献官について次のような伺いを加納久周に立てている。(28)

釈奠三献官之儀者、私家ニ而代々勤来、尤元禄之頃ヨリ引続父子勤ニ御座候故、大抵差支モ無之連綿仕候、其後一人勤之節ハ同氏百助摂行仕故、是亦障モ無之済来申候、然処当時私一人勤之上百助家幻少(幼カ)罷在、此後若私病気或服穢等モ御座候得ハ、一向ニ差支可申奉存候、依之万一前段等之障御座候ハヽ、先例ハ無御座候得共、分献分奠相勤候、御儒者ヨリ臨時摂行仕候儀ニ兼而定置申度候、

一、御儒者私家門人ヨリ被召出候者計、是迄分献分奠相勤他門ニ候ヘハ、御儒者ニ而モ釈奠ニ係リ不申先例ニ御座候、併右ハ畢竟元禄之頃私家之門人十余人被召出候間、自カラ人数多ニモ候、旁右体之振合ニ而御用障リ不申候得共、当時ハ一体御儒者ノ数少ク候得ハ、右前格ヲ守候而ハ、後々差支モ出来可申ト奉存候、且釈奠之儀ハ官祭之事ニモ候処、自門他門之差別有之候而ハ公ナラス道理ニモ有之候間、向来ハ他門之者タリトモ御儒者被仰付候ヘハ、必分献分奠相勤候事ニ定置申度候尤外執役之諸生ハ先規之通私家之門人計ニ限リ可申候、左様無之候而ハ取締方無之相成可申候、

一、同氏百助三献官摂行仕候節ハ、臨時相伺六位袍御免ニ而相勤申候、向来御儒者ヨリ三献官摂行仕候ハヽ、是亦六位袍御免之儀先例モ有之候故、臨時伺ニ不及、兼而定置申度奉存候、夫ニ付御儒者何レモ小身之儀候得ハ、六位袍用意仕置候事難儀可仕候、何卒御貸大紋等之振合ノ如ク、六位袍六位太刀御儒者ヘ其時々御貸ニ相成候様仕度、此段奉願候、右之条々奉伺候、

これは、今までの釈奠に主祀の代理を勤めてきた林家支族の林信彭が去年の正月二十日に死去したので、釈奠

の際大学頭に支障があった場合これに代わる人物がいなくなった。そこで林衡は、林家の門人が少ないことと、聖堂は幕府の管理下に移されたという実情にかんがみ、三献官を聖堂儒者に摂行させることを伺ったものである。

これに対して、加納久周は「可為伺之通候[29]」との許可を与え、五月に幕府は正式に三儒官をこれに任命している[30]。この史料からうかがい知られるように、当時はすでに林家の私的な門人が少なく、かつ聖堂儒者は他門の者まで幕府から任命されるようになり、その権限も大学頭と肩を並べるほどであったから、林衡は献官の代理として彼等をこれにあてざるを得ない状態に置かれたことを示している。これまで釈奠については、林家の権威をもって執り行い、他門の儒者はこれに関わることを認めなかったのであるが、ここにいたりそれを墨守することができず、釈奠も幕府の管轄下に納まる結果となった。

幕府の立場からみると、林家の私的な釈奠の運営によって、これまで度々釈奠の停廃を招くこととなったことは、当時の正学復興政策からも決して好ましからざることであった。このような面からみても大学頭に支障があった場合は、聖堂儒官をもってこれに代わらせ、とにかく釈奠を継続させることが、重要なことであったと思われる。ここにも幕府の集権化、官営化の積極的な態度が示されている。このとき、わずかに執役の諸生のみは林家の私的な門人をもってこれにあてることができた。

このほか従来釈奠には儒員門人の自由拝観を許していたのであるが、その数も多きにのぼったため、これを止めて「諸侯人及大夫士家従[31]」のごとく、拝観を望む者はあらかじめ「其主為之請、始許与観[32]」するように改められた。またこの年の十二月に幕府は、庁堂・学舎を「学問所」と改称し、それまで林家の私塾に与えていた塾糧・学糧及び釈奠の費用としての祀田を勘定奉行の管理に移管するなど、聖堂における林家の私塾が官私混同の色彩をもって運営されていたのを払拭するとともに、聖堂を直轄の官学校として運営するため学制の改革を行ったのであった[33]。

寛政十年（一七九八）の春祭は二月二十三日に行われたが、それに先立って幕府は、正月二十九日、諸大名に命じて春秋釈奠の献備物を促している。(34)

今度聖堂御普請被仰付、春秋釈奠之節御名代御備物も可有之候、依之以来万石以上之面々、太刀馬代献備あるへく候、自身参拝并名代之者を以相備候儀ハ可任其意候、

但、釈奠之前日御名代相済面々、名代之使者可差出候、自身参拝之儀ハ釈奠之当日たるへく候、右献備之当日忌服産穢、或者故障之面々ハ、追而献備不及候事、右之通、従当春釈奠之節、書面之趣ニ相心得、前以林大学頭承合有之候様、可被相触候、

釈奠の献上物については決して新しい制度ではなく、近くは天明八年七月に通達されたものであるが、その後釈奠が順調に行われていなかったので、この制度が中断されていたのを復活し、このとき改めて命じたものである。(35)これは幕府の財政節減はもちろんのこと、これとともに諸侯の参拝を促しているので、少なからず学問の興隆策として影響を与えたものと思われる。

(寛政)十年戊午二月二十三日、釈奠孔廟、前一日大君遣近侍隠岐守酒井忠美代礼、改命列侯、献儀刀・馬代銀錠於孔廟、按、旧制列侯所納物件、義(儀)渉棄捐、故其多寡不拘品秩、各従其意厚薄、是年正月政令、以献納為称并用儀刀銀錠、且其多寡皆従品秩、但在喪服不必納焉、（中略）遣代礼官奠儀刀一鞘・馬代大板一金、後皆倣之、以代礼焉、監察官一人、矢部定令、先駆長一人土屋廉有并縛袴迎於入徳門外、而先駆士一隊所在環衛、一如臨駕之儀、故事従駕鹵簿諸官皆縛袴、及先駆士所在巡警主祀大学頭林衡服熨目(斗)長袴迎候廟庭西向、代礼官服熨目(斗)長袴由仰高門而入、整儀杏壇、盥於廟庭、設盥具於東方廟学使令授巾訖乃升殿、進就拝位、神龕五位、并預啓扇、而内階下鋪張紅氍、重鋪拝裀設香案焚具而陳所奠儀刀、板金於前庚申改作廟殿、少改其儀衛已迎代礼官、遂升跪於東階西向俟、代礼訖乃復原位、伏送如初、既報礼畢、殿内改位少却香案撤氈張不設拝裀、各官移班、主祀官東、監察官渡辺胤西、夾香案而向坐、親藩所遣使者服熨目(斗)長袴各奉儀刀銀錠入展以次、訖、各官出廟正班於

庁堂列侯所遣使者服熨(斗)目長袴亦奉儀刀銀錠、以次進謁、其礼一如列侯自将之儀、(36)

以上のように、幕府は釈奠の前日に側衆酒井隠岐守忠実を遣わして代参せしめ、太刀馬代（金壱枚）を奠じ、つづいて親藩・列侯もまたそれぞれ儀刀銀錠を厳粛な儀式をもって献上している。翌二十三日の釈奠は、

質明而始、晏朝而終、礼仍旧章未及改、唯改停説経読詩頒胙諸式、且停止饗設、而官止給酒餌、他皆如故事、(37)

と、大学頭林衡が献官となって行ったが、説経読詩は寛政六年のごとく行い、頒胙式・饗宴の儀はこの時より正式に廃止することになった。(38) 翌三月にいよいよ聖堂の再建に着手することになり、二十二日に聖像を仮殿に遷座する儀式が次のごとく行われた。(39)

寛政戊午(十年)三月廿二日　仮遷座式廿日習礼四時揃平服当日六時揃熨斗目麻上下著用、

献官　林大学頭(衡)

祝読告文　平井直蔵

開闔者　犬塚惟介

引者上香　大郷金蔵

帳簾者兼　佐坂武右衛門

斉郎四人　大槻民治

杉山周介

岡晋之助

当日献官以下升堂著座、褰帳場簾開戸上香、献官拝復座、奠饌復座上香献官奠爵畢著座、香案前一同平伏、読告文畢復座、上香平伏献官拝辞神復座、闔戸下簾垂帳礼畢、下堂

供　物

聖位　篚粢　簋菜　豆肴干　籩菓干
　　　一献　豆餅　籩饅
四配　篚粢　簋菜　豆肴干
　　　一献　籩菓干

告文

維寛政十年歳次戊午（寛政十年）三月乙卯朔、越二十二日丙子、
大君遣具官某敢昭告於大成至聖文宣王惟王、丕隆道徳表正綱常報祀孔殷、古今攸同、東海之表、中祀之典、
粤始寛永極美元禄、邇年以来、殿寝屢燬、享祀雖隆、廟貌不稱、認此墜典、実軫衷腸、爰命有司、更謀鼎建、
今者群材方鳩、衆手紛作、権造別殿　奉安聖霊　特遣儒臣　用申虔告、報成非遠、惟王鑒之、謹告、(40)

林衡が献官となり、執役の諸生をもって祭儀が行われた、この再建の理由は告文に記されているように、幕府が正学復興のため聖堂を名実共に官学としての学問の府にふさわしい形貌を整えることにあった。この工事のため、秋祭は八月十六日に廠殿で簡略に行っている。

是年（寛政十年）八月十六日、釈奠廠殿　礼依旧章、加以権宜　不用奏楽、不陳礼器、設洗爵位於東階、且止一所、献官以下各執事（并服半袴執事者凡十六人、）　以序出於更衣所、列立庭上、升行奠幣、遂就殿位、進饌献爵、一如旧儀、但以其狭隘且不具礼文、不許與観、質明挙事、終朝而畢、監察官一人、跪於西階、東向、監曹駆使一人、跪於其後、而銃手隊長帥其属、立仗正門、亦一如故事、各官位次、具於後幅、(41)

儀節は旧儀によって行ったが、廠殿が狭隘なため、伶人の奏楽や礼器の陳列を止めるなど簡素なものであった。しかし、この年は春秋の二祭が行われたのであるが、前述のほか、この年の釈奠で改められた点は、祭期について「貼祭日及演儀日及詩題於仰高門東舎及主祀本宅」(42)りつけていたのを停止したこと、また、「学生及在外

門人弁執事、但大夫士凡得朝見者及老幼医卜弁在厨内伝逓饌具以助祭事(43)」けることを一切廃止したのである。さらに「僧道(44)」の釈奠観礼を禁ずるなど、幕府は林家の私塾的色彩の濃い釈奠に釐正を加えていった。

翌寛政十一年（一七九九）の春祭は二月八日に前年のごとく廠殿において行っているが、釈奠の前日に側衆白須甲斐守政雍の代参(45)があったことを記しているのみで、その詳細は不明である。秋祭は八月十一日に廠殿で行った。例のごとく前日に将軍家斉は側衆平岡美濃守頼長を代参させるとともに、このとき儲君（家慶）も側衆松平佐渡守康道を立て代参させている。

八月十一日(寛政十一年)、釈奠廠殿、前一日、大君(家斉)遣近侍美濃守平岡頼長、儲君(家慶)遣近侍佐渡守松平康道、弁代礼、遜按、儲君甫六歳、是月朔開筵受読、大学頭林衡侍授、仍有賜焉、衡亦依例献角筆枝耕織図詩一帖越十一日釈奠、前一日、遣代礼官与大君同奠儀刀・馬代板金、告歯学之義也(46)、

儀式については伝えていないが、「依旧制不加増損(47)」とあるから、前回同様簡略に行われたものと思われる。

寛政十年三月二十七日に起工した聖堂再建の工事はこの年の九月に落成したので、十一月十一日に神位の正遷座式が盛大に執り行われた。

九月(寛政十一年)、新廟落成、十一月十一日、奉遷神位、遣大司礼(高家)兵部大輔有馬広春代告、大学頭林衡献奠、（中略）執政(老中)伊豆守松平信明、参政(若年寄)摂津守堀田正敦、大司会(勘定奉行)左近将監石川忠房、将作令(作事奉行)因幡守三上季寛神保長光会喪服未闋、故季寛代焉、監察官(目付)和泉守小長谷政良、侍書令(奥右筆)(奥右筆与頭)近藤孟郷弁服熨(斗)目長袴及預工役諸官遂班跪於西廊東向北上、銃手隊長青山宣忠帥其属立仗諸門、先駆長一人能勢頼護以上、弁服熨(斗)目長袴令隊士環衛廟垣及神龕所径、班位已定、内外粛清、大学頭林衡盛服、服大紋進詣西廊、告遷位於執政参政、而退出廟門即杏壇門伝令入復跪於原位杏壇門東、迎候神位神龕五位、輿夫鍬役服白丁烏帽正位八人擡、配座各四人擡、凡四十人、以次出廠殿監曹駆使服熨(斗)目半袴、監卒各四人弁在前、次楽工服狩衣、雙行奏楽、儒員二人古賀樸、山上復等、弁服布衣、護送、廟学使令従之、監察官一人永井直道服布衣押後、監曹駆使従之、神龕已歴便門、入於杏壇門、由門至階通架捲篷、執政参政以下

諸有司、各起下廊俯伏廟庭、諸従官亦入門、各就班位、監察官位於門内、監曹駆使及卒跪於門外楽工在東廊前列立奏楽、主祀已迎神位、遂引詣殿階、位於東方、西向廟学使令服尉（斗）目半袴、先在階上、以次接受奉以入監察官令其属却退輿夫悉出廟門殿扇尽闔、楽乃止、楽工移位東廟西向、主祀復詣西廊、引執政参政而退、諸有司退各就便次即神厨、已而正神座薦品具陳、正位簠簋各一、豆籩各二、配座簠簋豆籩各一、焚具一副陳大君所遺奠儀刀板金於前殿扉尽啓、主祀復引執政参政、就西廊位、諸有司亦同之、主祀進白、事具備請行礼、参政乃令監察官報期焉、代礼官兵部大輔有馬広春先竢報於便次、即更衣所乃整儀、服尉（斗）目長袴及入徳門楽奏、前入杏壇盥於廟庭、諸有司皆伏、執政参政預移班於殿内西方、俟代礼官盥訖、而出殿迎之、執政於階上、参政於階下代告既畢、代礼官出、送之如初、楽止執政参政復於原位、即西廊、諸有司亦復焉、主祀既引代礼官出廟門、遂還升殿、就於拝位俯伏、楽奏、分奠官即儒員上香、主祀拝興奠爵、退就拝位俯伏、分奠官北向跪読告文、三献畢、分奠官奠爵於配座、訖遂入厨、楽止、主祀詣於西廊、報各官展礼焉、執政参政以下諸有司皆謁焉執政以下至監察官、弁特謁、他皆耦謁、訖各復位、分奠官乃出於厨、列跪殿内、東向凡預工役僚属、下至官匠亦皆謁焉、告遷儀訖、各官出廟、更会庁堂、各正班位、厨官供酒餌以賀落成、尋執政参政以下凡預工役者、主祀以下凡係学職者、皆有賜焉、賞其功也、[48]

この日、将軍の代参として高家有馬広春をはじめ老中松平信明、若年寄堀田正敦、勘定奉行石川忠房、作事奉行神保長光の代参三上季寛、目付小長谷政良、奥右筆近藤孟郷等の工事関係諸執役者が参列して神位を仮殿から新廟に奉還し、林大学頭衡が献官となり献奠が行われた。献奠には主祀、分奠官、厨官によって進められ、「正位、簠実粢簋実菜各一、豆二其一実魚腊其二実乾菓、籩二其一実黒餅白餅其二実生菓、俎一実鯛爵三、配座、簠実菜簋実菜豆実魚脂、籩実乾菓、爵各一[49]」を陳饌し、次のごとき告文が読まれた。

維寛政十一年、歳次己未、十一月丙子、越乙卯朔、十一日乙丑、大君遺具官某、敢昭告於大成至聖文宣王、維、王、霊秀所鍾、生民之英、天地同化、日月同明、有道者必崇、万民之同情也、有徳者必報、天下之至誠也、況乃出類抜萃、実是玉振金声、生異区域、仁不独成、祭及海邦、礼其可軽、祠宇自昔、遭災荐燬、未暇脩餌、徒切仰止、乃命経営、惟新旧址、鳩工庀事、推策度晷、輂石於山、筏木於木、質以儀譜、各従度軌、越既二歳、成切乃紀、翼翼煌煌、輪奐尽美、今者、廟貌既称、儀文咸比、卜吉告成、神霊亦止、籩豆既陳、酒醴斯香、聖明陟降、歆此禋祀、謹告、(50)

先聖先師に称辞を捧げ、この度再建された新廟は輪奐美を尽す壮大なものとなったことを告げている。この儀節は宝永元年（一七〇四）十一月二十五日に行われた聖像遷座の故事にもとづき、さらに宝暦十一年（一七六一）、安永三年（一七七四）、天明七年の先例にならって行ったものである。(51)「其礼謁之位、列侯四品以上者於殿内両楹間、諸大夫以下凡得朝見者、於其次(52)」と、新廟殿における礼謁の位置を身分によって定めている。

二　聖堂の再建と釈奠の改革

新廟殿に正遷して最初に行われた釈奠は、寛政十二年（一八〇〇）二月二十三日の春祭であった。学制の改革にともなう聖堂再建という幕府の意欲は、当然釈奠の改革による再興にも示された。前述したように、これまでの釈奠にも官学的立場で林家の私的な釈奠に釐正を加えてきたのであるが、さらにこの年の春秋の釈奠を通して大いにその儀節が整えられていった。すなわち、当春祭のため、すでに前年より林大学頭衡を筆頭に大郷金蔵ら(53)が中心となって釈奠の典例を調査研究し、評議を重ねて式書及び絵図を仕立て、これを正月二日に各儒官に示し、正月十三日には相談に及んでいる。(54)その内容は、(55)

一、此度釈奠儀注ハ、全ク開元礼延喜式ニ拠リ、其内当時差支候事ハ加差略候事、
一、当春者御道具其外差支有之候事故、儀注通ヨリモ致省略可成ニ執行可申事、
一、此度儀注文章之儀ハ、先有増相認候耳ニ而、当秋儀節本式執行之節書改加潤飾可申候事、
一、正位四配六従祀位向之儀ハ、重典ニ御座候得ハ、追而得ト評議之上相改可申候、何レ四配南向之儀遠慮可

有之候事、

一、正配六従祀謚号之儀、得ト評議之上相定可申候、当春ハ是迄之通ニ而差置可申候事、

一、預享之投（役）名当春ヨリ相定申度候得共、追而難相改筋モ有之、差支ニ相候ハヽ、先当春ハ延喜諸国式ニ随ヒ可申候事、

一、祝文之儀、評議入込候ハヽ、先当春ハ是迄之通差置、当秋相改可申候事、

一、瘞坎之儀、当春ハ本式相調申間鋪間、仮ニ板箱ヲモ相用可申候事、

祭器之数並供物、先当春ハ是迄之通ニ候事、

一、協律郎麾、当春ハ相調申間鋪候間、中啓ヲ以仮ニ相図致可申候事、

と、改正の基本方針は、『延喜式』にもとづき、現状に即した釈奠を確立することにあった。元来、釈奠は『延喜式』にもとづくものであったが、のち次第に釐正を加えられ、明の制度を採るなど林家の流儀[56]をもって行われてきたものである。これを我が国上代の大学において国家的な行事として盛大に行われた『延喜式』にもとづく釈奠に立ち帰らせようとする態度は、正学復興政策の一環として壮大な新廟を再建した幕府にとって当然の趨勢といえるであろう。同二十二日・二十三日には、釈奠出役の衆へ左のごとき「心得書[57]」を渡している。その主なものをあげてみると、

一、習礼五時揃御当日ハ七半時揃之事、

一、習礼服紗小袖麻上下、御当日熨斗目著用之事、

一、習礼御当日共、若病気差合有之候者昌平坂へ差向断手紙ヲ以可被申越事、

また、場所向に勤める者に対しては[58]、

一、当春ハ供物之数、御品等是迄之通ニ候事、但、四配ハ三献ニ成候事、

一、杏壇門外西際御幕張之饌具所取立、其内ニ新規御膳棚シツラヰ御供所ヨリ出張居候事、
一、供物繰出方、正位四配従祀三手共、第一番ハ俎、第二番ハ籩、第三番ハ豆、第四番ハ簠、第五番ハ簋ニ候事、
但、籩豆ハ饌具所ニ而蓋取候而相渡候事、
一、掌事者二人執饌俎召連、饌具所へ罷越候節、兼而順立之通供物相渡候事、
一、御祭儀済際、執俎者・執籩者一人宛罷越候ハヽ、兼而致用意置候、俎一、白木箸一膳、添籩一相渡可申事、
一、御祭儀出役之面々、解剣之席ハ杏壇門外東際是迄之通、刀掛二、南北ニ並へ其北ニ薄縁敷、献官太刀持扣居候事、
一、御目付著座之席ハ、西回廊御供所口ヨリ南之方、第二、第三之柱間辺、御徒目付ハ其後ニ候事、
一、御祭儀ニ掛リ候面々、相済候上於御座敷胙肉頂戴有之事、
但、献官ハ白木足付、其以下ハ片木ニ戴候事、
一、瘞坎之儀、大成殿後御扉内階下ヨリ西へ寄、白木箱差置上下著之者、東西一人宛附居勤書之通取計可申候、
尤雨天之節ハ是迄之通御供所ニ而相済候付、不及其儀候事、
一、楽人ハ東回廊北ヨリ第七八之柱間辺著座之事、
一、雨天之節ハ、奠供御供所口ヨリ運入候、其外出役之列位モ振替リ候事、
一、罇罍并洗罍共、何レモ蓋ハ取仕、廻羃相用候事、
但、罇所ハ是迄之通、洗所ハ白晒相用候事、
一、聖前斗ハ三献之爵洗所へ差出、白晒四尺宛之巾二筋篚之内へ入置候事、
一、当春ハ幣篚祝文之案一脚、反坫之代一脚御入用有之候事、

　　但、四配爵十二、従祀爵六、飲福爵二差添候事、
一、祝版ハ長一尺二寸、博(輻)七寸、厚六分之白木相用候事、
　但、木品ハ檜相用候事、
一、雨儀之節ハ、御供所御座敷装束所ニ相成候ニ付、出役張札等、装束所之通ニ致置候事、
一、当春ハ本式之通習礼ニ付、祭器類取揃繰出方手続之稽古略不申候事、
一、当春ハ拝見之衆無之事、
一、御祭儀之節、褰帳揚簾之上、御香焚上候而直ニ御供所へ引入候事、
一、御祭儀初(始)リ候剋限ハ是迄之通、明六時ニ候事、
一、行列帳ヲ以、人数相揃可申候事、

と、極めて詳細に書き記しており、釈奠の運営上、裏方の仕事を勤める場所の衆は重要な役割を果たしているだけに、この「心得書」を通して祭儀の実際を知ることができる。これまでこの種の記録には、これほど具体的に記されているものはみあたらないし、また、このように習礼について記されているものはほとんどなかった。このほか布衣の色目、行列及び賛礼者・監祀官・祝・賛唱者・協律郎・掌事者・執饌者・執樽者・執俎者・執籩者・執洗者・執篚者・執罍者・瘞坎方の詳細な「職掌書」[59]も記載されている。このとき釈奠の次第である「式書」[60]も作られた。すなわちその儀式の次第は左のごときものである。

　質明、賛唱者先入就位、監祀官・祝及執樽罍篚冪者入、当階、重行北面西上、立定、賛唱者曰、再拝、監祀官以下皆再拝、訖執樽罍篚冪者各就位、監祀官・祝升殿行掃除於上、監祀官、降又行掃除於下、訖就位、賛礼者引享官以下、倶就門外位、協律郎帥楽人次入就位、賛礼者引(亜)献官入就位、立定、賛唱者曰、再拝、(亜)献官再拝、賛礼者引(亜)献官升殿、行掃除於上、降行楽懸於下、訖、引還本位、初献官行掃除、訖掌事者以下次入就

位、立定、賛唱者曰衆官再拝、衆官在位者皆再拝、其先拝者不拝賛礼者進献官之左、北面、白有司謹具請行事、退
復位、協律郎跪、俛伏挙麾、楽作(越天楽)三成(61)、偃麾楽止、賛唱者曰、衆官再拝、衆官在位者皆再拝、祝跪取幣於篚
興、立於樽所、賛礼者引(初)献官、升殿、進大成至聖文宣王神座前、北向立、祝以幣東向、授(初)献官(初)献官受幣、
楽作(五常楽)、賛礼者引(初)献官、進北向、跪奠於大成至聖文宣王神座、興少退、北向再拝、楽止、賛礼者引(初)献官、降復
位、初、(初)献官既升奠幣、掌事者出帥執饌者奉饌、陳於杏壇門之外、(初)献官降復位、掌事者引饌入、俎初入門、
楽作(慶雲楽)、饌至階、楽止、饌升、祝迎引於階上、各設於神座前、設訖、掌事者以下降復位、祝還樽所、賛礼者引
(初)献官、詣罍洗、執罍者酌水、執洗者跪取盤、興承水、(初)献官盥手、執篚者跪取巾於篚、興進、(初)献官拭手、訖執
篚者遂取爵、興以進、(初)献官受爵、執罍者酌水、(初)献官洗爵、執篚者、又跪取巾於篚、興進、(初)献官拭爵、訖執篚
者受巾、跪奠於篚興、奉盤者跪奠盤興、賛礼者引(初)献官升殿、詣正座酒樽所、執樽者挙冪、(初)献官酌犠樽楽作(万葉楽)引
詣大成至聖文宣王神座前、北向、跪奠爵俛伏、興少退、北向立、楽止、祝持版進於神座之右、北面跪読祝文、
訖楽作(三台塩)、祝進跪奠版於神座、興還樽所、(初)献官拝訖楽止、賛礼者引(初)献官、詣配座酒樽所、取爵於坫、執樽者挙
冪、(初)献官酌犠樽、楽作(太平楽)、賛礼者引(初)献官、進兗国復聖公神座前北向、跪奠爵、興少退、北向、再拝、余三座亦如之従祀
六座執饌者助奠訖楽止、賛礼者引(初)献官、詣東序、西向立、祝各以爵酌罍福酒、合置一爵、一祝持爵、進献官之左、
北向立、(初)献官再拝受爵、跪祭酒、啐酒、奠爵、俛伏興、祝帥執俎者、進俎、跪減正配五座前胙肉、加於俎、
又以籩取篕実興、以胙肉各共置一俎上、又以篕実共置一籩、祝先以籩授(初)献官、(初)献官受、授執籩者、又以俎授
(初)献官、(初)献官毎受以授執俎者、(初)献官跪取爵、遂飲卒爵、祝受爵復於坫、(初)献官俛伏(興)具再拝、賛礼者引(初)献官、降復
位、楽作(鶏徳)、立定、楽止、賛礼者引(亜)献官、詣罍洗、盥手洗爵訖、賛礼者引升殿、詣正座酒樽所、執樽者挙冪、
(亜)献官酌象樽、訖楽作(越天楽)賛礼者引(亜)献官、進大成至聖文宣王神座前、北向、跪奠爵興、賛礼者引少退北向、再拝訖、
賛礼者引(亜)献官、詣配座酒樽所、取爵於坫、執樽者挙冪、(亜)献官酌象樽、賛礼者引(亜)献官、進兗国復聖公神座前北

向、跪奠爵興、少退、献官（亜）再拝、余座亦如之訖、賛礼者引献官（終）、詣罍洗、盥洗訖、升酌象樽如亜献之儀、訖引降復位、楽止、祝進、跪撤豆、興還樽所、賛唱者曰、賜胙、衆官再拝、衆官在位者皆再拝、已飲福、受胙者不拝楽（夜半楽）作、賛唱者曰、衆官再拝、衆官在位者皆再拝、楽一成止、賛礼者進献官（初）之左、北面白請、就望瘞位、賛礼者引献（初）官、就望瘞位、西面立、賛唱者転就瘞埳東北位、初在位者将拝訖、祝執篚進神座前、跪取幣興、降詣瘞埳、以幣置於埳訖、賛唱者曰、可瘞埳、東西廂各二人実土半埳、賛礼者進献官（初）之左、北面白礼畢、遂引献官（初）出、掌事者以下以次出、初白礼畢、賛唱者還本位、監祀官、祝、興執樽罍篚冪者、倶復階前位、立定、賛唱者曰、再拝、監祀官以下皆再拝、以次出、其祝版燔於厨内、

なお、このとき読まれた祝文は左記のごときものであった。

維寛政十二年歳次庚申二月甲申朔越丙午（二十三日）命儒臣柴野邦彦、敬致祭于大成至聖文宣王惟王、徳配天地、道冠古今、刪述六経、垂憲万世、謹以幣帛醴斉粢盛庶品、祗奉旧章、式陳明薦、以兗国復聖公郕国宗聖公沂国述聖公鄒国亜聖公配、以周元程純公程正公張明公邵康節朱文公従祀、尚饗(62)

この祝文は『延喜式』によって改められたところがなく、従来の祝文をそのまま踏襲している。

さらにこのとき釈奠の「雨儀」(63)についても左の通り定めている。

一、雨儀之節、大抵晴之御式ト替リ候事モ無之候得共、少々宛振レ候次第夫々心得居可申箇条左之通、
一、監祀官殿下之掃除ニ不及候事、
一、行列ハ御供所脇口西回廊外、仮張通杏壇東西門回廊口ニ候事、
一、奉饌ハ御供所口ヨリ持運ヒ、西側階ヨリ入候事、
一、協律郎御供所口ヲ杏壇門西側階ヲ正面之階ト相心得、俎初テ持出候節饌具運切候節両度之相図（合）可有之事、
一、瘞幣之儀無之、撤幣之上御供所へ持込候事、

一、祝復位之上賛礼者礼畢ヲ唱候事、
一、列位等ハ別紙絵図面之通候事、
一、東回廊へ入候面々ハ、東側階升階候事、

以上が、春祭のため作成されたもので、釈奠の全貌を示すものである。

この釈奠儀は、それまで行われた寛文十年（一七九八）の『庚戌釈菜記』[64]、元禄四年（一六九一）二月十一日の釈奠[65]及び宝暦十一年（一七六一）の『昌平学校釈奠儀注』[66]とも異なるもので、「其礼一依延喜式[67]」るものであった。事実これを『延喜式』大学寮の釈奠と比較してみると、一目にしてこれに依拠したものであることが理解できる。ただこの「式書」は仲秋に完成した「釈奠記」[68]より粗略なものであるが、これは「式書」が評議の案として作られたためである。以上述べたごとく、当春祭のため正月早々よりその準備が進められ、二月二十三日に釈奠が行われたのである。『昌平志』[69]には「十二《寛政》年庚申二月二十三日、釈奠新廟、儒員柴野邦彦献官、前一日大君《家斉》遣近侍豊前守大久保忠温、儲君《家慶》遣近侍肥後守藤堂良峯、并代礼」と、例により釈奠の前日に側衆大久保忠温と同藤堂良峯の代参があり、さらに、

二月下丁始釈奠、改定儀節大加釐正、其礼一依延喜式、揆之以時宜、凡事之渉於虚文者皆罷之、且停十哲位、撤賢儒像、主祀林衡会疾、乃命柴野邦彦献官、他皆如故事、釈奠今儀昉於此、[70]

と、主祀林衡が疾病のため[71]、寛政九年（一七九七）五月の改正により、儒臣柴野邦彦が代わって献官を勤め、十哲位の配祀をやめ、七十二賢儒像の額を撤廃し、また歌詞の読唱及び礼器の陳列をも廃止するなど、大いに改正を加えて行ったことを伝えている。

この春祭を通してさらに審議を重ね再び釈奠の儀節を整えて、八月七日に秋祭を行っている。寛政十二年秋祭の釈奠儀は、七月二十五日頃にはすでに完成していたものとみえ、勤番・執役の衆へ「釈奠心得之覚」[72]を与えて

いる。これは春祭の『釈奠儀注』(73)よりさらに詳細に記されている。次に春祭の「釈奠記」にみられなかった主な点をあげてみると、まず勤番の心得(74)として、

一、右同断（執役の面々）、著服之儀習礼之日二月ハ服紗小袖麻上下、八月ハ染帷子、当日ハ二月ハのしめ、八月ハ習礼之日同様候事、
一、右同断習礼之日、当日とも例之給物可被下候事、
一、習礼之日、当日とも装束所江硯箱・台子・烟草盆等可致用意候事、
一、従祀画像之懸板、東西とも北之端より第一・第二・第三之柱間打針（釘）江くり上ケ可置候事、
　但、東ハ周子・程叔子・邵子、西ハ程伯子・張子・朱子与申順ニ候事、
一、仲秋ハ例年聖堂料之新穀盛候簠一ツ益シ候事、
一、初献官之外、執役之面々御代相済候上、御座敷ニ而胙肉頂戴有之候付、人数ニ応し、御供所より相廻し可申候事、
　但、初献官出座挨拶之上頂戴有之候、御目見以上ハ白木足付、以下ハ片木ニ候事、
一、前日饌具用意之節、受胙之砌取能キため、鯛之鰭身江懸候而、切離し見へ不申様致置候事、
　但、正位ハ三組とも同様ニ候事、

と命じており、又執役の衆(75)に対しては、

一、著服之儀、習礼之日、当日共可為染帷子麻上下候之事、
一、習礼之日、当日共若病気差合等有之候ハヽ、早速尾藤良佐・古賀弥助両人江差向御断手紙可被差越候事、
一、習礼之日、当日共弁当持参ニ不及候事、
一、御式相済候上、一統御座敷ニ而胙肉頂戴有之候事、

と、習礼と当日の勤務、服装、準備について達したものである。「職掌書」(76)には、

賛唱者一員・賛者一員廟庭諸位弁儀式相心得可申候事、賛引一員監祀官導引之儀相心得可申候事、監祀官一員・副監一員饌具を省し掃除を行い瘞幣を検し非違を弾し候事相心得可申候事、祝二員幣を授け祭文を読ミ福胙を賜ひ候儀相心得可申候事、執尊者二員冪を挙け杓を授け候儀相心得可申候事、執洗一員・執篚一員・執罍一員献官盥具之儀相心得可申候事、賛礼者三員献官導引之儀相心得可申候事、掌事二員饌具を設け候儀相心得可申候事、執饌廿員、俎豆を奠し候儀相心得可申候事、執俎一員・執籩一員賜胙之儀相心得可申候事、協律郎一員麾を執り楽を節し候儀相心得可申候事、

と、春祭の釈奠記に比して詳細に書き記されている。「役割付」(77)には、賛唱者鈴木岩次郎、賛者大郷金蔵、賛引鈴木三郎次郎、監祀官水野内蔵允、副監伊藤松五郎、祝鶉殿鉄三郎・大草熊蔵、執尊者間宮恒五郎・夏目長右衛門、執洗者横山辰弥、執篚者金井泉蔵、執罍者比留金蔵、賛礼者平井直蔵、初献官（林大学頭衡）、賛礼者中神悌三郎、亜献官古賀弥助、賛礼者西沢松三郎、終献官山上藤一郎、執饌者二十名、執俎者堀江林之助、執籩者辻捨五郎、協律郎福原勇三郎の名があげられている。「布衣之色目」(78)では、花田（監祀官執尊・掌事）木蘭（賛唱・祝）、藤重・丁子（執饌）、萌黄（賛者・賛引・副監・賛礼・洗所・執俎・執籩・協律）、白丁（瘞坎・沓持）と定められた。行列(79)は、一番賛唱者・賛者、二番賛引・監祀官・副監・祝・執尊者・執洗者・執篚者・執罍者、三番賛礼者・初献官 太刀持 沓持 ・賛礼者・亜献官 太刀持 沓持 ・賛礼者・終献官 太刀持 沓持 ・掌事者・執饌者・執俎者・掌事者・執饌者・執籩者、四番協律郎・楽人の順である。次に釈奠の式書すなわち『釈奠儀注』(80)については、

享日、質明、諸享官各著当色服、賛唱者帥賛者先入就位、凡出入者皆自東闈 賛引引監祀官・副監・祝及執樽罍篚冪者入立於庭、重行北面西上、立定、賛唱者曰、再拝、賛者承伝、凡賛唱者有辞賛者皆承伝、監祀官以下皆再拝、訖執樽・罍・篚・冪者各就位、賛引引監祀官・祝升殿、行掃除於上 自階東偏升自中戸入、先察配位及従祀位亜献官行掃除亦同、副監行掃除於下訖、引就位、

賛礼者引享官以下、倶就門外位、賛引引学生、並入就門内位、協律郎帥楽人、次入就位、賛礼者引亜献官入就位、立定、賛唱者曰、再拝、亜献官再拝、賛礼者引亜献官升殿、行掃除於上、降行楽懸於下、訖引還本位、初献官行掃除、訖賛礼者引享官以下、次入就位、凡導引者毎一逡巡立定、賛唱者曰、衆官再拝、衆官在位者及学生皆再拝、其先拝者不拝賛礼者進初献官之左北面、白有司謹具請行事、退復位、協律郎跪、俛伏挙麾、跪、俛伏而取以興、奠麾(物)訖、俛伏而後興、楽作(越天楽)三成、偃麾楽止、賛唱者曰、衆官再拝、衆官在位者及学生皆再拝、祝取幣於篚立於樽所、賛礼者引初献官升殿、自階東偏升自中戸入進正位前北向立、祝以幣東向、授初献官、初献官受幣、楽作(五常楽)、賛礼者引初献官、進北向、奠於正位少退、北向再拝、楽止、賛礼者引初献官、降復位、初、初献官既升奠幣、掌事出帥執饌者、奉饌陳於門外初献官降復位、掌事引饌入、俎初入門、楽作(慶雲楽)饌至階、祝迎引於階上、各設於神位前入自中闥於正位入自東西門設於配位及従祀位其籩豆蓋冪、先撤乃升、簠簋既奠、却其蓋於下籩居右、豆居左、簠簋居其間二俎横而重於右、一俎特陳於左、設訖、楽止、掌事以下降復位、祝還樽所、賛礼者引初献官、諸(詣)罍洗執罍者酌水、執洗者取盤、承水、初献官盥手、執篚者取巾於篚、進、初献官拭手、訖執篚者受巾、奠於篚遂取爵、以進、初献官受爵、執罍者酌水、初献官洗爵、執篚者又取巾於篚進、初献官拭爵、訖執篚者受巾、奠於篚、奉盤者奠盤、賛礼者引初献官升殿、諸(詣)正位酒樽所、自階中英(央)升、亜献終献亦同、執樽者挙冪、初献官酌醴斉、楽作(万歳楽)、引詣正位前北向、奠爵俛伏、興少退、北向立、楽止、祝持版進於神位之右、北面跪読祝文曰、

維〇〇〇年歳次〇〇月〇〇朔粤丁〇征夷大将軍謹遣官位姓名敢昭告于文宣王、惟王、固天攸縦、誕降生知、径偉(経緯)礼楽、闡揚文教、余烈遺風、千載是仰俾茲末学、依仁遊芸、謹以制幣犠斉、粢盛庶品、祗奉旧章、式陳明薦、以顔子等配、尚饗、

祝興、初献官再拝、初読祝文、訖楽作(三台塩)、祝進奠版於神位、還樽所、初献官拝、訖楽止、賛礼者引初献官、詣配位酒樽所、取爵於坫、執樽者挙冪、初献官酌醴斉、楽作(太平楽)、賛礼者引初献官、進顔子神位前、北向、奠爵少退北向再拝、初献官奠配位爵亜献官、終献官亦如之、其従祀位執饌助奠訖楽止、賛礼者引初献官、詣東序西向立、祝各以爵酌罍福酒、合置一爵、一祝持爵、進初献官之左北向立、初献官再拝受爵、跪祭酒、啐酒、奠爵、俛

伏興、祝帥執俎者進俎減取正位及配位前胙肉、共置一俎又以籩取黍稷飯共置一籩祝先以飯進、初献官受以授執籩者、又以俎進、初献官受以授執俎者、初献官跪取爵、遂飲卒爵、祝受爵復於坫、初献官俛伏興、再拝、賛礼者引初献官、降復位、楽作（鶏徳）、立定、楽止、初、初献官献将畢、賛礼者引亜献官、詣罍洗、盥手洗爵、訖賛礼者引升殿、詣正位酒樽所、執樽者挙羃、亜献官酌醴斉（斎）、訖楽作（越天楽）、賛礼者引亜献官、進正位前、北向、奠爵、賛礼者引少退北向、再拝、訖賛礼者引亜献官、詣配位酒樽所、取爵於坫、執樽者挙羃、亜献官酌醴斉（斎）、賛礼者引亜献官、進顔子神位前北向、奠爵少退、亜献官再拝、訖賛礼者引亜献官、詣東序、西向立、祝各以爵酌罍福酒、合置一爵、一祝持爵進亜献官之左、亜献官再拝受爵、跪祭酒、遂飲卒爵、祝進受爵、復於坫、亜献官興再拝、賛礼者引降復位、初亜献官献将畢、賛礼者引終献官、詣罍洗、盥洗訖、升酌醠斉（斎）、如亜献之儀、訖引降復位、楽止、祝等各進、撤豆、還樽所、撤者籩豆各一少移於故処賛唱者曰、賜胙、賛者唱、衆官再拝、衆官在位者及学生皆再（拝）已飲福受胙者不拝凡賛礼者賛引者無礼拝楽作（夜半楽）賛唱者曰、衆官再拝、衆官在位者及学生皆再拝、楽一成止、賛礼者進初献官之左、北面白請、就瘞位、賛礼者引初献官、就望瘞位、西面立、賛唱者賛者転就瘞埳東北位、初在位者将拝訖、祝執篚進神位前、取幣、降降階自西偏詣瘞埳、以幣置於埳、訖賛唱者曰、可瘞埳東西廂各一（二）人実土半埳、賛礼者進初献官之左、北面白礼畢、遂引初献官出、賛礼者引亨官以下、以次出、初白礼畢、賛唱者帥賛者、還本位、引（賛）引監祀官副監祝興執樽罍篚羃者、倶復庭中位、立定、賛唱者曰、再拝、監祀官以下皆再拝、賛引々出、諸学生以次出、其祝版燔於神厨、

と、春祭の儀注にさらに釐正を加えて作られたものである。これは『延喜式』に依拠していることが、次に掲げる大学寮の「饋亨」[81]によって容易に理解することができる。

亨（享）曰未明五刻、郊社令率其属及廟司、各服其服、升設先聖神坐於廟室内中楹間南向、設先師首坐及閔子騫、冉伯牛、仲弓、冉有座於先聖東、南向西上、設季路、宰我、子貢、子游、子夏座於先聖西、南向東上、饋亨、

亨(享)日未明三刻、諸亨官各服祭服、諸陪祭之官皆公服、預亨(享)学生青衿服、郊社令帥所司入実樽、罍及幣、大膳職、大炊寮帥其属実諸籩、豆、簠、簋等、未明二刻、奉礼帥賛者先入自南門就位、賛引忠疏大祝及執樽・罍・篚・冪者、入自東門、当階間重行、北面東上、立定奉礼曰再拝、賛者承伝、（凡奉礼有詞、賛者皆承伝、）忠以下皆再拝、訖執樽・罍・篚・冪者各就位、賛者引忠大祝詣東階、升堂行掃除於上、（自中戸入察先聖坐東行察顔子等坐西行察仲由等坐助行掃除亦同、）疏行掃除於下、訖引就位、謁者引亨官以下、倶就門外位、其学生並入自南門、就門内位、未明一刻、協律郎雅楽寮帥工人、次入自南門就位、謁者引助入就位、立定奉礼曰再拝、助再拝、謁者引助詣東階、升堂行掃除於上、降行楽懸於下、訖引還本位、初助行掃除、訖謁者賛引各引亨官以下学官以上、次入就位、立定奉礼曰、衆官再拝、衆官及学生皆再拝、（其先拝者不拝）謁者進頭之左白、有司謹具請行事、退復位、協律郎跪俛伏挙麾、（凡取物者皆跪伏而取以興、奠物則奠訖俛伏而後興、）楽作三成、偃麾楽止、奉礼曰、衆官再拝、衆官在位者及学生皆再拝、大祝倶跪取幣於篚興、各立於樽所、謁者引頭、升自東階、入自中戸、進先聖神坐前北向立、大祝以幣入自中戸、東向授頭、頭受幣登歌作楽、謁者引頭進北向、跪奠於先聖神坐、興少退北向再拝、謁者引頭当先師首坐前北向立、大祝以幣入自東戸、西向授頭、頭受幣、謁者引頭進北向跪奠於先師首坐、興少退北向再拝、登歌止、謁者引頭降復位、初頭既升奠幣、大膳職出、帥進饌者奉饌、陳於東門之外、頭降復位、大膳職引饌入、俎初入門楽作、饌至階楽止、饌升大祝迎引於階上、各設於神坐前、（升東階設先聖及東五坐升西階設西五坐、其籩豆、蓋冪先撤乃升、簠簋既奠、却其蓋於下、籩居右、豆居左、簠簋於其間、大鹿、小鹿二俎、横而重於右豕俎特於左）設訖大膳職以下降復位、大祝還樽所、謁者引頭詣罍洗、盥手洗爵、訖引升自東階、詣先聖酒樽所、執樽者挙冪、頭酌醴斎、楽作引入自中戸、詣先聖神坐前、北向跪奠爵俛伏、興少退北向立楽止、大祝持版進於神坐之右、東面跪読祝文曰、（已下皆音読）維某年歳次月朔日子、天子謹遣大学頭位姓名、敢昭告于先聖文宣王、惟王、固天攸縦、誕降生知、経緯礼楽、闡揚文教、余烈遺風、千載是仰、俾茲末学、依仁遊芸、謹以制幣犠斎、粢盛庶品、祗奉旧章、式陳明薦、以先師顔子等配、尚饗、大祝興、頭再拝、初読祝文、訖楽作、大祝進跪奠版

於神坐、興還樽所、頭拝訖楽止、謁者引頭、詣先師酒樽所、取爵於坫、執樽者挙冪、頭酌醴斎、楽作謁者引
頭、進先師首坐前、北向跪奠爵、興少退北面立楽止、頭奠首坐爵、余坐皆斎郎助奠左升東階右升西階相視共入、其亜献、終献、斎郎助奠亦如之大祝持版進於
先師首坐之左、西向跪読祝文、曰、維以下皆音読某年歳次月朔日子、天子謹遣大学頭位姓名、敢昭告于先師顔子等十賢、
爰以仲春仲秋、率遵故実、敬修釈奠于先聖文宣王、惟子等、或服膺聖教、徳冠四科、或光闡儒風、貽範千載、
謹以制幣犠齋、粢盛庶品、式陳明献、従祀配神、尚饗、大祝興、頭再拝、初読祝文、訖楽作、祝奠版於神坐、
興還樽所、頭拝訖楽止、謁者引頭詣東序西向立、大祝各以爵酌罍福酒、合置一爵、一大祝持爵、進頭之左北
向立、頭再拝受爵、跪祭酒啐酒、奠爵俛伏興、大祝帥斎郎進俎、跪減先聖及先師首坐三牲胙肉、皆取前脚第二骨加
於俎、又以籩取黍稷飯、興以胙肉各共置一俎上、又以飯共置一籩、大祝先以飯籩授頭、頭受授斎郎、又以俎
授頭、頭毎受以授斎郎、頭跪取爵遂飲卒爵、大祝受爵復於坫、頭俛伏興再拝、謁者引頭降復位楽作、立定楽
止、初頭献将畢、謁者引助詣罍洗、盥手洗爵、訖謁者引升自東階、詣先聖酒樽所、執樽者挙冪、助酌盎斎、
訖楽作、謁者引助進先聖神坐前、北向跪奠爵興、謁者引少退北向再拝、訖謁者引助詣先師酒樽所、取爵於坫、
執樽者挙冪、助酌盎斎、謁者引助進先師首坐前、北面跪奠爵、興少退助再拝、訖謁者引助詣東序西向立、大
祝各以爵酌罍福酒、合置一爵、一大祝持爵進助之左、助再拝受爵、跪祭酒遂飲卒爵、大祝進受爵復於坫、助
興再拝、謁者引降復位、初助献将畢、謁者引博士詣罍洗盥洗爵、訖升酌盎斎、如亜献之儀、訖引降復位楽止、
大祝等各進跪撤豆、興還樽所、撤者籩豆各一少移於故処奉礼曰、賜胙再拝、賛者唱、衆官再拝、衆官在位者及学生皆再
拝、已飲福受胙者不拝、楽作、奉礼曰、衆官再拝、衆官在位者及学生皆再拝、楽一成止、謁者進頭之左白、請就望瘞
位、謁者引頭就望瘞位西向立、奉礼賛者転就瘞埳東北位、初在位者将拝訖、大祝各執篚進神坐前跪取幣、興
降自西階、詣瘞埳以幣置於埳、訖奉礼曰、可瘞埳、東西廂木工各二人実土半埳、謁者進頭之左白、礼畢、遂
引頭出、謁者賛引各引享官已下、以次出、初白礼畢、奉礼帥賛者還本位、賛引忠疏大祝以下倶復執事位、立

定奉礼曰、再拝、忠疏以下皆再拝、賛引引出、諸学生以次出、其祝版燔於齋所、

このように、寛政十二年八月の『釈奠儀注』は『延喜式』の釈奠と同文に等しいものであった。しかし、『延喜式』は配祀として先聖に文宣王、先師に顔子を配し、従祀に閔子騫・冉伯牛・仲弓・冉有・季路・宰我・子貢・子游・子夏を祭っているのに対し、改正した釈奠においては、居中に至聖文宣王を、配享に顔子・曾子・子思子・孟子を、従祀に周子・程伯子・程叔子・張子・邵子・朱子を配したこと。(82) あるいは神前への供物、釈奠の前享における諸行事、釈奠後の講論など、『延喜式』と異なる点があり、従来の釈奠を踏襲した面もまた数多くみられるのである。(83)

次に釈奠の祝文については、「祝文書法」(84) に、

維、寛政十二年歳次庚申八月辛亥朔粤丁巳（七日）、征夷大将軍謹遣従五位下大学頭林衡、敢昭告于先聖（朱枠）文宣王、惟王、固天攸縦、誕降生知、経緯礼楽、闡揚文教、余烈遺風、千載是仰、俾兹末学、依仁遊芸、謹以制幣犠齋、粢盛庶品、祗奉旧章、式陳明薦、以先師（朱枠）顔子等配、尚饗、

とあり、これは『延喜式』の先聖前において読まれた祝文とまったく同じで、「天子」にかえて「征夷大将軍」と改めたのみである。この祝文中、先聖・先師を朱で囲んでいるが、これは前掲の『釈奠儀注』の祝文には削除されている。そして『釈奠記』(85) の「祝文書法」の頭注に朱書で、「先聖先師四字享和元年春釈奠之節除之」と記されており、これ以降の祝文にはこの四字は用いられなくなった。祝文は先聖（先師）前と先師（従祀）前において読まれるもので、『延喜式』には双方の祝文が記載されているが、『釈奠儀注』(86) では祝が神位前において前述のごとき祝文を一回読むのみである。したがって「祝文書法」には、『延喜式』の先聖前における祝文のみ記載されている。なお、この祝文は、春祭のものとその内容を異にしており、(87) 春祭の祝文は、寛文十年の『庚戌釈菜記』(88) にみえる祝文と同文であるから、『延喜式』によって儀式を改めた春祭においては改正されず、秋祭の改正

にはじめて『延喜式』を採用したのである。

以上、秋祭のため釈奠儀式を整え、七月二十九日よりこれに従い習礼を行っている。[89] まず二十九日の習礼のため神庫より、聖前に簠一・簋一・豆一・籩一・俎三・爵一、四配に簠一・簋一・豆一・籩一・俎四・爵二、六従配に簠一・簋一・豆一・籩一・爵一、その他尊案六・樽案二・洗爵案一・洗爵盤一・滴水盆一・杓一・圧尺一・犠尊四・象尊四・雷尊四・幣篚一・祝案一・白木案一・書格一・飲福爵三・胎盤一・籩一の神器が準備された。さらに装束所掛りへ笏二・半靴三・浅踏十三・麻鞋五十が渡されている。二十九日の習礼は朝六ツ半時に揃い、これには林大学頭・古賀弥助・山上藤一郎・鈴木岩次郎・平井直蔵・大郷金蔵・中神悌三郎・西沢松三郎等が出席し九時まで習礼を行った。八月二日にもまた習礼を行い、大学頭・儒者衆・諸執役等の出席のもと八時(ツ)まで行った。八月五日は、翌六日に「釈奠により、御側岡部因幡守長貴代参し、太刀金御進薦あり、大納言(家慶)殿よりは御側松平佐渡守康道代参し、おなじく御進薦あり」と「文恭院殿御実紀」[90]に記しているように、例によって釈奠の前日に名代の代参があるため、その準備として、殿内外の掃除や諸道具の配置、薄縁の敷出し及び道筋へ敷物などを行っている。越えて六日代参の当日は、仰高門に幕を張り、明ケ六ツ時前に仰高門大扉を開くなど、その準備を整え名代を迎えたのである。そして代礼は左記のごとく行われた。

両御丸(家斉・家慶)御名代有之、当暁御唐戸不残明(開)ケ置、御供所詰勤番褰帳揚簾いたし、室中江尊案相直置、大成殿内敷出し、際江香案諸具相直シ置、御献備御太刀目録ニ差添、御徒目付罷越候得者、杏壇西之御門より御長持入之、大成殿前石階之下ニ而御長持より出之、御徒目付持参、御殿内江入候得共、組頭衆壱人兼而正面御唐戸際ニ着坐受取被申、直ニ御目録台御太刀台大判金共、御供所御納戸内江入レ御供所詰勤番替リ合張番いたし、御太刀目録者両御丸共一同ニ室中御案江組頭衆備之、畢而見斗御供所詰ニ而開戸いたし置、御名代有之以前大学頭殿杏壇門内へ着座、御待請有之、御名代杏壇御門内ニ而御手洗、時ニ大学頭殿御平伏、御手洗相済、大学頭殿御先立御案内、御名代上殿之節、石階之上東方ニ御平伏比処歟、物有之御拝礼畢而大学頭殿御先ニ立、杏壇御門内以前之所ニ御平伏御見送り有之、最初御名代御注進次第、大成殿西之方小廊下御唐戸閉之、小廊下ニ御供所詰之者相扣御供廊下も相閉置、両御丸之御名代相済、大学頭殿御合図次第御太刀目録引之、右大判金者組頭衆直ニ郡代方御勘定江引渡被申候ニ付、御供所詰御座敷江持参之事、

但、御本丸相済、西丸御名代御手間取之本候共、西丸相済候迄者小廊下口御供廊下共開不申候、

右両御丸御名代相済、御膝着引之、香案引下ケ奠案室外(中)江差出し、開戸之儘簾を下し、御三家献備之御太刀目録、勤番備之御唐戸御供廊下口共閉之、右相済相図有之候節御唐戸開之、御両卿方御太刀目録繰出之、前段之通口も閉置、猶又相済次第合図有之口々開候事、(91)

側衆岡部長貴と同松平康道は太刀と板金を奠じて代礼を行ったものである。これは、寛政十年二月以降の代参の先例にしたがって行われた。代礼がすむと再び翌日の釈奠の準備に移り、供物(92)として、上々白米壱升、青菜拾把、白丸餅七十、上酒三升、鯛（目の下壱尺五寸、一ト(ヒ)塩）三枚、同（目の下八寸、同断）四枚、塩鴨壱羽、塩引鮭壱尾、からすミ二腹、九年母（秋ハ青梨子二三五）三十五、枝柿（秋ハ蒲萄壱籠）百、丸搗栗七十五、黒胡麻壱升、白箸二把を高岡閑八に命じて供所に納めさせている。このほか秋祭のこととて新穀を簠一つに盛り付けた。さらに蔵より六従祀画幅六幅、大鼓一、鉦鼓一、羯鼓一、注子一、五重組重箱二組を出し、「六従祀画幅、殿内江掛候事、楽器者東廻廊東南隈之柱より三本目之柱を目当ニいたし、右柱江引付鉦鼓、大鼓、羯鼓と順々ニ東方より西之方江並」(93)べたのである。また目付・献官等の控席は晴儀・雨儀の両方を考慮して作られた。雨儀については春祭に作られた『釈奠記』と変わるところがないが、このとき、

一、明日(七日)御祭儀中万一俄ニ雨零候て、庭上之洗案雨儀之場所江図面之通移シ可申儀、御供所掛り勤番壱人同掛り、下番三四人召連杏壇西之門より、(入欠カ)夫(矢)敬無之様取扱可申候事、

一、雨儀之節者、杏壇門東門（中門）閉之、唯西門斗両扉開置候事、
一、楽人晴雨共此度より東廻廊ニ定り候旨之事（94）、
と、林大学頭より御供所掛りへ口達があった。
以上が秋祭の享日前における行事と準備である。かくして八月七日の享日を迎えるわけであるが、釈奠当日の諸行事は次の通りに行われた。

一、入徳御門内御水屋、今日出役之御目付御先手頭両人并拝見人面々自拝之節手洗致候ニ付、当暁蓋取之柄杓付并手拭壱筋白木片木ニ載差出置候事、
但、手洗鉢之水、釈奠前々日修復掃除掛りニ而取扱、遷座方江申談為汲替置候事、
一、雨天ニ候得者、拝見人無之、出役御目付御先手頭自拝之節、手洗者杏壇御門ニ詰居候下番掛替候事、
但、為用意銅たらい湯次手拭共常道具掛りより廻し置候事、
御祭儀相始候以前、饌具所江繰出御飾付左之通致置候、雨天ニ候得者御供所より繰出之事、

（図略）

聖前俎三ツ、籩三ツ、豆三ツ、簠三ツ順ニ繰出シ、右聖前奠供相済、杏壇之中門閉候上、左右御門より四配俎四ツ、籩四ツ、豆四ツ、簋四ツ、簠四ツ、六従籩六ツ、豆六ツ、簋六ツ、簠六ツ、右之通繰出候事、
一、当暁七時御殿内御供所燭台出之、明ヶ方引之、六時過賛唱者・賛者罷出図面之通版位配り候事、饌具所御支度前段之通ニ候、殿内并東廻廊、同庭上共陳設図面之通相済、畢而饌具所御支度宜候段、装束所江注進、賛唱者（昌平坂学問所勤番組頭）鈴木岩次郎殿承之、助献官江申上ル、扱執役之面々装束一統調候得共、装束所御支度宜候段、装束所詰下番宮下源次郎を以、御座敷詰組頭黒沢正助殿江御通達有之、同人承之御目付を誘引いたし御祭儀場所一通り見置候而、着座所江案内ス畢而拝見人面々拝見人掛り勤番御徒目付江打合置、此時已ニ拝見之面々を屏樹御門外迄繰出置を案内いたし、杏壇西之御門

より西塾江入、西廻廊図面之場所江着座為致候、
　但、拝見人着座所与御目付着座所与者仕切者鉄棒差出置、夫より先江進之不申候様達置候事、
右畢而同人装束所江罷越し、御目付衆着座も相済候付、御祭儀初り之合図可仕旨初献官江申上、夫より杏壇西之御門より外饌具所江罷越し掛り勤番江合図可為打旨達之、夫より出役御目付江御祭儀始り候段申達置ニ御供所江引取候事、
一、五半時早メ御祭儀初り候事、尤天気之晴雨を見合、刻限例より者遅く成候事、
一、四半時頃御祭儀相済直ニ掛り勤番御供所掛り下番ニ申付、拝礼席敷物壱間之薄縁弐枚緎合幷ニ御目付着座所壱間之薄縁壱枚取立として殿内江入、図面之通為敷、畢而出殿、夫より御供所ニ詰合候組頭衆出役之御目付江御自拝可有之旨、達之、則御目付出座時々刀其儘さし置杏壇御門を出、御水屋江参り手洗被致、夫より拝礼席ニ於て自拝相済、元之着座所ニ戻、刀提之入殿し、殿内之着座所ニ就、畢而を合図として杏壇門外ニ罷在ル御徒目付致差図、拝見之面々三人ツ、順順ニ繰出し、自拝為致候、
　但、右拝見人者御目付自拝之砌手洗之ため、着座所を被出候時分見計、御徒目付致差引不残杏壇御門外江出し候事、扨三人ツ、、拝礼之儀者、拝礼之席僅ニ畳壱畳幅ニ候間、大勢ニ而も込合申候故、三人ツ、繰出有之候様拝見人掛り勤番より御徒目付江兼而打合置候事、
右拝礼不残相済御徒目付殿内之御目付江相済候段申之、則御目付出殿支配向を召連、不残御座敷江引取候事、
一、御先手頭両人自拝之儀、右拝見人自拝之時分被参候ニ付、御徒目付差引ニ而拝見人之込合不申候様見計、両人別段ニ自拝有之候、
　但、両人刀者杏壇御門迄提之、同所御徒目付着座席之薄縁上ニ御小人目付江相頼被差置候、
一、大御番頭内藤甲斐守(正範)殿、御祭儀拝見ニ罷出自拝之節、太刀目録献備ニ付、兼而御供所江廻シ置、右甲斐守

殿拝礼之節、御供所掛リ二而聖位奠案之前石敷之上江太刀目録台ニ載差出置、当人自拝畢リ直ニ御供所江引取候事、

但、右目録台正面江当人名面張札いたし、其儘相備候事、着服之儀其外拝見人同様半袴着用之事、

一、自拝相済御目付方引取候後、杏壇門閉之、扨御供所掛リ二而撤具いたし、於御供所執役之面々江被下候、胙肉包ミ分いたし候事、

但、初献官之胙肉者、御祭儀中頂戴之、御品饌具所江預置候而、右之分江並之通黒白餅、魚肉共入相包候事、右胙肉者壱人ニ付、黒白餅一切ツ、魚肉一切ツ、糊入紙ニ包、紅白水引ニ而給ひ、御目見以上者足付白木片木、御目見以下者白木片木ニ載候事、

執役之外、尾藤良佐殿、黒沢正助殿江も被下候事、柴野彦助殿者病気出役無之ニ付、頂戴無之候事、

右不残包畢リ御座敷江相廻し、御供所掛リ勤番罷越し、組頭鈴木岩次郎殿江引渡候、

一、俎之鯛七枚不残御賄掛リ江引渡候事、当秋より取極申候、

但、御賄所ニ於て、取扱勤番下番一同江配分致頂戴候事、

一、御備ニ相成候御供物之分不残一所ニいたし、見張番所江為持遣し候事、

但、於見張番所当番之面々、取扱勤番下番一同配分致頂戴候事、

一、大学頭殿御代リ組頭衆御供所江御廻り、聖樹より御劒出之、直ニ御蔵江仕舞候事、大学頭殿御太刀是又其節仕舞候事、

一、御殿内不残方付、(片)御作事方江申遣し、外シ置候唐戸不残はめ畢り、聖殿錠おろし候、

一、御祭器類不残洗立相済、夫々箱江入即日神庫江相納申入、

一、祝版者御供所ニ而焼棄候事、(95)

釈奠当日の儀式以外の行事について、このように詳細に記録されているものはほかにみあたらない。かくて前述の改正した『釈奠儀注』にのっとり大学頭林衡が献官となって八月七日に盛大な釈奠が行われたのである。なお、『昌平志』(96)に、このときのことを「(寛政十二年)八月十六日、釈奠廟殿、前一日遣近侍飛騨守高井清寅、代礼」と記されているが、前述の史料からこの記事は誤りであることが明白である。「文恭院殿御実紀」巻三十一(97)によると、享和元年（一八〇一）八月十二日の条に、「釈奠により御側高井飛騨守清寅代参して黄金壱枚、西丸よりは御側曽我伊賀守助篕(進)代参して、同じく壱枚を進薦したまふ」とあるので、『昌平志』の記事は、この享和元年秋祭における代参者と混同して記されたものと思われる。寛政十二年八月の秋祭は、以上のように詳細な釈奠の仕法を定めており、これをもってこの期における釈奠儀式の完成とみなすことができる。

おわりに

幕府の教学政策は、寛政二年（一七九〇）正学復興の通達以降、湯島聖堂に対する積極的な政策がみられる。すなわち、儒官の任用、学舎の増改築、学問・素読の吟味、さらに寛政十一年（一七九九）には廟殿の新築落成をみるにいたり、名実ともに聖堂は幕府の管理下に置かれ、その偉容を整えていった。そしてこの官営化にともない、先聖先師を祭る釈奠にもそれと相俟って釐正を加えていったのである。寛政六年八月の秋祭には旧儀を釐正して儀節を定めたが、このとき説経読詩や頒俎はすべて庁堂で行うことになり、また標麾旗はこれを一切廃止して行われた。

寛政九年五月の春祭には、主祀が疾病の場合、幕府の任命した儒官がこれに代わって献官を勤めることとしたが、これによって、林家及びその一族が献官を独占してきたこれまでの慣習が打破されることになった。このことは、聖堂における林家の伝統的権威が弱められ、これにともない林家の私塾的色彩も払拭されたことになる。

それとともに釈奠も官営的性格を強めていったことを物語るものである。寛政十年二月の春祭には、釈奠の前日に将軍及び儲君の代参が行われ、かつまた諸侯の拝礼と神器の献納を命じたことは、彼等に対し幕府の教学政策を認識させる上で大きく役立っている。その結果、各藩における聖堂及び藩校の設立を促し、寛政期だけでも筆者の調査によると三十三校に及んでいる。(98)

幕府も廟殿の改築を進め、これが同十一年九月に落成し、十一月の盛大な儀式によって、正遷座を行い、越えて同十二年二月にこの新廟において最初の釈奠が行われた。このとき釈奠は『延喜式』にのっとり大いに儀式を改めて行われたのであるが、幕府はさらにこの年の秋祭においても『延喜式』にもとづき儀節を改めて行った。これにより『延喜式』を基調とし、それに時宜を加えた釈奠の儀節を完成したのである。従来の諸論文に釈奠の儀節を改めたのは寛政十二年二月のことと述べ、八月の秋祭においてさらに『延喜式』に近づけていった経緯について記しているものはほとんどみあたらない。これは『昌平志』にのみ頼り、『釈奠私議』や『釈奠記』『釈奠式』などに拠らず記述されたためであろう。いずれにせよ、この秋祭に改められた釈奠儀は、その後の釈奠の典例となったのである。

(1) 本書第一篇第三章参照
(2) 本書第一篇第一章・第三章参照
(3) 天明六年九月に将軍家治死去
『昌平志』巻第二・事実誌（日本教育文庫・学校篇、同文館）
(4) 天明七年正月林信徴死去
(5)『昌平志』巻第二・事実誌
(6) 同右

(7) 同右
(8) 同右
(9) 同右
(10) 『御触書天明集成』二四三四号（岩波書店）
(11) 『釈奠私議』（秋・匯）（尊経閣文庫・内閣文庫蔵、なお尊経閣本と内閣文庫本の間には異同がある）
(12) 『昌平志』巻第二・事実誌、なお『釈奠私議』（秋・匯）には十一月二日と記されている。
(13) 林信彭（『日本教育史資料』七・林氏家系）
頼母、後主水、後百助、実高家畠山紀伊守国祐九男、実母高家堀川兵部大輔広益女、宝暦十三年癸未七月二十七日生于江戸、安永四年乙未閏十二月十二日為養子同五年丙申十二月二十二日始拝観、天明五年乙巳十一月五日嗣食禄、田沼主殿頭意次伝旨、為御儒者同姓信徵・信敬有病時乃信彭登城或預聖堂祭祀、寛政八年丙辰正月二十日以病没、年三十有四、
(14) 『釈奠私議』（秋・匯）
(15) 同右
(16) 『大日本近世史料・柳営補任三』（東京大学出版会）
「文恭院殿御実紀」巻十五（新訂増補国史大系48『続徳川実紀』第一篇、吉川弘文館）寛政五年七月九日条・寛政五年十二月十六日条
(17) 『昌平志』巻第二・事実誌
(18) 『釈奠私議』（秋・匯）
(19) 『昌平志』巻第二・事実誌
(20) 「文恭院殿御実紀」巻十六、寛政六年正月八日条
(21) 『昌平志』巻第二・事実誌
(22) 『昌平志』巻第五・儀節誌
『日本教育史資料』七・学校

(23)『釈奠私議』(秋・匪)
(24)本書第一篇第三章参照
(25)『御触書天保集成』五四七〇号
(26)『昌平志』巻第二・事実誌
(27)『釈奠今議』(国立国会図書館蔵、『日本教育史資料』七・釈奠祭儀)、『昌平志』巻第五・儀節誌、『釈奠私議』なお、尊経閣文庫本『釈奠私議』(夏)及び内閣文庫本『釈奠私議』(秋)によれば「釈奠釈菜ノ名義、漢唐已来其弁贅スルニ及ハス、但我邦ニテハ礼記王制鄭注ニ据テ釈菜奠幣ヲ合セテ釈奠トハ称セラレキ諸説多シトイフトモ、後世此古義ニ従フヘシ、又元禄盛挙ノ後、政府ノ令条ニ尚釈菜ト称セラレシハ、其実林氏伝家ノ私祀ナレハ、随テ其旧称ヲ襲ハレケルノミ、這般升テ国学トナリ、永ク官祀ノ恒典ニ列ス、改テ釈奠ト公称セラルル固ヨリ其当然ナリ」と記されている。
(28)『釈奠私議』(秋・匪)
なお、『昌平志』巻第二・事実誌には左記のごとく記されている。

命儒員柴野邦彦・尾藤孝肇・古賀樸等、二仲祭典、主祀疾病若有故宜以次献官、元禄已来献官止於林氏、蓋元禄制命、令林氏世主祀焉、故其疾病若有故、皆従廃停矣、雖如渉私祀、亦奉其制命也、但義在於今殆闕国典、是年命邦彦等、以次摂祀、勿敢従廃闕、分奠亦同之、皆林衡請之也、(註:古賀樸が聖堂儒官になったのは、寛政九年十月である)
(29)『釈奠私議』(秋・匪)
(30)同右
(31)同右
(32)『昌平志』巻第五・儀節誌
(33)『昌平志』巻第二・事実誌、寛政九年十二月条及び本書第一篇第三章参照
(34)『徳川禁令考』前集第三・一四七一号と一四七二号(創文社)
(35)本書第一篇第三章参照

(36)『昌平志』巻第二・事実誌
(37)同右
(38)『昌平志』巻第五・儀節誌
(39)本書第一篇第三章参照
(40)『釈奠私議』(秋・匪)
(41)『昌平志』巻第五・儀節誌
(42)『昌平志』巻第五・儀節誌、『日本教育史資料』七・祭儀
(43)同右
(44)同右
(45)『昌平志』巻第二・事実誌、同巻第五・儀節誌、『日本教育史資料』七・祭儀
(46)同右
『昌平志』巻第五・儀節誌
(47)同右
(48)『昌平志』巻第二・事実誌、同巻第五・儀節誌、『日本教育史資料』七・正遷座御式次第書
(49)『昌平志』巻第五・儀節誌、『日本教育史資料』七・祭儀
(50)同右及び『釈奠私議』(秋・匪)
(51)本書第一篇第一章・第二章参照
『昌平志』巻第五・儀節誌
(52)『昌平志』巻第五・儀節誌
(53)大郷金蔵は当年の秋祭の儀式取調にもあずかっておりそのため褒賞を賜わっている(『釈奠御式取調御褒賞記』尊経閣文庫蔵)

(1)　大郷金蔵

此度釈奠御式相改リ候取調手伝骨折候付而銀三枚被下之旨、摂津守(若年寄堀田正敦)殿被仰渡候、此段申渡候、

(2)聖堂御再建ニ付、未冬(寛政十一年)ヨリ申秋迄御式議定御直之衆へ伝達習熟了
寛政十二年庚申八月十四日林祭酒被仰渡

大郷金蔵へ

此度釈奠御式改り候取調手伝骨折候付而、銀三枚被下之旨、摂津守殿被仰渡候、
釈奠私議献備副本之儀、猥ニハ他見為仕間敷旨林家御演達、(以下略)

(54)「寛政十二年庚申二月釈奠記」(『釈奠私議』〔冬・懈〕附録、尊経閣文庫・内閣文庫蔵)

(55)同右

(56)本書第一篇第一章・第二章参照

(57)「寛政十二年庚申二月釈奠記」

(58)同右

(59)同右

(60)同右

(61)「楽目録」(『釈奠私議』〔冬・懈〕附録)

迎神(越天楽)、奠幣(万歳楽)、奠供(慶雲楽)、初献(五常楽)、亜献(太平楽)、終献(三台塩)、撤供(還城楽)、撤幣(雞徳楽)、送神(越天楽)、下堂(夜半楽)、退出(長慶子)

(62)「奏楽度数之覚」(同右)

第一　越天楽、第二　五常楽、第三　慶雲楽、第四　万歳楽、第五　同、第六　同、第七　同、第八　三台塩 太平楽之内、第九　還城楽

(63)同右

(64)内閣文庫蔵(本書第一篇第一章参照)

(65)本書第一篇第一章参照

(66)本書第一篇第二章参照

(67)『昌平志』巻第二・事実誌
(68)「寛政十二年仲秋釈奠記」(『釈奠記』)
『釈奠之記』(内閣文庫蔵)
『日本教育史資料』七・祭儀、『釈奠式』(尊経閣文庫蔵)
(69)『昌平志』巻第二・事実誌
(70)同右
(71)林衡の疾病について衡自身が述べているものとして寛政十二年八月六日に将軍の代参を迎えるにあたり、目付衆に出した達に「当春拙者病気引込罷在候故、少々行違候儀も有之」と記している(『釈奠記』)
(72)『釈奠記』及び『釈奠式』
『日本教育史資料』七・祭儀
(73)「寛政十二年庚申二月釈奠記」
(74)『釈奠記』及び『釈奠式』
『日本教育史資料』七・祭儀
(75)同右
(76)同右
(77)『釈奠記』
(78)同右
『日本教育史資料』七・祭儀
(79)「行列書」『釈奠記』
(80)『釈奠式』
『釈奠記』
『釈奠私議』(秋・匪)
『釈奠之記』(「寛政十二年八月釈奠記」、内閣文庫蔵)

『昇平校釈奠儀注弁心得之覚』（蓬左文庫蔵）
『庚申仲秋釈奠儀注』（『日本教育史資料』七・祭儀）
「釈奠今儀」（『昌平志』巻第五・儀節誌）
『釈奠今儀』（国立国会図書館蔵）
なお、右諸本の間には文字の異同が多い。本文引用の儀注は、主として尊経閣文庫蔵の『釈奠式』によった。

(81) 新訂増補国史大系26『延喜式』大学寮（吉川弘文館）

(82) 『昌平志』巻第五・儀節誌

(83) 本書第一篇第一章・第二章参照

(84) 「寛政十二年仲秋釈奠記」（『釈奠記』）

(85) 尊経閣文庫蔵（なお、内閣文庫蔵の『釈奠之記』には「先聖文宣王」とある）

(86) 『釈奠式』『釈奠記』（尊経閣文庫蔵）、『釈奠之記』（内閣文庫蔵）

(87) 「祝文（寛政十二年二月）」（『釈奠私議』〔冬・懈〕附録）

(88) 内閣文庫蔵
本書第一篇第一章参照

(89) 『釈奠記』

(90) 新訂増補国史大系48『続徳川実紀』第一篇、寛政十二年八月六日条

(91) 『釈奠記』

(92) 同右及び『釈奠式』

(93) 同右

(94) 同右

(95) 同右

(96) 『昌平志』巻第二・事実誌
なお、『日本教育史資料』七・学校、寛政十二年八月十六日の条は、『昌平志』を引用したものであるから当然誤

りである。

(97) 新訂増補国史大系48『続徳川実紀』

(98) 本書第二篇第一章参照
ただし、宝暦期に十二校、天明期に二十三校の創設がみられるので、藩校の創設がすべて寛政期の文教政策に起因するものとは理解できない。当時、学問の興隆によって藩財政の再建をはかろうと、藩独自の立場で藩校の創設を行っているところもある。ちなみに、文化期に二十一校、文政期に二十校、天保期に二十八校の藩校が創設された。

第五章　幕府釈奠の終焉

一　学制改革後の学問所

江戸幕府昌平坂学問所については、第三章と第四章において詳述したので、本章においてはその後をうけて明治維新期を迎えるまでの運営について考察しようとするものである。

昌平坂学問所は、旗本御家人の子弟を収容して官費をもって教育する寄宿寮（寄宿しないで通学する通い稽古の者もいる）と、全国から集まった藩士・浪人・処士を収容して自費で教育を受ける書生寮の二つに大別することができる。当然ながら学問所における正統なる教育の場は、幕府の旗本・御家人の子弟を教育する寄宿寮の稽古（教育）である。

まず寄宿生としての申込み資格については、

寄宿之儀者、御目見以上之総領二男三男厄介共、四書素読済、志厚者不苦候、御目見以下者、凡て講釈会読詩作等出来、心掛厚者に無之候ては、寄宿願不相成候間、其旨寄宿頭取相心得可致取扱事、但年齢十四五歳より三十歳位迄者不苦候得共、教授方可為差図次第候、尤以上以下共、次男三男厄介者養子否相糺、時宜に

依り、其父兄より書面を取可申候、若養子差戻し之者は、筋目取糺、教授方可為差図次第事、[1]

と、「御目見以上」の総領二・三男厄介は四書の素読の学力が要求され、「御目見以下」の者は講釈・会読・詩作の素養のあることが条件であった。その選抜にあたっては、寄宿頭取が応対所において面談し、素読講釈の書目や詩文についての書付を受取り、これを教授方へ差出し、その後、稽古所において儒者衆によって学力の試業を行い、その成績によって願書提出の可否を決定するという厳重なものであった。入寮後も学問を厳しく奨励している。

　毎年二月・八月釈奠休日之間、於稽古所御儒者衆、寄宿稽古人学力吟味有之候間、日々課業に読候経義学問御吟味之節、御試にも相成候書及正史経説外史子集之類、何にても試可受書目書出し、素読も同様書出し、詩作文章出来候者は書出し、即席一篇づゝ作り可申事、

また入寮期間については、

　寄宿の限りは、十二ケ月に相定り、其上は当人之心掛次第にて、教授方より引続寄宿可為勝手次第旨之達書出候得者、願短冊差出候儀にて、当人より引続相願候儀者不相成事に候、若期月に相成、教授方より沙汰無之候はゞ、退学引払可申渡候、[2]

と定めている。

次に寄宿寮生の生活規制について「寄宿規則」[3]により、その主なものをあげると、

一、入学之者、行状第一謹慎に致し、学業無懈怠御教育之御趣意相貫き候様可心掛候、

一、寮中之諸事、すべて頭取世話役之差図を受べき事、

一、横文字書籍取扱不相成候事、

一、頭取世話役には、朝起候はゞ、早速為挨拶可相趣(赴)候、夜分は五ツ(八時頃)時限可被参候、

一、用事も無之、他部屋江参り、面々部屋明ケ置、他部屋に長座等不相成事、
一、部屋内にて酒食取扱并飲食にて数人集り候儀不相成事、
一、外出一ケ月十二日限り之事、
一、外出之節、出入共頭取世話役江相断、且肝煎役所并賄所江木札差出候事、
一、御門限五ツ時之事、
一、御場所近火之節、拝借之御書籍、面々風呂敷包、名札相付、御書籍掛り当番之者江相渡可申事、
一、総教授方御儒者衆初て面会之節は、麻上下著用之事、

と厳格に規制している。なお、横文字即ち洋書の勉学を禁止している条文がみられる。

寄宿寮の規模(4)については、生徒の定数は寛政以来三十八人となり、天保期の増員によって、これが四十八人となった。寄宿寮は三棟あり、一棟十部屋になっている。三棟のうち一棟は御家人の部屋で、他の二棟は旗本の部屋である。ただし、三棟にて部屋の数は三十あり、その定員を三十八人とした。内訳は御目見以上の者が二十八人、御目見以下の者を十人と定めている。これを天保期の相部屋制実施とともに寮の増築をはかり、前述のごとく四十八人の定員に増加したのである。経費については、教育扶持である百三十八人扶持のうち、百人扶持をもって賄う。食事は朝夕とも一汁一菜、夜食は湯漬香のもの、油は一人に付き一カ月六合ずつ、炭は天保期以降は一人につき一カ月十俵の見積りである。

学則についてみると、二・七の日は午前輪講、三・八の日は朝五時《ツ》前に経義の講釈試がある。一カ年のうち文会に四度、詩会に二度、膳部ならびに餅菓子を賜わることになっている。この詩文会には、通い稽古人や諸藩士の者も出席を許されている。学問所の組織についてみると、聖堂及び学問所が幕府の直轄になることによって、林家の権威は失われたが、その後も大学頭を、林述斎(衡、寛政五・七〜天保九・一一、七十四歳没)、林檉宇(皝、

天保九・一二～弘化三・一二、五十四歳没）、林僴斎（健、弘化四・一～嘉永六・七、二十六歳没）、林復斎（韑、嘉永六・九～安政六・九、六十歳没）、林学斎（昇、安政六・一〇～明治元、七十四歳没）[5]と踏襲した。

この大学頭を中心とする儒者衆は、幕府の儒員として学問所の教官を勤めたのである。寛政期の学制改革においては、林大学頭述斎を中心に柴野彦助、尾藤良佐、古賀弥助の活躍は甚大なるものがあった。その後、寛政九年（一七九七）十月、柴野彦助は西の丸奥儒者となるに及んで、林述斎、尾藤、古賀の三名で学問所の教官を勤めた。尾藤が文化十年（一八一三）に、古賀が文化十四年に死去したのちは、幕府直臣の子弟の就学奨励という意図をもって、直臣のうちから依田源太左衛門・野村兵蔵・増嶋金之丞らの三人の旗本と古賀弥助の子小太郎を選んで学問所の儒者に任命している。

次に大学頭を除く、柴野、尾藤、古賀以後の儒者をすべて順にあげてみると[6]、成嶋邦之丞、依田源太左衛門、野村兵蔵、増嶋金之丞、古賀小太郎、成嶋桓之助、杉原平助、佐藤捨蔵、友野雄助、松崎満太郎、依田源太左衛門、古賀謹一郎、林都賀太郎、安積祐助、松平謹次郎、成嶋桓之助、小林栄太郎、成嶋甲子太郎、木村金平、河田八之助、佐藤新九郎、河田貫之助、妻木田宮、永井三蔵、岡本信太郎、中村敬輔、佐野令助、河田貫之助、塩谷甲蔵、安井仲平、芳野立蔵、菊地角右衛門、望月万十郎、若山壮吉、依田克之丞、御牧又太郎、奥村季太郎、保田鈼太郎、高須儀大夫、吉田賢蔵、長谷部甚弥、市川十郎らがその任に当たっている。林大学頭支配下に、学問所勤番組頭[7]二名、同学問所勤番二十名と学問所下番三十名が置かれた。

学問所奉行[8]は、文久二年（一八六二）十一月十四日、本多正訥（駿河田中藩主）・秋月種樹（高鍋藩）が学問所の興隆をはかるためはじめて任命され、寺社奉行の次席で、林大学頭より上席にあって学制を掌り、大名の中から選ばれた。秋月種樹はのちに藩主となり若年寄に任命されているが、兄の跡を継いだのが翌文久三年であるから、学問所奉行に任命されたときはまだ藩主になっていない。だが、外様藩からこうした幕府の重職に任命されており、注目される人物である。その後、文久三年十一月、土岐頼之、元治元年（一八六四）七月十日、水野勝知、同年七月二十八日、柳沢光昭らが学問所奉行に任命された。しかし、同年十一月十二日にはこの職を廃止している。幕末における内外の政情多端のためであった。

寄宿寮生（通学生を含む）、すなわち旗本・御家人の子弟の学問に対する態度であるが、自費により自発的に入学した浪人または藩費により期待を担って派遣された藩士層の書生寮学生に比べれば、寄宿寮の学生は学問的意欲に欠けていたようである。そのため、幕府が旗本・御家人及びその子弟に対して学問の必要を督励し、また一方、学問出精者に対する召出（主として、大番・書院番・小姓組番・小十人組への番入）やさらに学問吟味による褒賞（巻物・時服・銀）を行っている。[9] しかしながら、幕府がしばしば出している触をみると、学問所の講釈聴聞者が近来出席が少なくなっていることを憂いて、「実意ニ出席聴聞致候様、其頭支配より厚申達、格別御教育有之儀を等閑ニ不相心得候様可致候事[10]」と通達しており、また「此度於学問所、御教育有之儀候条、人々相励候様可致候（中略）人々厚相嗜、弥先年被仰出候通り相心得、御教育筋之儀無遺失、銘々相励可申候[11]」と奨励した。だが、その甲斐があまり見られず、書生寮は反対にその活気を次第に失っていった。弘化二年（一八四五）七月の書付においても「今度於学問所御教育有之候間、人々相励候様可致候（中略）、猶此上無油断修業可致儀専要之事ニ候（中略）、稽古相励候様教育可致候[12]」と何度も強調し、布達しているのである。幕末期になると政情不安からさらに衰微していった。

安政元年（一八五〇）十二月の書付によると、「近来学問心懸候者追々相減候趣ニ相聞候、（中略）学問所御座敷講釈等之節、諸番頭、諸物頭、諸役人共、先立出席いたし、組支配之者を引立候様可被心得候[13]」と半ば強制的に学問修業を命じなければならないほど、関心が薄らいでしまったことを物語っている。そして文久元年三月の触書で「文武御教育筋之儀（中略）弥以文武御隆盛無之候而は難相成（中略）、銘々無懈怠御趣意行届候様厚く心掛可申候、（中略）文学之儀ハ文弱ニ流れす、武術之儀ハ粗暴ニ片寄らす（中略）、文武並ひ行はれ、御趣意ニ不違様精々可被心掛候」[14]と、文武両道の修業を要求するなど、当時の世相を強く反映させたものであった。しかし、幕府の厳命によるこうした学問奨励策はその成果をあげることなく、幕末に向けて衰微の一途をたどった。なお、幕府がとにかく慶応三年（一八六七）まで釈奠を行ったことは、こうした憂うべき状況からの活路を学問奨励策に求め、その一環として釈奠を懸命に継続したものであると考えられる。

次に書生寮について述べてみたい。寛政の学制改革によって、聖堂における学問が直参本位に改められたので、諸藩の家臣や浪人の篤学者は稽古所の講釈を陪聴するより以外なかった。これらの人々は直参と同じように寮に寄宿できることを強く望んだが、儒者の役宅が手狭なためにしばらくその希望は入れられなかった。そこで享和元年（一八〇一）八月、大学頭と儒者がこの実情を幕府に訴え、これが聴許されて享和二年に書生寮の増築がなされている。[15]そして、寄宿寮の教育扶持である百三十人扶持のうち、三十人扶持をさいて書生寮の入用にあてている。

この書生寮は、南寮・北寮の二棟で収容人員は四十四名であった。入学資格は諸藩士及び処士であるが、寄宿寮のように入学の試験がなかったが、その代わりに、林家または学問所儒官の門人でなければ受付けられなかった。[16]『書生寮姓名簿』[17]に「林門」とか「古賀門」とか「安積門」と記されているのはそのことを示している。もう一つ寄宿寮との相異は書生寮の学生は自費賄いであった。しかし、各藩の給費生が多かったのである。この書生寮には諸藩から俊秀の士が笈を負って参集する者が多く、書生寮の盛況は寄宿寮をしのぐありさまであったから、書生寮の増築もたちまちにしてまた不足をきたすようになった。そこで文化八年十月、再び林大学頭（述斎）、尾藤良佐、古賀弥助の連署にて幕府に次のごとき請願書を提出した。

学問所書生寮之儀、御再建以後一棟建足し有之、稽古人引請申候所、近来段々人数相増し、只今之間数にて

は四十人程ならて差置候儀不相叶、此上相願候者も有之候得共相断候外無之候、元来右寮は浪人陪臣共にて自分賄を以修業仕候事故、居所さへ有之候得は外御入用は無之儀に御座候、勿論此後無際限、多人数引請候儀は地面も差支、教授も相届き申間敷候得とも、只今有来候寮の南明き地丈ケ二階付にして今一棟御建足し被下候は丶、今三四十人も差置候儀可相成、然時は七八十人程を定数に仕、外々にても自つから心得居候様可仕奉存候、御教化追々諸国江も相聞へ遠国より罷出候者不絶御座候所、五十人にも相満不申寮塞候、途空く差返し候儀余り狭小にも相響き、幸明地面も少々有之候間、諸国へ相聞へ候ても不苦程之定人数住居可仕寮に相成り、永々之規則立置申度奉存候、此段申上候儀に御座候(18)

七八十名収容できる書生寮の増築を請願しているが、これによってみても、当時の書生寮の盛況さがうかがわれる。しかるに弘化三年（一八四六）一月十五日に「この日未の刻(十四時頃)ばかり、小石川馬場のほとりより火いで、丶西北の風烈しく、本郷のあたり、あなたこなた焼けうせて、一は京橋にいたり、一は鉄炮州佃島にいたり、大小の繫船ども火うつり、あくる日未刻ばかりに熄みぬ」(19)という大火があり、聖堂は難を免れたが、学問所の大半は類焼してしまった。この学問所再建についての詳細な史料は管見にしてみあたらないが、『続徳川実紀』弘化三年六月二日の条に「作事奉行池田筑後守(長溥)、目付松平式部少輔(近昭)、学校所々修復の事命ぜらる」(20)とあり、嘉永三年（一八五〇）三月二十一日、将軍家慶が学問所に臨んでいるので(21)、この頃までには再建されたものと考えられる。

書生寮学生の生活については、寄宿寮と同様の「学規」(22)が定められている。

書生寮学規

定

一、御場所入寮之上は惣て陪臣浪人之無差別取扱候間、其心得可罷在候事、

一、平生恭謙退譲を守り、経学講習を専らと致し、其余子史文芸にも渉り可申は勿論に候、講習之外雑談等致

間敷、且党類を結ひ口論ケ間敷儀決て有之間敷事、
一、詩文会之節稽古所へ出席是迄之通りと心得可申事、
一、疑義有之候はゝ、舎長其外先輩へ可及相談は勿論に候、重立たる疑案有之候はゝ、無遠慮儒員江折中可被致候、師家に無之候共御場所江入候上は、儒員一統師家と可相心得に付、何事も隔意無之様師弟之道を被尽可然候事、
一、毎朝早起致し、袴着用会食所にて各一礼に及び夜五(ツ)時より勝手次第休息可致候事、但礼譲は学者之第一之事に候所、近来寮中風儀陵遅致し、怠惰放肆不行儀之輩も有之哉に相聞江右様之儀有之においては以来早速退寮可申付候事、
一、御場所附儒員、私塾講会之節、是迄之通無懈怠出席可致候、外宅儒員出座講会之節是又同様無懈怠可被出起止簿、改質疑等是迄之通りに候事、
一、拝借御書物類入念取扱可申候、暫時にても他所江持出候儀は決て不相成候事、
一、在寮は十二ケ月を期限と相定引続留学之儀は儒員等と談判之上可及差図候事、
一、外出は一ケ月十日を限り可申事、但増日願容易に不相成候、無拠用向訳立候儀は時宜に寄可差許候得共、引請人書面を以舎長江可申入候事、
一、御門限是迄暮六(ツ)時限りと相定め候所、向後は夜五(ツ)時迄御免可被下候、就ては決て遅刻無之様可致候、若又無余儀用向にて遠方江罷越し、遅刻無覚束存候もの訳立候儀断聞届可申候得共、昼後より外出致し遅刻断頼置候類、決て不相成候、万一御門限犯候者は是迄と相違致し、即時に退寮可申付、兼て左様心得可申候事、
但髪月代午前之内月六度は御門出之儀、是迄之通可差許候事、
一、御場所入寮之もの夫々主人江断置寄宿修行可致事に候間、平常主用は無き筈に候処、是迄主用断にて遅刻

申立候もの数多有之候、以来難逃主用に候はゝ主人家其筋より儒員迄文通有之候様取計可申候、在寮中妄に主用申立不相成候、若左様難相成候はゝ入寮致間敷候事、

一、舎長部屋江帳面差出置候間、出入の刻限相記し、其段舎長江相断可申候事、附り、御場所内に候得は出入舎長江口上にて断置不苦候事、

一、外出之儀寮中総人数之内、半数迄許し可申候、其余は不相成候事、

一、日光山参詣は往返九日願之上罷越可申候、

一、郷里江帰省致し候儀留学三年に及候はゝ可指許候事、但帰郷到着在留三十日を限り可申、右日数過き候はゝ一旦退寮可申越候事、

一、下宿は父兄并自身病気之外不相成候事、但無拠用向有之節引請の者より懸合有之訳相立候はゝ可差許候、尤病気に付下宿之者半月は聞届可申候、半月過き候はゝ一旦退寮可致候、此外縦ひ一夜たり共、一ヶ月両度は不相成候事、

一、舎長より為致差図候儀一切違背致間敷候事、

一、舎長は年数のみを以申付候儀に無之、新入寮の者にても学術人物を以申付候間、党類を結ひ批判等致間敷候事、

一、退寮の儀、儒員存意有之申渡候事に付、其節彼是異儀等申間敷事、

一、在寮中は堅く禁酒可致候、万一禁を犯し候沙汰相聞候得は、即時に退寮可申付候事、附、自分寮にて茶煙草の外、食物取扱候儀不相成候事、

右之条々、此度令改正候上は触犯のものは申に及はす、或は旧来の仕癖に泥み、彼是我意申張候向は無用捨退寮可申付候者也、

これと同時に「内規定[23]」を設けて、詩文会、書籍の借用と返納、諸会への出席、会読、内会、読書発声、婦人絵、役者絵、他行、火災、来客、友人来訪、伝染病、入湯、行水、帰省、こん炉使用禁止、塵芥捨禁止、遅刻等について詳細に規定している。

次に学問については、「書生寮掲示[24]」によってその内容を知ることができる。

書生寮掲示

覚

一、四書は朱注、周易は伝義、書経は蔡伝、詩経は朱伝、小学は本注相用可申、右江引合せ候末疏類、夫々拝借被仰付候事、
一、三礼三伝は注疏を主とし、礼記は陳注を見合可申、其外見合候書籍拝借相成候事、
一、皇朝歴史類取調度向は六国史大日本史等拝借被仰付候事、
一、漢土歴史之義正史編年銘々見込有之取調度分拝借相成候事、
一、右経史研究之義は本課に有之、日々取調候分急度起止簿に相認試業之節御儒者江差出可申事、
一、詩文稽古之義兼学と相心得、唐宋以来之集、其外清人之撰書にても取調度向は拝借相成候事、
一、皇朝御制度并漢土制度筋取調度向は政書類拝借被仰付候得共、是又経史研磨之間合等に拝見可致候事、
一、伝奇小説類本朝仮名物語等銘々数奇好にて、本課之余事自分限に一覧いたし候儀に候はゝ、拝借可被仰付候得共、右を経史修業同様日課之廉江相立候義は不相成候事、
一、叢書等之内、古来よりの雑談同様之儀相載候書類、是又課読には不相立候事、
一、留学中は、右之廉々読書之大綱と相心得専一に修業可致、若心得違之者有之相諭候ても、一己之僻習に泥み不取用候者は、退寮申渡候事、

一、時事を諷議いたし候様の詩文猥に取綴候儀、実践の学修業仕候者には決して有之間敷儀に有之、若右躰の詩文取綴候者有之候はゝ、遂詮議候儀も可有之候間、其旨兼て心得居可申事、

留学云々の条下に下札あり、いはく此退寮申渡候者一昨日御沙汰の通掛り御儒者より其本人屋敷留守居役人等江此段相達師家江も通達候積、

時事を諷云々の条下に下札あり、いはく此者相糺候上退寮申渡の節、生涯学問所出入不相成旨相達、師家にては破門其段師家よりも留守居等江通達有之積、但年数相立本人改心学問所出入の儀願出候得は、相糺候上其時宜次第御免相成候て可然歟。

学問及び読書の選定について述べている。これによると、経史修業が本課として、六国史や『大日本史』の読書を勧め、伝奇小説類や本朝仮名物語等は本課の余事をみて読むこと、ただしこれは学業の日課には入れてならないものであることを示している。そして「留学中は、右之廉々読書之大綱と相心得専一に修業可致[25]」ことを諭したものである。

書生寮の運営にあたっては、学業俊秀で人徳のある者を舎長とし事務的なものを取り扱った。これを補佐する者として、助勤・経義掛・詩文掛を設けるなど自治制をとっている。賄いは官給の炊事夫二人がこれにあたり、会費については、新旧二人の寮生が月交代でこれにあたり会計を掌ったが、これを月算掛といった。

寄宿寮の生活については『日本教育史資料』七「寄宿」に記されているが、書生寮の生活の様子を記した史料がほとんどみあたらないのであるが、その唯一のものとみられるものに『諸名家孔子観[26]』に収められている南摩綱紀の「書生時代の修学状態」がある。これは、明治四十年(一九〇七)四月二十八日、孔子祭の第一回祭典において、孔子祭典会評議員の一人であった南摩綱紀が講演したものである。南摩綱紀は旧会津藩士で号を羽峰と称した。彼は弘化四年(一八四七)、書生寮に入学し、安政二年(一八五五)まで勉学しており、文政六年(一八

二三）の生まれであるから、藩命により会津藩日新館から書生寮に入学したのは二十五歳のときであった。明治四十二年四月十三日に八十七歳で死去しているので、この書生寮の生活についての講演は彼の晩年における回顧であった。次のように経験者として詳細に述べており実に興味深いものがある。長文だが、引用しておきたい。

旧幕時代に私が孔子の道を学んで、既に今日祭典（明治四十年四月二十八日第一回孔子祭典会）のありました聖廟の構ひ内に旧幕の学問所がございまして、その傍に書生寮といふものがありました。是へ私は這入つて七八年修業をいたして居りました。その時の学問の模様を少し御話いたさうかと存じます。（中略）昌平坂に学問所といふものが出来まして、元禄四年徳川五代将軍常憲公（綱吉）の時分に上野より聖廟を移して此に聖廟が出来ました。之を旧幕士の学問をする場所として昌平坂の学問所と称へてありました。その時の総裁は林大学頭後其子孫代々是に任じて居りました。その下に儒者といふものがあり、又出役などといふ者がありました。私が書生寮に居りました時に聖堂附の儒者が二人ありまして、佐藤一斎、古賀謹堂此人が学問所の地内に居宅を持ちて悉皆学問所のことを取扱ひ世話をして居ります。その外儒者は松崎満太郎、杉野平助、安積艮斎などゝいふ人がありました。その時分の学問は今とは大に違ふて、程朱の学で無ければならぬといふ事で、元来佐藤一斎といふ人は、王陽明学の人でありましたが、旧幕府の儒者にならうが為に、朱子学に変じた人であります。王陽明学では儒者になることが出来ぬといふ制度であります。夫故に一斎の経書の講釈をするに初めは朱子の説を一通り説きましてその後に王陽明の説を添へて参考の為に講釈せられた。是等を以て見ても能く分ります。それ故諸藩でも多く旧幕の制度に倣ひまして、程朱学を以て主とした藩が多かつたのであります。誠に昔の定めは窮屈なものでありました。

学問所の内に寄宿寮と書生寮と二つありました。寄宿寮は旧幕臣の寄宿して学問をする場所、書生寮は各藩の士族及庶人までも寄宿して学問をいたして居た処であります。その書生寮といふのは、南と北との二棟ありて中が続いて往来も出来るやうになつて居りました。八畳の間と六畳の間とありて、八畳の間には生徒が三人、六畳の間には二人といふ割合で、総体の書生は四十四人ほか入ることがならぬ。後から参つて入寮したいといふ者は前に居た者が退きまして、明（空）間がなければ何時までも待つて居る外ない。強いて這入り様は無いのであります。誠に日本中の各藩の士族や庶人の学問をしやうといふ場所が、唯々四十四人ほか這入られぬといふは、誠に規模の小さな者（物）で、今時から見ると私塾でも今少し大きくなければならぬ。実に怪むべき程のものでありました。又その寮中の修業の大略を一通り御話をいたします。是は生徒共が自分で修業をするといふもので、先生に教へてもらうなどゝいふ事は無い位なものであります。唯前に申した佐藤、古賀の両先生の宅に毎月会日が定つて一両度づゝ講義がありました。その時には、書生寮の生徒共は残らず出て聴かねばならぬといふ規則でありました。書生が出席することは出席しますけれ共、熱心に先生の説を聴いて修業をするなどといふ様な人は誠に少いことで坐眠などをして居たり話をして居たりする位なもので、ホンの形式に止つた位のものであります。又寮中には月一度づゝ儒者或は出役などゝいふ役人共が廻つて来ます。その時鬮を引いて輪講をいたす。是も亦名ばかり。又、起止簿といふ帳面があります。各生徒一冊づゝ是非拵へて置かねばならぬ。それに毎日何書を何処から読み始めて一日に何程読んだといふことを書かねばならぬ。それで起止簿と名付けた。是もやはり名のみで実を記す者は一人もありませぬ。右の儒者とか出役とかゞ参ります日が定まつて居る故、その日に近寄つた時、或は当日の朝などになつて、起止簿を記さねばなるまいなど（と）言つて勝手次第なことを書いて、読みもしない本などを書いて居る。それを儒者又は出役が一通り検閲すると、その側に舎長が添へ居りて閲といふ印を捺するのである。実に有名無実の極であります。

それならば書生寮の生徒はどう云ふ風に学問修業をしたかと申せば、書生同士にて或は経書、或は歴史、或は諸子、又詩文などを銘々に申合せ会を定めて稽古して居りました。此時には教師も無ければ会頭もなし、書生同士で稽古するものである故、その議論といふものは大層喧ましいことで、口から沫を飛ばし、顔を真赤にして、今に攫合でも始めやうといふ迄に非常な激論をいたす。互に充分に論じた所で自分の説が悪るかつたと気が附きまするると、あゝ我輩の説は悪かつた誤つたと云ふて笑つて止めて仕舞ひ、少しも心頭に留めずして旧との通りにまた会をいたして居るといふ様な訳である。又詩や文などの会をいたすには、書生同士で回評をいたします。是は厳しい評正をいたし、充分思ふところを書入れて廻はすといふ様なことでありましたが、斯う云ふ塩梅に修業をいたしたのが大に力になつた様に覚えます。唯々先生より一通りの講釈を聴いたばかりで無しに互に思ふ丈けのことは充分に論ずるといふのが今云ふ注入主義でなく、自分より考案研究するのである。或る年の夏同志申合せ、毎夜史論作文会を致した事がある。其方法は各人毎日昼の内に資治通鑑を一冊づゝ読み、其内より問題を選び、夜に入れば持寄りて会す。其題の内にて意に適せし題を以て、論文一篇づゝを作る。但自分の出したる題にて作る事はならぬ。作文了れば銘々帰り寝ぬ。文の出来ぬ人は暁迄も其席を去る事のならぬ定めなり、其の文をやはり会中の人々にて廻評する事でありました。是にて歴史の事を知り、又作文の修業になり、大に益を得た様に思ひます。又終日終夜或は徹夜して勉強し居る者などがありましたが、それでも誉める人も無い、さうかと云ふと一ケ月に書を三枚ほか読まぬといふ人もありました。それでも毀る人も無いといふやうな訳で、勝手次第な事でありました。

こうした書生寮での生活について、これほど具体的に記されている史料をほかにみることができない。これによると、予想外に自由であり、課業は学生の自主的な勉学にもとづき、儒官による講義のほかは学生同志の切磋琢磨によって学問が深められていたのである。決して講義中心のものではなかった。このようにして、書生寮には各藩から俊秀の者が笈を負うて相集い、そしてここから幾多の人材を世に輩出し、特に幕末の政局には甚大な影響を与えた人物もまた多い。

かくて、学問所は明治維新を迎えた。明治元年（一八六八）六月、鎮台府の大総督府使者井上勝弥によって学問所と大成殿（聖堂）が接収された。七月十七日、江戸を東京と改め、鎮台を廃止して鎮将府を設置した。その後、鎮将府はその管轄下において学問所を復興させ、「昌平学校」とした。そして同年十月、鎮将府は廃止となり、昌平学校は行政官の管轄下に移された。同年十二月、学校の官職制を改め、翌二年正月、昌平学校は開成学校とともに開学することになった。四月、昌平校の講義定日を毎月十日・十五日・二十五日と定め「在京公卿諸侯以下をして随意聴講」させたのである。[27]さらに六月「神典国典ニ依テ国体ヲ弁へ、兼而漢籍ヲ講明シ実学実用ヲ成ヲ以テ要トス」という目的をもって、昌平校を大学校と改めた。すなわち、開成所を大学南校として洋学を、医学校を大学東校として医学を教授したのに対して、昌平校は大学校と称し、それまでの漢学中心の学問を改め、皇道を尊み、国体を弁ずるため、神典国典の研究を第一としたところにその相違点が見出せるのである。[28]

二　釈奠の衰頽

幕府は、寛政期に儒学の正学すなわち朱子学復興政策として、学制の改革を実施し、学舎の改築を行い、それまで林家に委託の形態をとっていた湯島の聖堂及び学舎の直轄化をはかり、学問の興隆を促した。それにともなって聖堂（大成殿）における釈奠も儀式を整えて盛大に挙行したのであった。しかるにそれ以後、この釈奠が幕末に向ってどのように推移していったのであろうか、次に明らかにしてみたいと思う。

まず、享和期以降における釈奠の実施状況を調べてみると次のようになる。[29]

①享和　元年二月　　④同　二・八
②同　元・八　　⑤同　三・二
③同　二・二　　⑥同　三・八

⑦	文化	元・二	
⑧	同	元・八	
	同	二・二	『続徳川実紀』文化二年一月より五月まで記載を欠く
	同	二・八	
	同	三・二	『続徳川実紀』文化三年二月は六日以外記載を欠く
⑨	同	三・八	
	同	四・二	『続徳川実紀』文化四年より十二月まで記載を欠く
	同	四・八	右に同じ
⑩	同	五・二	
⑪	同	五・八	
⑫	同	六・二	
⑬	同	六・八	
⑭	同	七・二	
⑮	同	七・八	
⑯	同	八・二	
⑰	同	八・八	
⑱	同	九・二	
⑲	同	九・八	
⑳	同	一〇・二	
㉑	同	一〇・八	
㉒	同	一一・二	
㉓	同	一一・八	
㉔	同	一二・二	
	同	一二・八	
㉕	同	一三・二	
	同	一三・八	
	同	一四・二	
	同	一四・八	
	文政	元・二	
	同	元・八	
㉖	同	二・二	
㉗	同	二・八	
㉘	同	三・二	
㉙	同	三・八	
㉚	同	四・二	
㉛	同	四・八	
㉜	同	五・二	
	同	五・八	
㉝	同	六・二	
㉞	同	六・八	
㉟	同	七・二	
㊱	同	七・八	
㊲	同	八・二	

㊳同　八・八
㊴同　九・二
㊵同　九・八
㊶同　一〇・二
同　一〇・八
同　一一・二
㊷同　一一・八
㊸同　一二・二
㊹同　一二・八
㊺天保　元・二
㊻同　元・八
同　二・二
㊼同　二・八
同　三・二
同　三・八　『続徳川実紀』天保三年八月と記載を欠く
同　四・二　『続徳川実紀』天保四年の記載を欠く
同　四・八　右に同じ
同　五・二　『続徳川実紀』天保五年の記載を欠く
同　五・八　右に同じ
同　六・二　『続徳川実紀』天保六年の記載を欠く
同　六・八　右に同じ
㊽同　七・二
㊾同　七・八

㊿同　八・二
51同　八・八
52同　九・二
53同　九・八
54同　一〇・二
55同　一〇・八
同　一一・二
56同　一一・八
同　一二・二　天保一二・閏一・三〇、将軍家斉死去
同　一二・八
57同　一三・二
58同　一三・八
同　一四・二　湯島聖堂修復
同　一四・八
59弘化　元・二
60同　元・八
同　二・二
同　二・八
61同　三・四
62同　三・九
同　四・二
63同　四・八
64嘉永　元・二

(65)同　元・八
(66)同　二・二
(67)同　二・八
(68)同　三・二
(69)同　三・八
(70)同　三・一一　『続徳川実紀』二〇日、あすは聖誕干支臨時釈奠により（今日）大成殿に御側岡部因幡守（長富）代参す
(71)同　四・二
(72)同　四・八
(73)同　五・二
(74)同　五・八
(75)同　六・二
同　六・八　嘉永六・六・二二、将軍家慶死去（七月二十二日喪発）
安政　元・二
(76)同　元・八
(77)同　二・二
同　二・八
同　三・二
同　三・八
同　四・二
(78)同　四・八
(79)同　五・二
同　五・八　安政五・七・八、将軍家定死去（八月八日喪発）
同　六・二
同　六・八
(80)万延　元・二
同　元・八
文久　元・二
(81)同　元・八　『御書付』（内閣文庫所蔵）文久元・七・二七、釈奠当日御先手御目付等勤之儀、――来月十一日釈奠御祭儀朝六時過始り候間、正六時学問所江御参着可有之候、依之此段申達候
(82)同　二・二
(83)同　二・閏八　『続徳川実紀』文久二・閏八・一七、大成殿御代拝、明十八日釈奠ニ付大成殿江為御名代村松出羽守（側衆、武義）参拝（御太刀一腰、御馬代黄金一枚）
(84)同　三・二
同　三・八　『続徳川実紀』七月以降一二月まで記載を欠く
(85)元治　元・二

同　元・八　『続徳川実紀』六月以降記載を欠く
慶応　元・二　『続徳川実紀』一月より四月まで記載を欠く
同　元・八　欠く
同　二・二
同　二・八　慶応二・七・二〇、将軍家茂死去（八月二〇日喪発）

86 同　三・五　『続徳川実紀』慶応三・五・一六、昌平坂大成殿釈奠、大成殿江献備物有之候、御服中ニ付大成殿御名代無之候、明一六日於大成殿釈奠有之候
87 同　三・八　『続徳川実紀』八月二六日、大成殿御献備物、八月二七日大成殿釈奠、於大成殿釈奠有之候

この釈奠の実施状況についての史料は享和期以降激減しており、これを正確に把握することははなはだ困難な状態である。したがって史料的に問題はあるが、享和元年（一八〇一）より慶応三年（一八六七）までの六十七年間に八十七回釈奠が行われており、釈奠を欠くことは四十八回に及んでいる。ただ幕末の動乱期においても行われていたことは注目に値すると思う。

しかし、幕府の直轄下における釈奠は次第に形式的になっていったようである。享和元年二月十八日の条[30]をみると、「釈奠により聖廟に御側平岡美濃守頼長代参し、太刀馬資黄金一枚御進薦あり」と、釈奠が行われる場合、将軍の代参として釈奠の前日に側衆を遣わすことが、寛政十二年（一八〇〇）二月の釈奠[31]より行われるようになり、この慣例は釈奠の終焉まで踏襲されている。幕府は、旗本・御家人に対する学問の奨励策として、聖堂及び学舎の改革を行ったのであるが、その意図するほど興隆をみることができなかった。むしろ傍系としての書生寮の方が全国各藩から希望する者が多く、盛大になっていったのである。

右の記録は主として『続徳川実紀』より拾ったものである。長い間ほかに釈奠の記録を探し求めたのであるが、享和期以降の釈奠儀式についての詳細な記録がいまだみあたらないまま今日にいたっている。なお今後も調査を期したい。釈奠が行われなかった理由として、寛政期以前は林家が祭主として、林家の私的な色彩をもった釈奠

であったため、大学頭の病気や林家一族の不幸などによってしばしば釈奠を中止することがあった。このようなことを少なくするため、聖堂（大成殿）及び学問所を幕府の直轄とし、私的な色彩を払拭したのであるから、朝廷や将軍家の不幸や国家の大事という相当重大な事件に遭遇しない限り、釈奠が継続されたはずである。しかしなんの理由もみあたらず、釈奠中止の回数が相当数にのぼっているので、これをどう解釈したらよいものか、なお考究する余地があろう。

釈奠は二月・八月に行われることになっている[32]が、この月以外に行われた例として、弘化三年（一八四六）四月、同年九月、嘉永三年（一八五〇）十一月、慶応三年五月の四回があげられる。弘化三年四月と九月に行ったのは、これより先、同年二月十一日に仁孝天皇の崩御があり、また七月十九日には光格天皇中宮新清和院が崩御しているので変更して行われたものであろう。嘉永三年は二月・八月の両月に行っているのに、十一月二十一日に再び臨時に釈奠を行ったのは、「聖誕干支[33]」によるものである。慶応三年五月十六日に行った理由については不明であるが、ただこのとき『続徳川実紀[34]』によれば「昌平坂大成殿釈奠、大成殿江献備物有之候、御服中ニ付大成殿御名代無之候、明一六日於大成殿釈奠有之候」とあり、この「御服中ニ付」というのは、慶応二年八月二十日、将軍家茂の喪を発しているので、そのためによるものではないかと思われる。こうした変更について、林家が主体となって行った寛政期以前の釈奠においては、前述のごとくその理由を記録にとどめた史料はあったが、享和期以降、幕府の直轄下で行われた釈奠の記録はみあたらない。享和期以降における釈奠の実施記録については、『続徳川実紀』が一番多くその記録をとどめているが、管見にしてほかの文書や記録類にあまりその記録をみることはできないのである。

このような史料的制約の中で、文久元年（一八六一）八月の釈奠については『続徳川実紀』にこれをとどめていないが、内閣文庫蔵の『御書付』文久元年七月二十七日の条に「釈奠当日御先手御目付等勤之儀同断、林大学頭・林図書頭来月十一日釈奠ニ付、当日仰之通（中略）来月十一日釈奠御祭儀、朝六時過始り候間、正六時学問所江御参着可有之候、依之此段申達候、以上、酉七月」と、このとき釈奠が行われたことが明確に記されている。同様に元治元年（一八六四）八月の釈奠についても『続徳川実紀』に記載されていないが、『起止簿（学問所〈聖堂〉取締役浜田金四郎日記）』[35]元治元年の条に「八月十九日晴又雨又陰（曇）、至学校、今日釈尊（奠）祭礼」と簡単に記されている。いずれにせよ釈奠が行われたことに間違いはない。

このように『続徳川実紀』に釈奠についての記載がみられないのに、ほかの文書や記録にそれについての記載がみられることは、比較的詳細に記録されている『続徳川実紀』ではあるが、それでもなお釈奠についてはすべて記されていないことを知ることができる。さらにまた、慶応二年（一八六六）四月・八月の両度の釈奠について『続徳川実紀』には記録をとどめていないが、『昌平遺響』[36]に「慶応年間聖堂釈奠参観の記」として、当日の聖堂の様子、儀式についてその見聞が詳細に記載されている。ここに全文を掲載し、聖堂や学問所ならびに幕末期における釈奠の実態について把握しておきたい。

慶応二年寅歳、余（高橋勝弘）、徳川氏最末の釈奠を参観せしを以て、此に其大略を掲げん、此礼は大成殿にて行へり、
本殿は林家忍岡の聖廟に倣ひ、尚将軍家にて漢土の実例を考究し作りしものの由（明治三十八年台湾に遊び台
南及新竹の孔廟を一見せしに規模構造殆ど相同じ）、唐作りにて殿内及中庭とも石畳みなり、廻廊東西に連り、
南に杏壇門、入徳門あり、総て銅屋にて柱は漆塗なれば甚壮麗なり、本殿の正面に掲げたる大成殿の額は、
元禄四年将軍綱吉の書せしものなりとぞ、幕府は最も聖堂を重んじ、平時も大名数人に警衛を命じ置けり、
又諸藩よりも聖堂献上品と云ふことありしと覚ゆ、当時は兎に角日本第一の学校なりければ、全国の尊崇も
浅からず、幕府の士は北なる寄宿舎に在り、各藩の士は南の書生寮に在り、人員大抵、甲は三十名、乙は四
十名なり、林家歴代祭酒の官を司り、時を以て先聖先師に釈奠の礼を行ふ、此歳秋余は書生寮島村舎長の特

許を受け、学友両三名にて上下を着け参観せり、大成殿中には中央に文宣王即ち孔夫子の像を安んじ、左右に顔・曾・子・孟を配せり、皆龕に入れ高さ三尺計りの坐像なり、東西の壁には画像各三枚を懸けたり、宋の六君子の像なりと聞く、偖祭儀は林祭酒東廊より昇降し、京都より下れる伶人数名は昔の衣冠を着け、西廊に坐して楽を奏せり、楽器は笙、篳篥、羯鼓、磬（矩形に曲り吊したる石）などを用ゐたり、余等は其少しく南方に坐して之を観たり、いとも異様に見えしは林家其他書生の装束なり、林家は異彩の唐服を着け小袴の如きものを穿ち、笏を持ち黒き木靴を穿ち、学官・書生二三十人皆布衣とて青き長袖の衣を着し、又頭に小帽を被り、献饌には所謂簠簋籩豆などを用ゐ、一同之を目八分に捧げ、大学頭は笏を捧げて先導昇降せり、即ち、書生を率ゐて礼を行ふの意なるべし、其歩行の遅々たること泰平の世とは云ひながら落附きたるものにて、牛の歩むより遅し、一歩を挙げて一歩を下す、では稍暫く其間あり、揖譲周旋甚恭し、大学頭の大成殿へ昇降すること幾回なるかを知らず、九献など云ふ礼なるべし、抑も我邦にて此礼ありしは、王朝の盛時より降て足利学校に行はれ、千百年の古式なるが此時のは其終りなり、参観の間余は恍として親しく闕里に遊び、先聖先師七十二弟子に接せるが如く、景仰の余り徘徊して去ること能はざりし、此聖像は維新後に伝はり、明治三年迄は大成殿も故の如くなりしが、大学廃止の後は幸橋内に博物館を開き、洋学流行破壊主義盛にして、廃藩の後、先を争ひて城郭を毀ちなどする勢なれば、此像を博物館に陳列して田夫野人の目に暴らし、却て卓見とせるが如し、歴代上下の尊崇せしものを斯くするにも及ばぬことなれど、世の勢と云ふものは是非もなき次第なり（勝弘記）

この引用文の冒頭に、慶応二年の釈奠が「徳川氏最末の釈奠」と述べているが、しかし『続徳川実紀』によると、慶応三年の五月と八月にも行われている。したがってこの慶応三年八月の釈奠が現在のところ江戸幕府における最後の釈奠とみなされる。かくして明治二年八月、大学校の大講堂において、国学者を中心に「八心思兼命」を祭神として学神祭[37]が行われることにより、ここに儒者を中心とせる幕府の釈奠に終止符が打たれたのである。

おわりに

以上、享和期以降、釈奠の終焉にいたる経緯を考察した。『続徳川実紀』にみられるごとく、享和期以降数多く釈奠を実施していたことを記録にとどめておりながら、なぜこの釈奠に関する準備や当日の儀式などについて、寛政期以前の釈奠のような詳細なる記録が残っていないのであろうか。このことについては、寛政期以前の釈奠はいわゆる林家の釈奠として行われていたものであって、林家が釈奠ごとにいちいち儀式の先例を調査し、儀式を整えて行っていたので、それが記録として残されている。然るに、聖堂（大成殿）が寛政期から幕府の直轄下におかれるようになり、釈奠の祭主は従前通り林大学頭が務めたが、釈奠は幕府の直接支配監督下において行われるようになった。そこで幕府は学制改革の一環として、寛政十二年（一八〇〇）に釈奠についての調査研究を施して、『釈奠私儀』[38]という膨大な儀式の典例を作りあげたのである。以後、幕府の釈奠はこの『釈奠私儀』によることが定められたので、釈奠については特別に問題にすることなく、この『釈奠私儀』にもとづいて行い、それが次第に形式的に行われるようになっていったのではなかろうかと思われる。それは、寛政期に作られた『釈奠私儀』がその後数多く筆写され、それに釈奠ごとに朱筆を加え、または付箋にて省略して行っている様子からもうかがえるのである。[39]

このように釈奠が形骸化していったにせよ、あの幕末の動乱期においてもこれを継続して、慶応三年まで行われた事実は注目に値する。しかし明治維新を迎え、学問所に改革を加えて大学校とし、釈奠をやめて国学者を中心に祭神として新たに「八心思兼命」を大講堂に祭り、明治二年（一八六九）八月二日、学神祭を執行した。これにより、各藩においてもそれまでの釈奠は急速に衰え、聖堂の姿は消滅するにいたったのである。かくして長い間、学問の府として伝統的な権威を誇った湯島聖堂の釈奠が、短期間のうちに急激に崩れ去っていった。

(1)『日本教育史資料』七・寄宿「寄宿諸取扱之儀定」
(2)同右
(3)『日本教育史資料』七・寄宿所収「寄宿規則」を抄録した。
(4)同右「寄宿概略」
(5)( )内の年号は大学頭在職期間を示す。
(6)『大日本近世史料・柳営補任五』(東京大学出版会)
(7)「吏徴」「吏徴別録」(『続々群書類従』第七・法制部)
(8)『大日本近世史料・柳営補任六』『日本教育史資料』七・職員「学問所奉行」
新訂増補国史大系51『続徳川実紀』第四篇(吉川弘文館)文久二年十一月十四日条(以下『続徳川実紀』と略記)
その他の学問所職員として
　学問所頭取
　学問所頭取並
　学問所取締役
　学問所取締役並
　教授方手伝役
の役職が設けられている(『日本教育史資料』七・職員「儒職歴任録」)
(9)『続徳川実紀』第一篇〜第五篇
(10)『徳川禁令考』前集第三・一四六二号文書

(11) 同右前集第三・一四七七号文書
(12) 同右前集第三・一四七八号文書
(13) 同右前集第四・二二〇六号文書
(14) 同右前集第四・二二一二号文書
(15) 本書第一篇第三章参照
「日本教育史資料」七・寄宿「学問所書生寮増之儀書付」
(16) 「日本教育史資料」七・寄宿「書生寮概略」
三十人扶持は書生寮の小遣いの手当、鍋釜、道具類、諸雑費にあてている。
(17) 鈴木三八男『「昌平黌」物語』(斯文会)
(18) 『日本教育史資料』七・寄宿「学問所之儀に付申上候書付」
(19) 『続徳川実紀』第二篇
(20) 同右
(21) 同右
(22) 『日本教育史資料』七・寄宿「書生寮学規」(弘化三年十二月の条)
(23) 同右・内規定(同右)
(24) 『日本教育史資料』七・寄宿「書生寮掲示」(慶応二年丙寅五月より書生寮一件帳抄)
(25) 同右
(26) 孔子祭典会編纂『諸名家孔子観』附先哲遺墨・聖堂略志(明治四十三年四月十九日、博文館)
(27) 『東京帝国大学五十年史』〈上・下冊〉(東京帝国大学)
高橋勝弘『昌平遺響』(斯文会蔵、明治四十五年)
(28) 同右
(29) 『続徳川実紀』第一篇~第五篇
高橋勝弘『昌平遺響』

(30)『浜田金四郎日記』（都立中央図書館蔵）『御書付』（内閣文庫蔵）
(31)『続徳川実紀』第一篇
(32)本書第一篇第四章参照
(33)本書第一篇第一章参照
(34)『続徳川実紀』第二篇
(35)『続徳川実紀』第五篇
(36)東京都立中央図書館所蔵
(37)高橋勝弘『昌平遺響』
(38)『東京帝国大学五十年史』
(39)尊経閣文庫・内閣文庫蔵
本書第一篇第四章参照
『釈奠私議』（尊経閣文庫・内閣文庫蔵）

第二篇　諸藩の釈奠と教育

第一章　米沢藩興譲館の釈奠

はじめに

近世になって藩学の興隆にともない、儒学の祖と仰がれている先聖文宣王すなわち孔子を主神として、先師四配（顔子・曽子・子思・孟子）および従祀に対する尊崇の念がとみに高まり、多くの藩では学館の設立とともに聖堂を設けて祭礼を行うようになった。また、聖堂の建立をみなかった藩においても先聖・先師を木主、木像、銅像、幅幀として釈奠を行い、学問に対する慇懃な態度を示している。

日本における釈奠の起源は大宝元年[1]（七〇一）に求められ、以来、中国の典例にもとづきながら次第に祭礼が整えられてきた。それが近世にいたり各藩の釈奠をみると、いささかなりともその形式及び性格を異にしている面がある。そこで、著者の関心はこうした諸藩の釈奠の具体相を考察することによって、近世儒学の本質がいったいどのようなものであったかを明らかにすることにある。まず本章では米沢藩興譲館を取りあげ、その釈奠の実態を分析することから筆を進めたい。

一　聖堂の沿革

米沢藩の聖堂の創設は元禄十年（一六九七）にさかのぼることができる。すなわち元禄十年六月十五日に学問所を創立し、さらに同年十一月二十九日に聖堂を建立して遷座を行っている。これまで藩の儒医矢尾板三印（諱伯章、号拙谷）が私邸に聖堂を設け私的に春秋の釈奠を行っていた。それを藩主上杉綱憲が三印に命じて改造させ、これを感麟殿と名付け、その傍らに講堂を建てて三印に預けたのであった。かくて翌年三月、三印を祭主として釈奠を行い、綱憲が自らこれに臨み、次いで三印は『論語』を、その子息允易が『大学』をそれぞれ講じた。(2)これが米沢藩における釈奠の嚆矢である。幕府が元禄四年（一六九一）二月に孔子像を湯島聖堂(3)に遷座したのに遅れること六年にして、米沢藩は聖堂の建立をみたのであるから、他藩に比してその歴史は古い。

二　聖堂の遷座と矢尾板三印

元禄十年十一月二十九日の遷座については『聖堂遷座誌』(4)にその記録をとどめている。これによると、当日卯の上刻に聖堂中門の外側を足軽二人に警固させ、門の外側に「清道」と大書した旌を両側に建て、聖堂内には「七十子」(5)の二幅を東西に懸け、その準備を整え、卯の刻に遷座が行われた。このとき、矢尾板三印の私邸から感麟殿に神輿を担ったものは、矢尾板忠右衛門、樫村五兵衛、登坂新之丞、佐藤源太夫らであり、またこれに供奉した者は塾主矢尾板三印、同允易、同玄伯、市川源五右衛門、小島玄仙、綿貫惣三郎、笹生常五郎、佐藤長左衛門らであった。

塾主のみが堂内に入り、他の者は堂の東西の縁にそれぞれ着座する。そして聖櫝が安置され、安置が終わると聖前の簾を下げる。聖櫝の安置には「見計」として佐藤長左衛門、大工松浦源太郎があたり、聖前の下簾には登坂新之丞、佐藤源太夫の二名がその掌にあたった。そこで賛者(6)は諸生に中門内の廊下に着座することを告げる。次に塾主は介者市川源五右衛門をともなって盥洗を行う。このとき、登坂新之丞、佐藤源太夫により食案が備えられ、聖前の簾および東西の座にかけてある七十子幅幀前の簾を揚げ、その後、奠供が行われる。奠供の次第はまず聖前の右に樫村五兵衛、中に登坂新之丞、左に佐藤源太夫を付け、七十子幅幀の東西の座には東に市川源五右衛門、西に樫村五兵衛、佐藤源太夫をその掌にあて、聖前から東西の座と順次に次のごとく奠供が行われる。

聖前江

右　樫村五兵衛
爵　中　登坂新之丞
左　佐藤源太夫

東西之座江

東　市川源五右衛門
爵　二台宛　同　登坂新之丞
西　樫村五兵衛
同　佐藤源太夫

聖前江

方坫　赤飯　右　登坂新之丞
餅粢　白餅　二籩
粟餅　左　佐藤源太夫

丸坫 梨子
菓 栗 二豆 中 樫村五兵衛
榛
東西之座江
方坫 赤飯 東 市川源五右衛門
西 登坂新之丞
餅粢 白餅 一簋宛 東 佐藤源太夫
粟餅 西 樫村五兵衛
聖前江
熨斗鮑 塩引 右 登坂新之丞
牲 同 同 三俎 中 市川源五右衛門
同 同 左 佐藤源太夫
東西之座江
熨斗鮑 塩引 東 登坂新之丞
牲 同 同 一俎宛
同 同 西 佐藤源太夫

このほか、聖前に「陶」三個を、東西の座に「陶」一個を献じ、次に香案を置き、それに聖前には「香炉」一個、「香合」一個、「燭」二個、東西の座に「燭」一個をそれぞれそなえる。これが終わると登坂新之丞は塾主に拝礼を告げて退き、そこで塾主は両拝して階下に退くと、樫村一左衛門が祝版と詩を台に載せ、これを西方の食案と香案の間に文字を西面にして置く。続いて矢尾板三印が祝版の前に東面して座り、次のような告文[7]を読む。

維元禄十年歳次丁丑冬十一月二十有九日乙巳謹昭告于先聖文宣王曰、於乎聖教万世所存合明日月均徳乾坤貽六経典、裒群聖言期仰不朽余栄最蕃越、建聖堂則啓殿門設聖容座垂霊徳痕、顔回左位曾参右方聖師伝道弟子襲芳遹(遵)守彝訓保〆憲章此是盛挙可謂嘉祥須寿、国脉尤安家郷沐浴恩霈発揮神光仁義可学、忠孝亦彰無用牲幣有覩羮墻粢盛有品菓籩醴觴、尚其歆鑒祈禧綿長、

羽州後学矢印(矢尾板三印)拝書

読み終わると祝版を香案の上に字を西面にして置き、台は東座の南に置いて退座する。次に塾主が階に昇り香案の前にて四拝し、終わって西座の側に跪座する。これに続いて門弟の拝礼が行われ、十四名[8]の門弟が順次聖前において拱手両拝を行い東西の縁に退座する。講師登坂新之丞は祝版の台を取り、東の座につき南面して詩を読む。このとき、詩を献章した者には塾主矢尾板三印以下十五名[9]がみえており、いずれも三印とその門弟である。三印は「梅有太平字」と題し、

宣尼廟宇落成新、玉色梅花徳有鄰、幸遇太平無事日、儒流猶潤聖時人、

と詠んでいる。

講師が読詩する際に詩作者の名を読むのであるが、その間、詩作者は座拝を行う。講師が十五名の詩を読み終わると詩を台に載せて退座する。次に樫村一左衛門は書格を香案の西方に西面して置き、勝俣新四郎は書格の下に書物を供える。そこで塾主による『論語』為政篇の講釈が行われる。終わると諸生は座拝して退き、これに次いで普請奉行小野塚四郎右衛門、同小島太左衛門、大工頭松浦源太郎の拝礼があって、聖堂における遷座式が終了した。その後、奉行衆・小姓頭衆の招請により、講堂において塾主の講釈[10]があり、二汁七菜の料理をもって饗

宴が催され、拍子組により「難波」「羽衣」「養老」などの仕舞が行われた。

以上が元禄十年十一月二十九日に執り行われた聖堂遷座式の概要である。かくして聖堂は矢尾板三印の私的なものから公的な藩の聖堂へと移っていったことは、林家の忍岡聖堂から幕府の湯島聖堂へ遷座が行われたこととはなはだ酷似している。

かくのごとく公的性格を帯びた感麟殿に藩主綱憲の参詣が行われたのは翌年三月二十二日であった。[11] この日、綱憲は午の下刻に参詣し、矢尾板三印父子はこれを御成門外に迎えて案内した。綱憲は聖前に「御太刀銀馬代銀子弐枚」を献上したのち、聖前に拝礼した。終わって神酒の飲福が行われ、それから講堂に立寄った。ここで三印は綱憲に硯一面、水入一個、肴一種を献上し、綱憲は矢尾板三印に銀子五枚、その子允易に金子三百疋、三印の妻に綿五把、三印の娘に金子二百疋をそれぞれ与えた。綱憲はまた三印父子に講読を命じ、三印より『論語』を、允易から『大学』を聴聞している。講読が終わると、三印は綱憲に蕎麦切、吸物、酒をもってもてなした。その後、講経を命ぜられた矢尾板玄伯が『論語』、同忠右衛門が『孟子』、登坂新之丞が『大学』をそれぞれ講釈し、綱憲は申の下刻に帰城したのである。そこで三印父子は参詣の礼として登城した。

これが元禄十一年三月二十二日に行われた綱憲の聖堂参詣である。綱憲はその後、元禄十五年二月十九日に聖堂の参詣を行っている。以上のごとく、綱憲は儒学の振興をはかり、学問所ならびに聖堂、すなわち感麟殿を設け、儒職矢尾板三印をしてその目的を果たしたのであったが、綱憲は宝永元年（一七〇四）六月二日に卒し、また矢尾板三印も翌年五月三日にこの世を去った。

三　藩儒片山家の「自分釈奠」

綱憲の跡を継いだ藩主吉憲は、矢尾板三印の死後、矢尾板家の儒職を免じ、新たに宝永二年十一月、江州の儒医片山元僴[12]を招聘してこれに任じ、さらに文教興隆の態度を示したのであった。しかし、米沢藩の財政は寛文四年（一六六四）の領地半減以来、次第に困窮の度を増し、吉憲の執政に及び一層深刻化するにいたった。すなわち、宝永元年に幕府から江戸城の石垣造営を命ぜられた際、その経費捻出のため諸士に借上げを命じており[13]、また享保五年（一七二〇）には、百年来の大凶作に遭い、「御蔵金今年別而御逼迫[14]」というほどに藩財政は疲弊困憊したのであった。かくのごとき状態であったから、釈奠も自然その命脈を保つ程度であり、積極的な文教政策はみられなかった。しかるに享保九年に、

御祭儀御執行之儀、享保九年二月釈菜迄無御断絶御執行御座候処、同七月中以来釈菜並年始節分之御祭儀共ニ御止メ被遊之旨被仰付候[15]、

と、遂に公儀釈奠を中止するのやむなきにいたった。

そこで儒職片山家は、「釈菜之御例断絶仕処奉痛且ハ奉怖神意、享保十年より自分経営を以[16]」というように、享保十年以降は片山家が自らの手で行う、いわゆる「自分釈奠」により、断絶することなく辛うじてその命脈を保ったのである。片山家の「自分釈奠」は次のごとき次第で行われた[17]。

一、竜之旗　二流相建
一、清道之旗　二流相建
一、御　幕　一　対
規　式
一、屋形（治憲）様御進献相備申役付　五人
一、大殿（重定）様御進献物相備申役付　三人
一、式部（勝延）様　同　断

一、清道者　壱人

一、奠供者　二十三人

右ハ聖堂江供物相備申役付

一、犠献　壱人

右ハ鴨鳴之類相備申役付

一、司陶　四人

右ハ神酒相備申役付

一、祝詞　六人

右祝詞ハ闕里志ニ相見申候祝詞之文、神酒聖前江奉献節高声高音ニ読ミ申事ニ御座候

一、香炉　壱人

右ハ麒麟之香炉ニ御座候

右相備申役付

一、香合　一人

右相備申役付

一、燭台　四人

右御燈明相備申役付

一、祝盤　一人

右ハ告文を載候台相備申役付

一、告文読　一人

右告文ハ聖前を奉祭候祭文ニ御座候、是ハ釈菜毎ニ新ニ制作仕国家泰平を禱り奉ル文ニ御座候

一、詩　吟　　壱人

右ハ釈菜ニ付詩之題を差出申ニ付門人献章仕候間是を高声ニ読ミ申役付

当時式部様毎年御献章被遊候

但御献章ハ読不申相備申事ニ御座候

右詩之題釈菜廿日計前ニ差出、式部様江も差上申候

一、書　格　　壱人

右見台持出之役付

一、書　物　　一人

右持出之役付

一、講　談　　父子

右経書之内於聖堂講談仕候

一、賛　者　　弐人

右ハ聖堂江相詰見量仕役付

一、斎　者

右ハ釈菜惣取量之役者ニ御座候

〆

右役付之諸生二行立拝礼、神酒頂戴仕儀ニ御座候、

という次第及び役付けをもって執り行われている。これをみると、元禄十年（一六九七）十一月二十九日の遷座

における奠供のごとき詳細な記録はみられない。けれども釈奠の次第については簡素であるが、ほぼ同様の形式で行っていることが知られる。片山家は自分釈奠について、

> 公儀御祭礼之節ハ御備物役付等相違候へ共、前ニ相記申候通以前より之釈菜御礼式之大方ハ相失ヒ不申、是迄執行仕来申候[18]、

と、自分釈奠といえども出来うる限り公儀釈奠の礼式を堅持する態度を示してきた。その後、藩主吉憲から宗憲を経て、宗房の跡を継いだ重定は、片山家の自分釈奠に対して積極的に援助を施すようになった。このようなことは藩の財政に関係なく、藩主の尊崇態度のいかんにかかわるものであろう。藩財政の困窮が極度に達し、明和元年（一七六四）幕府に藩籍の返納を決意したほどの重定が、自分釈奠に、

> 大殿様（重定）御入部翌年延享五年三月中釈菜之儀被聞召上以来、御内証より神酒五升塩鮭壱尺赤飯壱斗御備被遊之段被仰出候間、取量仕候様ニ御小姓頭より釈菜前日奉文を以被仰付、以来御備被遊、当時新御殿（重定）より神酒塩鮭御備被遊候[19]、

と、尊崇の態度を示した。さらに、次の治憲も襲封当初の明和四年（一七六七）八月、自分釈奠に対し[20]、

> 大殿様（重定）御代之通御備被遊候、且つ以来ハ右御品表向より御進献被遊之段被仰付候、其砌御燈明御備被遊度御伺申上候処、二十匁懸蠟燭四挺御渡被成之段被仰付候、依之当時（明和四年八月）御進献物
>
> 一、神酒　五升
>
> 一、塩鮭　壱尺
>
> 一、赤飯　壱斗
>
> 一、蠟燭　二十匁 四挺

と、かくのごとき供物を進献し、重定と同様に尊崇の態度を示している。かくて片山家による自分釈奠も重定以

来盛況の度を増してきたのであった。なお、公儀釈奠と自分釈奠で異なる点は、以上のほかに春の釈奠を公儀釈奠では二月上丁と定めているのに対して、自分釈奠では気候を見計らって執行することにある。事実、明和七年（一七七〇）の釈奠は三月晦日に行った[21]。

四　上杉治憲の襲封と「公儀釈奠」

片山家の自分釈奠も、明和八年八月十九日に行った治憲の聖堂参詣により、公儀釈奠再興の端緒となった[22]。治憲は襲封以来特に学問の再興に意を注ぎ、自ら学問に励み、翌九年五月、儒者細井平洲を招聘したのであった。これがまた興譲館再興の契機となり、安永五年（一七七六）四月十九日、新たに聖堂並びに興譲館の落成をみるにいたった[23]。しかして儒臣片山一積、同神保綱忠を提学に任命し、同月二十六日に公儀釈奠を執り行っている。別に記録は残されていないが、その模様は『鷹山公世紀[24]』に、

公（治憲）、世子御同道学館に入り、釈奠の礼を挙行せらる。是日早朝祭酒片山一積奉迎として登城、公官服を着け行列を正して御臨館あり、提学及定詰生一同礼服を着して出迎す。祭酒御先導御着席神保綱忠及定詰生皆祭儀係と為り、祭式を執行す。太刀馬代の御献備あり、式畢て御礼拝あらせらる。尋て講堂に於て両提学に講釈被仰付、

と記されている。おそらく片山家の自分釈奠と元禄十年の先例にもとづいて行われたものであろう。翌六年に公儀釈奠の典例として『釈奠ニ付聖前江御備物定例御進献並諸用申立之覚[25]』を作成したが、これが安永五年の釈奠でもあったと考えられる。その内容は次のごときものである。

御太刀、御目録　銀一枚

塩鮭一尺、神酒五升

右者屋形(治憲)様御分
塩鮭一尺、御樽壱荷
右者喜平治(治広)様御分

という公儀すなわち藩主父子よりの進献があり、釈奠の備物として、

挽沈者四匁目、蠟燭四拾四挺、大串貝拾弐、氷蒟八枚、はたよし芋四ツ、昆布壱把半、鯣七拾枚、小豆六合、糯上白三升、水引金銀三把、土器拾七、犠献、塩鱖壱尾、さし酒弐升、栗三拾、榛五合、但此品無之節者榧、黍三合、梨八ツ、稷三合、鯛壱尺位之品壱尾、鯇壱尺位之品弐尾、鰹一ふし、生肴鯇鯉七八寸位、拾、みかきはし弐拾膳、神酒御引足分無数、大津軽壱束、上中折四帖、筋引壱帖、警固[26]五人、置熨斗壱飾、三方壱、桶中壱、上布祭器布巾三尺、下布御聖堂布巾三尺、染布祭器覆三丈六尺、竹さる中壱、酌(杓)子壱本、柄杓中小弐本、

以上の諸品を釈奠の前日まで調える。

釈奠当日は「奠供之式」にのっとり左記のごとく奠供を行った。

聖前御目録御太刀、聖前塩鱖　聖前陶陶　聖前赤飯同　大殿(重定)様御進献　聖前塩鱖陶陶　喜平治(治広)様御進献　前同断　相模(勝熙)様御進
献　前同断　聖前爵同同　捲御簾　両廡爵同　同同同　聖前赤飯同同　両廡赤飯同　聖前栗榛梨黍稷稲　両廡同同　両廡黍稷稲同　聖前
和羹同　両廡和羹同　聖前鮮魚同同　両廡鮮魚同　聖前犠献(祭酒進献)　聖前鮮魚(提学進献)　同陶同同　両廡同同　同同同　開櫝扉
献了再拝献酒　祝詞　香炉　香合　聖前燭台同　両廡燭台同　祝盤　炷香再拝階下拱手告文、昇階炷香再拝、御
拝礼、献章、詩吟、書格、書物、講談、右終而御拝礼、

これは元禄の先例によったものであることがうかがわれる。

治憲は隠居の前年、すなわち天明四年（一七八四）二月二十二日に聖堂の参詣を行い、その記録に次に掲げる

『天明四年二月廿二日、釈菜ニ付聖堂江被遊御参詣候行事』(27)というのがある。

廿二日(天明四年二月)、一、聖堂江御参詣、但今日釈菜ニ付規式を茂被遊御覧候付而釈菜規式前より被為入、依之片山紀兵衛(一積)為御案内、明半時登城当番御中之間年寄を以御案内申上之御中之間上御縁通ニ而、御小姓頭江謁之（中略）一、御太刀馬代銀一枚屋形様(治憲)より右御太刀目録日小屋役人持参御先詰之御小姓江相渡、且又御馬代可被成下物、右役方持参御先詰之六人年寄江引渡相退、一、塩鮭一尺、一、御樽一荷若殿様(治広)より右御進献ニ付御台所より日小屋役方を以差廻、釈菜役付之者江相渡之、警固之覚、一、御成御門前並裏門前弐人、一、同御門内壱人、一、聖堂裏通土手之上壱人、一、片山屋敷内壱人、右明半時より御帰城迄相詰居、一、御出迎御送共ニ相勤候面々、一、片山紀兵衛、神保容助長屋下ニ伺公(候)、一、定詰之学生中右同所江引離伺公(候)、自分入料を以定詰之者茂右続ニ伺公(候)、右何茂御中之間披露、一、普請方、学館之役方御門内ニ伺公(候)、一、毛利内匠御中之間年寄壱人段階之南敷出ニ伺公(候)、一、聖堂中門前ニ而御下乗、御供返、但御中之間年寄壱人、大小姓弐人、御中之間弐人、御小者弐人、御小遣壱人為御用御残し、一、御成座敷御上段御着座、御下乗より片山紀兵衛御案内、釈菜被成御覧候付右之通被為入、一、釈菜規式帳御小姓頭を以紀兵衛上之、一、金子三百疋片山紀兵衛、一、同弐百疋神保容助、右者御二之間上より二畳目江大小姓、持出御小姓頭中座、紀兵衛容助壱人宛江召出、今日御成ニ付被成下旨御小姓頭申伝之頂戴相退、於御次御礼申上之、御小姓頭御前江罷出御礼之趣申上之、一、西堀園右衛門、大石源三壱人宛被召出御小姓頭披露、右終而釈菜規式相始候段御小姓頭江紀兵衛御伺申上之、拍子木立之、釈菜規式相始、御二之間江御小姓頭御近習中相詰、右式終而堂内掃除等相済紀兵衛、容助聖堂を下り、紀兵衛御小姓を以被遊御参詣候様申上之、一、釈菜役付並参詣之門人学寮通並紀兵衛座敷江各相詰、一、聖堂江御参詣ニ付被遊、御手水、右御拝礼終而神酒被遊御頂戴付御小姓頭並紀兵衛堂内江相詰御取扱勤之、御参詣終而被遊御召替、一、御上段御着座、一、紀兵衛、容助講釈被聞召上候付而御家老御小姓頭御近習中御二之間江相詰、御小姓頭中座被召寄会釈之、紀兵衛、容助壱人宛御同席江入見台御免伝之、論語申上之退去之節御小姓頭江於御前御礼申上之御取合有之、右終而一、御肴一折片山紀兵衛上、一、同一折神保容助上、右御成ニ付差上候付而御二之間上より二畳目江、右終而一、片山紀兵衛、神保容助御二之間より二畳目江壱人宛被召出御盃被成下御直之御肴被下旨内匠申伝之、但御酌御小姓相勤之、一、御先詰並御供廻共ニ御酒御肴二種ニ而被成下、右終而一、御帰城、御行列如前々、一、片山紀兵衛、神保容助登城、今日聖堂江御成ニ付被召出御盃頂戴御直之御肴被成下、随而拝領物被仰付候、御礼奥御取次江謁之、

治憲の聖堂参詣は以上の規式をもって行われた。かくて治憲は翌五年二月に隠居し封を治広に譲ったが、その直前の正月に「御規式、都て安永八年以前の旧制に復す(28)」ことを命じた。そこで興譲館は、釈奠の規式として安永六年の『釈奠ニ付聖前江御備物定例御進献並諸用申立之覚』をもとに、詳細な典礼及び行事について記した。これが「釈奠行事(29)」で、寛政以降における釈奠の典例(30)となった。

これによると、釈奠の準備は二十日前から始められる。二十日前に祭主が覚書をもって用番に釈奠の期日を告げ、さらに諸生にその日限を示達するとともに、興譲館の講堂・食堂及び玄関に張り出す。十日前には諸生の役付けを申し渡す。六日前には祭主が新殿、小姓頭へ釈奠の際の進献について覚書に例書を添えて差し出す。五日前には祭主、斎者、神厨方が立会のもとに諸用品を神厨方より受け取り、かつ用品の点検をする。典籍(31)は告文、献章、祝詞をその係に渡し稽古させる。四日前には神厨を掃除し、主財より諸道具を受け取る。三日前には斎者が祭器を揃える。祭前日には祭式稽古、奠供の品の検分、赤飯及び和羹の煮立、聖堂及び諸場所へ幕を打ち、聖堂の掃除、供物の盛立、献立の準備をする。献章は都講(32)が一瞥して詩吟へ渡す。講堂その他の場所に座札をかける。かくて釈奠当日を迎える。以上がその概略である。

寛政期にいたり、この『釈奠行事』に準拠して盛大な釈奠が行われ、これにともない学問も非常に興隆した。(33)ただ、基本的には『釈奠行事』に準拠して行われたものの前述のごとく釈奠のつどこれに訂正を加えているので、その変遷を知ることができる。

この寛政期に訂正した部分を整理して新たに作成したのが、享和二年（一八〇二）の『釈奠行事』(34)であり、これには「享和二年二月十六日釈奠之節改之」と奥書が記されている。内容は従来の『釈奠行事』とほぼ同様であるが、寛政十二年（一八〇〇）に大きな改革を行った点を記載している。すなわち、

一、是迄御祭事祭酒江被仰付候所、今度より御直祭と被仰出候事

一、御熨斗目御長袴之所、御烏帽子御直垂ニ相改候事、

一、御祭文、君上御届之事、

　但、督学作文入御内覧候上書法ヲ正し、中書して御小姓頭江差出候得者、御右筆清書御印奈（捺）被遊候上御渡ニ相成候事、

一、御祭文唱候儀、学長、捴鑒（監）之者江被仰付候事、

と、直祭と称し、公儀釈奠の性格を強めて厳粛なものにしたのであった。また、今まで進献として銀子一枚ないし二枚であったのを、このときから安永の新貨である「南鐐三片」を供えるようになった。享和二年の『釈奠行事』に享和三年以降の付箋、註記が施されていることから、これが以後の典例となったのである。

享和以降の釈奠の記録は、天保三年（一八三二）二月十九日の『釈奠ニ付聖堂江御名代之行事』(35)というのがある。これには藩主斉定の名代として奉行職莅戸政在が太刀、馬代を進献し、祭文は芦川良助が行ったことを記している。また、同日の参詣について記した『釈奠ニ付若殿様聖堂江被遊御参詣候行事』(36)がある。若殿様とは、斉定の世子斉憲のことである。このとき供奉した者は、奉行、江戸家老、中老、傅役、中之間年寄、側役、小姓、

医師、小坊主などであった。斉憲は南鐐一片を進献して参詣し、参詣後、香坂登に『論語』を講釈させている。米沢市立図書館所蔵の『釈奠関係記録』として、このほかに文政九年（一八二六）の『釈奠行事』、天保五年の『釈奠賛者神厨方諸例行事』、弘化三年（一八四六）の『魚鳥奠供図』などがある。いずれも享和二年の『釈奠行事』にもとづき、これを簡素化したものか、または補足して作られたものである。天保五年以後明治維新までのものはみあたらないが、享和二年の『釈奠行事』に文久・元治・慶応(37)の各時期に加筆訂正を加えた箇所があるので、米沢藩の釈奠は絶えることなく行われたものと考えられる。しかし、釈奠の内容は非常に簡素なものであった。そして、戊辰戦争の折は興譲館の閉鎖により中止せざるを得なかった。

五　明治以降の釈奠

明治以降の釈奠については、明治十二年（一八七九）五月十五日の『御祭事ニ付諸買上物払帳』(38)、翌年五月八日の『聖堂鷹山公御例祭ニ付』(39)という記録がある。翌十三年の釈奠は、鷹山（治憲）を合祀して行った。このときの奠供をみると、聖前に「雁壱羽、塩引弐本、独鈷拾本、餅壱重、神酒、燈明、香炉」を供え、鷹山の前には「神酒、燈明、餅壱重、鯣、塩引弐本、独鈷拾本」を献供して行われた。これは米沢中学校の主催で行われたものである。明治十四年五月十三日にも釈奠を行い、六十三人の出席者があったことを記している。(40)翌十五年九月二十五日には遷座式が盛大に行われた。(41)これは元治元年の聖堂及び学館の類焼により、その後、門東町（旧市役所附近）に移ったが、明治十四年に私立米沢中学校が屋代町上ノ丁の昌寿院御殿跡に移転した際、この聖堂も同地に遷座したのであった。その模様は、「朝飯後、校長以下塾生迄一統出勤、御行事之通、諸品御備へ終て御祭事執行、教員並塾生迄拝礼」という次第によって行われた。

奠供は次のごとくである。

聖前へ
　塩鰤　弐尾　　梨　弐台
　栗　弐台　　葡萄　壱台
　燭台　壱対　　香炉（香合カ）（壱台カ）
　陶　壱対　　和戸　壱台
両廡
　栗　一台ツツ　　梨　壱台ツツ
　葡萄　壱台ツツ　　陶　壱対ツツ
鷹山公
　塩鰤　弐本　　陶　壱対
　梨　壱台　　栗　壱台
　葡萄　壱対

これは明治時代を通して最も盛大に行われたものである。次いで、十六年六月十二日、十七年五月十七日、十八年五月七日、十九年五月十七日にも行った記録[42]があるが、いずれも小規模のものであった。十九年を最後にそれ以降の記録はみあたらないが、それはおそらく行われなかったためではないかと思う。

その後、聖堂及び私立米沢中学校は、十九年に旧米沢城の北堀端に校舎を新築し、さらに三十四年九月に同校は山形県立米沢中学校となり、米沢市内関東町に新築移転したのであった。これが昭和六十三年六月移転前までの山形県立米沢興譲館高等学校の前身である。[43]このとき、聖堂は中学校から離れ、御守町にあった米沢図書館の敷地に移された。昭和十三年（一九三八）八月、中学校側の要請により、聖堂は再び中学校の校庭に移したが、のちにまた御守町文珠堂境内の一隅に移された。これが保存されて現在にいたっている。この聖堂内には、今なお、元禄十年に金沢彦六が彫刻したものと伝えられる孔子・顔子・曾子の木像が安置されている。

おわりに

以上、米沢藩の釈奠について述べたのであるが、藩は幕府の聖堂建立及び儒学興隆にならい、元禄十年に聖堂及び学問所を設置したのであった。その後、公儀釈奠から自分釈奠へとその変遷がみられるが、これは学館の盛衰と一致することは勿論である。この盛衰は藩財政に起因することも見逃せないが、しかし、藩主の学問に対する態度が大きな影響を与えている。

米沢藩は、矢尾板家及び片山家など碩学の儒臣を擁し、さらに江戸より折衷学派の巨匠細井平洲を招聘するなど、人材に恵まれたこと、さらに他藩に比して聖堂及び学館の創建が古く、かつ江戸時代を通して聖堂への尊崇も篤かったことと相俟って学問の隆盛をみたのであった。釈奠は湯島聖堂の例に準じ、さらに『延喜式』など故実にその典礼を求めて改善され、藩の実情に則して行われたのである。明治以後は、学校教育の変遷にともない、教育勅語の奉戴、天皇御真影の崇拝により愛国の精神を昂揚し、郷土の名君崇敬によって、郷土愛の精神が深められた。そのため、聖堂に対する崇敬の度合が次第に薄れていく結果を招いたものと考えられる。(44)

(1)『続日本紀』大宝元年二月丁巳条(新日本古典文学大系、岩波書店)
(2)拙稿「米沢興譲館の創立」(『国史学』七四号)
(3)本書第一篇第一章参照
(4)米沢市立図書館蔵
(5)聖堂の主神は孔子であるが、このほかに配享する場合、四配四坐を祭るか、孔子の七十二弟子またはその他の神を祭るかは藩により多少異なる場合がある。
聖門諸弟子の従祀について、名古屋藩継述館総裁細井甚三郎(平洲)の建議(天明五年十月)に詳細に述べられている。

一、本朝上代大学寮之釈奠式は、先聖孔子、先師顔子、右正坐二坐、閔子以下九哲、左従祀九坐、但諸国之釈奠式は孔子、顔子二坐、其内大宰府にては閔子を加へ三坐に御座候、
一、当時江戸聖堂釈奠は孔夫子正坐、顔子、子思、曾子、孟子四配四坐、十哲十坐、
右の外諸賢加祭も有之候、
右之通御座候得は、以来御家之祀典は上代之式に御随ひ可被遊哉、又は当時江戸之式に御随ひ可被遊哉、
一、孔子之祀に七十二弟子を従祭仕候事は漢時代より相見申候得共、右七十二人之姓字聢と決定之説相見不申候、疑敷を祭り候半より分明顔、曾二賢を配祭仕候得は七十弟子を崇め申候儀も籠り可申、思孟二賢を配祭仕候得者諸先賢を尊ひ候心も籠り可申、聖教御尊崇被遊候御本意も為叶候半哉と奉存候、然は聖人一坐四配四坐都合五坐にて可然哉、十哲御祭には及び申間敷哉と乍憚奉存候、
前顕之趣教授典籍等申相（談）候処何れも同様奉存候、
（『日本教育史資料』四・旧名古屋藩）

という建議に対して

釈菜之儀聖門諸弟子従祀之義に付、別紙伺之趣老衆へ申達被及言上候処伺之通聖人一坐四配四坐都合五坐にいたし候様にとの御事候旨被申聞候、其御心得可有之候、
（『日本教育史資料』四・旧名古屋藩）

と、従祀は四配四坐のみにすることの裁可を得ている。

ちなみに、主な藩の配祭神についてみると次のごとくである。

㋑顔子　淀藩、菰野藩、犬山藩、高遠藩、高島藩、佐倉藩、米沢藩、丸亀藩、大村藩、名古屋藩、琉球、挙母藩、長州藩
㋺曾子　淀藩、菰野藩、犬山藩、高遠藩、高島藩、米沢藩、丸亀藩、大村藩、名古屋藩、琉球、佐倉藩、挙母藩、長州藩
㋩子思　犬山藩、高遠藩、丸亀藩、大村藩、鳥羽藩、名古屋藩、琉球、佐倉藩、挙母藩、長州藩
㋥孟子　犬山藩、高遠藩、村岡藩、丸亀藩、大村藩、鳥羽藩、名古屋藩、佐倉藩、挙母藩、長州藩
㋭朱子　三田藩、前橋藩、丸亀藩、長州藩

㋬吉備真備　津藩
㋣菅原道真　津藩、岩槻藩、加納藩、苗木藩、高田藩
㋠孔子十哲または六大儒　大野藩、府中藩、柳川藩、平戸藩、鹿児島藩、佐倉藩、長州藩
㋷孔子七十子　米沢藩

これは『日本教育史資料』から主な藩の祭神についてみたのであるが、孔子のみを祭った藩が最も多く、従祀として四配だけを祭った藩がこれに次いでいる。なお、少数であるが、大己貴命（盛岡藩・松江藩）、摩利支天（七日市藩）、日本武尊（加納藩）、八意思兼命（姫路藩・苗木藩・高田藩）、建御雷神、事代主神（福山藩）などを合祀した藩もある。明治以後はこれらの神や学神・旧藩主を合祀するのが多くなっている。また水戸藩主徳川斉昭のように鹿島社（建御雷神）を第一に尊崇し、聖堂をその従とする独特の態度を示している藩もある。

(6) 賛者は諸役を導く者である。なお、斎者は奠供を調える者。持剣者は、階下に居り拝礼諸生の脇指を受取り預る者、清道者は釈奠に先だち道を清める者、引者は香を継ぐ者などの職掌が設けられている。

(7) 告文は別に釈菜文・祭文・祝文などといわれるものである。告文の目的について米沢藩儒者片山一積は、「聖前を奉祭候祭文ニ御座候、是ハ釈菜ニ新ニ制作仕、国家泰平を禱リ奉ル文ニ御座候」と「聖堂江御参詣並享保九年迄公儀釈菜御執行諸品付随而享保十年以来自分御祭儀執行仕候」（米沢市立図書館蔵）の中で述べている。なお、この記録は儒職片山一積が明和七年三月にそれ以前の釈奠について記したものである。

(8) 須田右近、矢尾板允易、同玄伯、同忠右衛門、佐藤（一）長左衛門、市川源五右衛門、登坂新之丞、佐藤源太夫、小島玄仙、樫村五兵衛、綿貫惣三郎、笹生常五郎、樫村市左衛門、勝俣新四郎

(9)『聖堂遷座誌』（米沢市立図書館蔵）

(10)『中庸』（明治書院）

(11)「聖堂江御参詣並享保九年迄公儀釈菜御執行諸品付随而享保十年以来自分御祭儀執行仕候」（前掲註7）

(12) 諱は一源、号は童観または呼老堂といい、江州の人で儒学を人見亀山、医学を数原清庵に学んだという。宝永二年十一月、秩禄二百石をもって米沢藩に迎えられ、矢尾板三印の死後、聖堂の祭主となって文教を掌り、子孫代々儒職をもって藩主に仕えた。彼の著書に『童観剳記』がある。

(13) 藁科立遠『管見談』（米沢市立図書館蔵）に「此時半物成召れ」とある。ただし、諸士より借上げを行ったのは元禄十五年が最初である。
(14) 『御式目』（米沢市立図書館蔵）
(15) 前掲註(7)
(16) 同右
(17) 同右
この記録の年代は不明であるが、明和四年四月、治憲が家督を継いだ後は、前藩主重定を大殿様、治憲（鷹山）を屋形様と称していることから、この記録は明和四年以後のものであり、安永五年四月に興譲館を建て、以後、治憲は公儀釈奠を行っているので、安永五年以前のものと考えられる。
(18) 同右
(19) 同右
(20) 同右
(21) 同右
(22) 池田成章『鷹山公世紀』巻之二（吉川弘文館）
なお、公儀釈奠の再興について、片山一積が「釈菜御再興程ニ奉存、是迄御祭儀取失ヒ不申執行仕候所ノ相目立本望奉存」（前掲註7）と非常な喜びであった。
(23) 前掲「米沢興譲館の創立」
『興譲館之図』（米沢市立図書館蔵）
(24) 池田成章『鷹山公世紀』巻之四
(25) 『安永六年、釈奠ニ付聖前江御備物定例御進献并諸用申立之覚』（米沢市立図書館蔵）
(26) 『釈奠行事』（米沢市立図書館蔵）によれば、小鷹土手に壱人、学士居屋敷に壱人、学館構内に壱人、興譲館の門前通りに弐人を配置している。
(27) 米沢市立図書館蔵

(28)『鷹山公世紀』巻之六
なお、聖堂を感麟殿と称していたが、天明五年八月に先聖殿と改め治憲の親筆に成る扁額を掲げた(前掲註7)。
(29) 米沢市立図書館蔵
一〇〇枚に及ぶもので、釈奠の二十日前から釈奠の翌日にいたるまで詳細にその行事が記され、釈奠の全貌を知ることができる。
(30)『安永六年、釈奠ニ付聖前江御備物定例御進献並諸用申立之覚』には、寛政三年・同五年・同十年・文久三年・同四年(元治元年)・慶応二年とたびたび改正しており、随所に加筆が施されている。
なお、この「覚」は「釈奠行事」にほぼ全文が収録されており、『釈奠行事』にも、寛政三年・同五年・同九年・同十年・同十一年・享和元年の加筆及び付箋がある。

この『釈奠行事』の成立年代は不明であるが、改正の加筆、付箋が寛政三年より施されていること、本文に「安永五年釈奠之節者御鎗請取渡学館諸生相量候処、左候而者、御祭事役附候間相欠候付、取量難致段安永六年釈奠之節云々」という記載のほか、本文に安永六年以降の記載がないこと、治憲が天明五年正月に、規式は安永八年以前の旧制に復すことを命じていることから、天明五年以降、寛政三年以前に作成したものと考えられる。
(31) 興譲館の職員で都講の次に位し、書籍の管理、出納を掌るとともに通学生の訓導にもあたった。役名は書籍方であるが、学館においては典籍と称している。
(32) 典籍と同様、興譲館の職員で館中の事務を総べ、通学生の訓導をかねた。役名は学頭であるが、学館においては都講と称した。
(33) 拙稿「寛政期に於ける米沢興譲館」(『國學院大学久我山高等学校紀要』第二輯)
(34) 米沢市立図書館蔵
(35) 同右
なお、享和以降における興譲館の変遷については、拙稿「享和期以降に於ける米沢興譲館」(『國學院雑誌』第六二巻第九号)で述べた。
(36) 同右

(37) 慶応二年十月十四日、斉憲は学風の堕落を痛感して聖堂に参詣し、しかして学風の再建について令達している。
(38) 米沢市立図書館蔵
(39) 同右
(40) 『釈奠関係』所収（米沢市立図書館蔵）
(41) 『明治十五年九月廿五日仲秋仲丁相当ニ付御遷座執行候ニ付諸事取調行事』（米沢市立図書館蔵）
(42) 『釈奠関係』所収（米沢市立図書館蔵）
(43) なお、山形県立米沢興譲館高等学校は、さらにまた、昭和六十三年六月、米沢市の郊外、同市大字笹野一一〇一番地へ移転し、現在にいたっている。
(44) 鷹山に対する尊崇が高まったこと、天皇に対する崇敬の念が高められたこと、明治二十三年十一月十九日、教育勅語が下賜されたこと、明治二十七年十二月十七日、明治三十八年十二月二日、大正四年一月二十六日に両陛下の御真影を下賜されたことなどが大きな影響をもたらしたものと思われる。
なお、山形県立米沢中学校の奉安殿は大正十一年五月二十七日に竣工したものである。

第二章　長州藩明倫館の釈奠

はじめに

成徳達材の理念を標榜し、これを儒学に求める風潮が高まっていくにしたがって、諸藩は幕府の聖堂に倣い(1)みずからの聖堂及び藩校を創建するようになる。ところが、先聖先師を祭る釈奠は、諸藩の政治及び学問に対する姿勢とも深くかかわって、その成立事情や式典の内容を異にしているのも事実である。そこで本章においては、こうした個別事例を長州藩萩の明倫館に求めて考察しようとするものである。

一　明倫館創設の気運

明倫館は享保三年（一七一八）十二月に竣工し、翌年正月に開校をみたものである。これを全国的な位置づけからみれば、(2)寛永期五、寛文期三、貞享期一、元禄期十二、宝永期二、正徳期三、享保期九、元文期一、寛保期一、延享期三、寛延期一、宝暦期十二、明和期五、安永期九、天明期二十三、寛政期三十三、享和期八、文化期二十一、文政期二十、天保期二十八、弘化期五、嘉永期八、安政期八、万延期四、文久期二、元治期四、慶応期四と、合計二百三十五校のうち正徳以前設立の藩校は二十六校にすぎないから、この明倫館の創立は、比較的早期に属するものといえよう。

藩校設立の動機は一般的にみて、(1)幕府の聖堂を模したもの、(2)藩主の好学にもとづくもの、(3)藩儒医等の建言によるもの、(4)藩政の改革によるもの、などに分類することができると思う。このうち最も多くみられる動機は(4)に属するもので、藩財政の立て直しのため、藩風刷新という精神的基盤を固めるものとして藩校を設立しようというものであった。

ここでとりあげる長州藩明倫館創立の動機もまたこの例外ではなかった。毛利元就の所領は永禄九年（一五六六）に安芸・周防・長門・備中・備後・因幡・伯耆・出雲・隠岐・石見の十カ国に及ぶほど隆盛を極めたのであるが、毛利輝元は天正十年（一五八二）に高松城の戦いにおいて豊臣秀吉との和睦によって備中・因幡の二カ国を失い、さらに関ケ原の戦いにより毛利秀就は八カ国全部を一旦召し上げられ、改めて周防・長門の二カ国に封ぜられ、八カ国時代の三割にも達しない狭隘な所領において八千に及ぶ家臣とその家族を擁し、(3) 萩城の構築・江戸城本丸の普請の課役があり、かつまた六カ国の返租など、長州藩は当初から財政難に喘ぐこととなった。

そこで毛利輝元はこの財政難を克服するため、慶長十二年（一六〇七）から同十五年にかけて防長の再検地を行い、総石高五十二万五千四百三十五石九斗五合を算定したが、幕府への届出は三十六万九千四百十一石余とし、これが長州藩の表高となったのである。さらに増収をはかるため寛永二年（一六二五）にも検地を行ったが、四囲の情勢から税率を低下せざるを得ず、また長府・岩国・徳山など支藩への配地によって財政難を解決することができず、元和九年（一六二三）銀四千貫目、寛永十八年（一六四一）銀七百貫目、正保三年（一六四六）六千二百貫目、延宝四年（一六七六）一万二千貫目、宝永四年（一七〇七）一万三十貫目、正徳二年五万貫目と藩債は次第に累積してゆくばかりであった。この間、藩債の整理につとめ諸経費の節減、諸士に対して馳走銀の実施、農民より石別銀の徴収、各種開作の奨励、貞享三年（一六八六）の検地など財源を求めてその解消をはかったが、特に元禄期以降における商品流通の発達にともない、その出費増大はいかんともなしがたく、藩財政の安定をみることなく、藩主吉元の代を迎えるのである。こうした状態から、藩財政安定策の根本問題として、家中法度による士風の粛正、奢侈を戒め、武士本来の文武の奨励をもって質実剛健の気風を養うことに着目したのであった。(4)

二　明倫館の創立

藩財政の実態に即し、文教の興隆を基調とする政策を積極的に打ち出したのが、藩主綱広であった。彼は万治三年（一六六〇）に「当家制法条々」(5)という三十三カ条に及ぶいわゆる「万治制法」を定め、

一、諸士面々常に可相嗜事、

右諸士はつねに文を学び、武をもてあそひ、忠孝の道に志し、仮初にも礼法を乱さす、義理を専として公儀をうやまひ、諸法度を守り、其役々に怠るへからす、比法於当家古より定めをかる元就公の制法たり、今以不可怠、

云々と武士としての基本姿勢を特に強調している。そして綱広はまず文武の興隆を促し、人物の抜擢につとめている。すなわち、綱広は碩儒山田原欽を抜擢し、世嗣吉就の小姓役として侍講に任じた。また学問の風潮を高めるに大きな影響をもたらしたものに諸書の編纂事業をあげることができる。松岡就房は秀就・綱広・吉就・吉広の四代に仕えた史家であるが、彼は藩の宝蔵係を勤め、古文書、諸記録などを閲読して元就・隆元・輝元三代の事蹟を編述した。これを『吉田記』または『吉田物語』という。国重政恒も史家として綱広に寵用された者であるが、彼は藩祖元就の一代記を著述するため、諸家の旧記、古老の伝説などを調査して十六巻より成る『温古私記』を著わした。綱広の子で兄吉就の跡を継いだ吉広は、山県良斎及び小倉尚斎を抜擢して侍講に任じている。

山県良斎は山県周南の父で朱子学を唱えた者で、小倉尚斎は山田復軒の門人で京都で山県良斎と同じく伊藤坦庵に、さらに江戸に出て林信篤に師事したが、その後、吉広の求めに応じて長州藩に仕えた者である。(6)かくて明倫館の創設者の藩主毛利吉元が支藩の長府から入って宗家を継ぐのである。宝永四年（一七〇七）のことであった。吉元の襲封した当時は藩の負債が一万三十貫目に達し、藩財政も疲弊困憊の状態であり、諸士もまた馳走銀などによりその負担が過重となり、生活困窮に陥ったため、自然と士風の頽廃を招くようになっていった。そこで彼は率先垂範これ倹約に勤め、儒者の講筵を開く一方、諸士に対して財政立て直しと風俗刷新のため文教政策を積極的に推し進めた。

まず第一に文武の風潮を高めるため、その教育指導に携わる家業人の地位を改めたのである。家業人というのは文武の指南をもって仕える者を指すのであるが、この班次は遠近付、無給通、寺社組に相当し、平士より一階下にみられているという低いものであって、到底家業人としてのプライドを保てる地位ではなかった。吉元は早速これを改め、享保三年（一七一八）六月十六日文学武芸の振興を令し、家業人をそれぞれ大組・遠近付とし、家禄を増すなどの優遇措置を施した。(7)また吉元の侍講には先代より引き継いで小倉尚斎・山県良斎とその子周南を任じ、朱子学を講筵させている。吉元自身も小倉尚斎と同様に湯島聖堂の大学頭林信篤に師事するという篤学の士であった。吉元はさらに人材育成のため藩校設立の急務を悟り、(8)家老の宍戸主計・毛利筑後・桂主殿・山内縫殿などと画策し、享保三年八月、(9)江戸方手元役坂時存・地方手元役八谷通春を営作経理人とし、これに侍講山県周南を参与させ、斎藤恒信を作事奉行、長沼政安を作事方に、大工松田勝正及び高原貞元をその棟梁に任じて起工し、これが十二月には竣工をみるという進捗ぶりであった。

その規模については『明倫館記』(10)に、

北為先聖廟、講堂居中、左為経籍之庫、右為厨、厨之西為斎舎、稟生員内門外環以列樹講武、東為剣、西為

槍、射圃在其西、旁圃為講武経習曲礼教天文数学之榭、射圃南童生学書之舎、大門外壮士習騎之埒、凡子弟当業而肆者莫不備設、

と総大門・聖殿（南面）・講堂・書庫・稽古場・寮舎・馬場などが整えられ、まさに文武両道を兼備した総合的な藩校として注目されるものであり、この敷地は城南の地九百四十坪がこれにあてられた。藩校の名称は『孟子』滕文公篇の「設為痒序学校以教之（中略）皆所以明人倫也、人倫明於上、小民親於下也」という一節からこれを「明倫館」と名付けたもので、この撰者は吉元の侍講山県周南である。

藩校の儒者には小倉尚斎・山県良斎・山県周南・佐々木源六・草場居敬・佐々木平太夫・佐々木源左衛門が任命され、兵学に吉田友之允・多田藤左衛門・大西山三郎、剣術に平岡弥左衛門・馬来右衛門・内藤作兵衛、槍術に岡部半右衛門・横地七郎兵衛、弓術に栗屋弾蔵をそれぞれ任命して文武の師とした。さらに手廻頭国司頼母・乃美仁左衛門を稽古奉行とし稽古場の管理を兼務させた。吉元は十二月二十四日にこの文武の師を集め、明年正月の開校、それにともない教授に勉励すべきことを諭し、稽古制法日割などについて協議を命じるとともに、学館料米五百石をこれにあてることを定めた。

かくて翌享保四年一月十二日開校式が盛大に挙行され、このとき「文学弁諸武芸稽古之次第」[11]が訓令された。これは文武修業の順序を述べたもので、館中に掲げられて明倫館の学規学則となった。これによると、毎年正月十二日を始業日とし、終業を十二月十四日とした。儒書の講釈は講堂において毎月十二日間、兵書は兵法場において六日間、諸武芸は五日間、射術は六日間と定めた。儒書・兵書の講釈は毎朝五ツ時（八時頃）に始め、講釈後は終日武芸の練習を行い、馬術は晴天の日のみ行った。素読は毎月二日より隔日に朝六ツ時（六時頃）に始めて五ツ時まで行われた。これには農町民も願いにより聴講を許されており、この明倫館において十歳前後から習い始めて、十五歳頃より文学に進み、文武ともに四十歳頃までその道に精励なさしめようとするものであった[12]。この教育において他藩に

比して注目に値することは、享保期においてすでに文武の施設を兼備し、十歳前後から四十歳前後に及ぶ者を対象として儒書・兵書の講釈と武芸を同一人に並行して課していることと、藩校を庶民に教育の場として開放したところにある。

三　明倫館の釈奠

明倫館ではじめて釈奠の礼を行ったのは、開校の翌月十九日のことである。(13) 吉元は明倫館の開校にともない、山県周南・佐々木源六に釈奠儀の作成を命じた。(14) 周南と源六はこれを請けて直ちに『明倫館釈奠式序』(15)『釈奠考』(16)『本朝釈奠考』(17)『釈菜儀注』(18) を作り上げている。『明倫館釈奠式序』には、治平の要は「莫学如」く明君は治むに必ず「学校之設」があり、もって教化を弘めんとしたことを漢土の例をもって強調し、釈奠については『延喜式』など諸旧典を勘案し『釈菜儀注』を定めたことが記されている。なお、これには奥付に「享保四年己亥正月日、佐々木源六・山県少助」と明記されている。『釈奠考』は

漢高祖十二年遷魯以大牢祀孔子、詔諸侯王卿相至都、先廟謁而後従政。是漢以後孔子を祭るの始なり、大牢ハ牛羊豕三牲なり、祭礼の至重なる者なり、後世釈奠大牢を用るハ比例なり、又後代魯国の官に任する人、先祖廟に詣りて後政務に就も比例なり、

という書式と内容をもって中国における漢の高祖以降の釈奠について抄録したものである。これに対して『本朝釈奠考』は、松下見林の『本朝学原』によって我が国における釈奠の変遷について記述したもので、これらはともに『釈菜儀注』作成のための参考として調べられたものである。このようにして作成された『釈菜儀注』にもとづき釈奠が行われた。まず「役附」として、

一、初献一人、一、亜献一人、一、終献一人、一、儀式方〔此役ヲ専理ト云〕一人、御祭り一通りの沙汰人

なり、諸事此役より差図をいたす。一、典儀一人、儀式方に差添諸事を沙汰し堂上にて諸役進退の礼儀を指引するなり。（一人脱カ）祝官迎神の詞告文・祝文・送神の詞を読、事（幣カ）を授け福酒胙を授け、幣帛祝文瘞坎におく事を掌る役なり。一、助奠役三人、献官爵を洗ふ時爵盤所に至り爵を捧け、酒樽所に至り又爵を捧け、神前に至り献官に授け、降りて配座の爵をあらひ酒を受、段々に神前に持参し献官に渡す役なり。一、司樽役一人、酒樽所に居樽罍を司る役なり。一、廟司一人、神殿を預り廟中の掃除等一切掌る役なり。一、斎郎十人、簾を捲斗帳を上け燭を備へ、奠幣終りて饌を供へ、三献官終りて御頂戴の御酒を認め、賜の儀終りて饌を徹し、送神の儀終りて簾を下し帳を下す役なり。一、爵盤者、爵盤所に居盤洗を司る。献官爵を洗ふ時水をつき、巾を出す役なり。一、斎厨役一人、御膳夫頭手子数人属之幣篚の詞饌供のもり立、一切斎厨の事を司る役なり。一、木工方一人、御作事奉行大工力者数人属之修理かり屋等の作事、瘞坎の用意、廟庭掃除等の奉行なり。一、講師一人、
祭半は講釈有之時、講書学頭兼之あるひハ別人をも用之、

と諸役を任命し、それぞれの職掌を示した。

釈奠の次第は、祭は二月・八月の上丁の日に行うことを原則とし、もしこの日に支障があれば中丁あるいは他日を用いる。この日取りについては、前月の下旬に定める。祭日の十日前に献官以下の諸役割が命ぜられ、膳夫頭は供物そのほか用品の準備を行う。五日前には儀式役・典儀役・作事奉行・膳夫頭・下役人ともに学館に会集し、祭前の用意について仰付けられ、特に破損の修理、仮屋の造作、掃除などについて、作事方と相談する。祭四日前、膳夫頭が醴斎・醠斎の酒の準備をする。祭三日前は、当日祭典を司る献官以下の諸役付は潔斎を行う。祝官が整えた祝文の案書を学頭は廟司役に渡して置く。この日、諸役人が学館に会集し儀式の習礼を行う。前日は儀式役並びに作事奉行、廟司は堂の内外の掃除、堂の後方に瘞坎を用意する。膳夫頭は膳具の濯漑、供物の料理等について点検する。かくて享日を迎えるのである。

この日、諸役人は未明に出勤し、廟司神殿の掃除を行い堂内に燭を灯す。膳夫頭は、樽罍に酒を注ぎ、黍稷などの飯をかしき、供物を盛りつけ、爵洗・盥洗などの具を整える。なお、供物を盛りつける際は、諸官がこれに立ち合う。正座の酒樽所（犠樽・象樽・罍樽に酒を備えおき、三献のときに汲む）を堂の間の東に、配座の酒樽所を堂の間の西に、それぞれ設ける。幣篚・祝文・告文の篚は一卓にして東側に、御拝の福酒爵・胙盤を一卓にして西側に置く。中央の前方に香案を置き、西の間の縁通りに爵盤所を設ける。庭上の間に毛氈二枚を敷き、これを望瘞位とする。これらの準備はすべて日の出前に完了し、ついですでに東西塾に控えている献官・出伺之衆を案内する。出伺之衆は中門より入り、庭上の間に上りて、東西の伺候の座に着く。司尊の役は樽所に候し、爵盤の役は爵盤所に候し、祝官・助奠は庭上の間の東側に西面し、規式方典儀は同じく西側に東面して着く。奠供衆は西の間北より南へ列座する。その側に作事奉行並びに膳夫頭が東面して座に着くと、いよいよ奠幣が挙行される。

まず献官が中門より入庭し上の間の中央に北面して着座する。次に奠供衆が立ちて、簾を捲き斗帳を上げ、燭を点ずる。終わると祝官が神前に進み出て、迎神の詞を唱え、香を焚く。このとき、献官以下は伏拝する。次に初献官が座を立ちて盥洗所に行き、手を洗い本座に着く。祝官・読司官が座を立ち、祝官は幣篚を取り、読司官は奠幣の詞案を篚より出し、相並んで西面して立つ。典儀立ちて香を焚く。献官座を立ちて神前に進む。これに祝官・読詞官が従い、祝官は幣篚を献官に渡す。献官はこれを神前に供す。祝官は階を降りて告文[19]を篚より出し、再び神前に上り、献官の左に東面してそれを読む。終わって献官伏拝し、階を下りて本座に復す。祝官も同じく本座に復す。

次に供物を進める進饌が行われる。奠幣の間、膳夫頭が座を立ち斎厨に入り、進饌の用意をする。祝官が座に復したのち、奠儀が立ち香を焚き、規式典儀ともに西の間に立ちて進饌の見合をする。伝供衆は供を捧げ、神前に上りてこれを第一に上座の大成至聖文宣王（孔子[20]）、第二に東配の兗国復聖公（顔子）、第三に西配の郕国宗聖公

（曾子）、第四に東配の沂国述聖公（子思）、第五に西配の鄒国亜聖公（孟子）の順に供える。饌供の次第は、第一に簠、第二に簋、第三に籩、第四に豆、第五に俎を進め、正座（主座）が終わりて、配座に移り次第に供えて行く。簠簋は案上に供へ、のち蓋を取る。籩豆は蓋を取って供える。以上供え終わりて規式役以下座に復す。

次に初献が行われる。儀典役立ちて香を焚き、続いて初献官が立ちて盥洗所に行き、手を洗い帰りて爵盤所にいたる。介者はこれに従い爵盤の案の前に立ち、爵盤の役爵を篚より出す。初献官これを取りて洗い、爵盤者はこれに水をかける。初献官も水をかけてこれを拭き、介者に渡し、ともに上座東の酒樽所にいたり、献官爵を捧げる。司樽者が第一樽の醴斎を汲む。初献官これを受けて介者に渡す。ともに神前にいたりて、初献官爵を取りて案上に奠して拝伏する。

この間、助奠は盥洗所に行き、手を洗い爵盤所にいたり、初献官の儀のごとく爵を洗い、配座の西方酒樽所にいたり、醴斎の酒を汲み、神前に進み、初献官の左に東面して祝文を読む。読み終わると、初献官は伏拝し階を降りて、堂の東側に西面して座に着く。祝官は祝板を案上に置き下りて本座に渡す。これで初献が終わり、次に亜献となる。

典儀立ちて香を焚く。亜献官が座を立ちて盥洗に行き、手を洗い洗爵所に行く。介者座を立ちてこれに従い、亜献官爵を洗う儀、初献のごとくにして介者に渡す。共に東の樽所に行き、亜献官は爵を取りて出す。司樽役はこれに第二樽醠斎をつぐ。亜献これを受けて介者に渡す。共に神前に昇る。亜献官爵を取りて正座の前に奠し拝伏する。終わって介者は降り、本座に復す。この間、助奠は立ちて初献の例のごとくにして、かわるがわる助奠する。酒は西の第二樽醠斎を汲む。このほかは初献と同じ。亜献官は銘々に爵を取って四配座に奠ずる儀、これまた初献の例のごとし。終わりて正座の前に北面して拝を行い、降りて堂の間、初献官の次に着座する。

次に終献が行われる。例のごとく典儀立ちて香を焚く。続いて終献官が立ちて洗所に行き、手を洗い爵盤所にいたる。介者はこれに従って爵を洗う儀、初亜献のごとくして爵を介者に渡す。共に正座の酒樽所に行き、終献官は爵を取りて出す。司樽者はそれに第二樽醠斎をつぐ。終献官は爵を介者に渡し、共に神前に昇り、介者より爵を取りて正座の前に奠す。この儀、亜献のごとし。介者降りて本座に復す。その間、助奠は最前の通り助奠する。酒は亜献のごとく、第二樽を汲む。終献官が奠じ終わりて正座の前に北面して伏拝し、降りて堂の間亜献官の次に着座する。

次に受福受胙の儀に移る。典儀立ちて香を焚き退く。初献官は座を立ちて香案の東に跪く。次に祝官立ちて卓上の福酒爵を取り、正座の樽所にいたり、第三奠の清酒を汲み、また配座の樽所にいたり、第三樽の清酒を汲み、爵を捧げ初献官の右より西面して跪いて渡す。初献官はこれを受け、卓の上に尊奉して置く。祝官は卓上の胙盤及び箸を取り捧げて神前に昇り、正座並びに四配の黍稷の飯を少しずつ分けとりて盤に入れ蓋をし、捧げて階を降り、福酒を渡す儀のごとくにして初献官に渡す。初献官はまたこれを卓上の福酒と一緒に置き、終わりて香案の前にいたり伏拝して座に復す。伝供衆福酒を瓶子に入れ、胙盤の筐に入れ銘々に封じて置く。この神酒と胙は上（藩主）に頂戴したものであるから、祭りが終わってのち、初献官が城へ持参の上、礼服にて頂戴するものである。ただし、自分祭の場合は頭人が頂戴するのがその例であるが、仰付られ祭りの儀においては、以上のごとく行うものである。古来、大学寮においては、これを釈奠の翌日に胙奉進の礼として行った。

次に徹饌の儀が執り行われる。まず祝官が小案の上の盤を持参し神前にいたり、また上座配座の黍稷の飯を少しずつ分け取り、盤に入れ蓋をし、捧げて降り、香案の前の小卓に置き本座に復す。このとき、列座一同伏拝す。次に、奠供衆進みて饌具を徹し、次第に斎厨に入る。膳夫頭斎厨に入りて、徹具を支配す。儀式後典儀は西の間に居直り、見合のこと進膳のごとし。作事奉行立ちて瘞坎の力者二人を召し寄せて瘞坎の側にはべらせる。徹饌が終わりて諸役人銘々本座に復す。亜献の介者が胙盤を斎厨に入れる。ここで上参詣の節は香案を拝壇の内に据え、香にて伏拝する。徹饌の儀が終わりて列座の衆残らず順々に香案の前にいたりて拝礼する。

その後、望瘞に移る。典儀が立ちて三献官を案内し、西の間北の縁の望瘞位に行く。作事奉行も同じく行きて氈上に列座する。祝官縁の上にて幣を篚より出し、庭上に降りてそれを坎に置き、力者はこれを瘞ずる。その間、祝官は祝文を斎厨に送りてこれを焚く。三献官帰りて庭上の間に出て最前の通り列座する。諸役人もまた最前の通りに列座する。祝官は神前にいたり送神詞を唱え、降りて香を焚き本座に復す。そのとき、列座一同伏拝する。後に講釈(21)がある時は唐戸を閉じず香を焚き、講釈終わりて闔戸を閉ざす。開講は祭りが終了したのち堂の間にて通常の講釈のごとく行う。講釈が終わりて唐戸を閉じ、卓案等を徹しこれで釈奠が全部完了する。

以上がこのとき制定された『釈菜儀注』の次第であり、『延喜式』の釈奠及び湯島聖堂の釈奠にははなはだ類似するものであった。なおこのときに供物として使用した品々は次のごときものである。白二重一丈八尺、白布二尺切七ツ、醴斎一升、醓斎一升、白米二升、上白餅米五升、黒胡麻二合、小黍二升、小粟二升、清酒一升、榧子三合（榛の代わりに用いて、榛ある時は用いず）、枝柿二十五（菱実の代わりに用いて、菱ある時は用いず）、花塩三十顆、栗三合、棗（梨なつめ）三合、芹菹五把、韮菹五把、菁菹五把、笋菹五器、梅干三十顆（醯塩の代用）、干鯛二枚、塩鱐五喉（魚醢の代用）、兎五頭牲代として鳥・雁・鳧・雉の間、上の類がなきときは鯉・鮒の間これを用いる。これらが供物である。

この『釈菜儀注』にもとづき、享保四年（一七一九）二月十九日にはじめて釈奠の礼を執り行った。藩主吉元もこの釈奠に親臨しており、このとき、吉元は中国の例に倣って養老の礼を行い、七十歳以上の士分五人と八十歳以上の庶民四人を耆徳篤行の者として召して褒賞を与えている。これが先例となり、その後、明倫館の釈奠には養老の礼をあわせ行うこととなった。このように明倫館は当初から内外ともに整えられて発足したが、しかしさらに釐正を加えていった。この年の六月二十一日に学頭の制を設け、小倉尚斎を最初の明倫館学頭に任じた。

翌五年八月十二日に『仲秋釈菜例』(22)にもとづき秋祭を行ったが、この釈奠において役付(23)に預からざる儒師・武芸師及び御用方役人に拝礼の機会を与えている。(24)このことは前述したごとく家業人の地位と自覚を高め、人々の尊敬を深めて行く上に大いに役立つものであった。さらに享保五年（一七二〇）十月十五日、老臣山内縫殿・益田織部は吉元の命を受けて手廻頭役として国司頼母・志道太郎右衛門をあて、諸士の文武修業の督励、諸生・職員の心得十二カ条を定めて令達(25)しているが、これによると学頭の職掌は「学館於増隆之義（儀）学頭役存寄於有之は、其旨趣各々承届、猶又被加了簡可被任時宜候、尤難及思慮儀於有之は奉行所へ可被申出候」と定められ、「於館中文学の儀一切学頭役の可為了簡」ものであった。また「春秋之二仲釈典之儀、学頭之所職として儀注の旨を以、年々無相違可有沙汰」ことがあげられている。

　このように学頭は常に学館の興隆を考慮し、諸生の修業の監督、春秋の釈奠の執行、また書籍の貸借経費の支出などに関して本締役の稟議を裁決することがその主な任務であった。本締役は「書籍請之儀は、本締役之可為沙汰候」とあり、また「学豊（館）料支配之儀、本締役宜致宰判受払」とあるように、学頭と沙汰して、学館の庶務を処理し、書籍の貸借、経費の支出などを掌る者である。勘定役は「本締役之差図を請（中略）昼夜共一人充勤番被仰付」、また「学館料米銀受払等之儀（中略）勘定役の者、必自身相調」え、「祭器並稽古道具其外雑物共に勘定役常々入念手置をいたし、無紛失様に可致支配」ことを命じている。聖堂の管理として、廟司役を置き「聖殿之掃拭は不及申、自身相調講堂座敷廻り掃除之儀も見合致候様に可有沙汰事、祭器之儀、惣御道具之内に而、預り之段有之儀候へ共、釈典之節は廟司役之所役として入念取捌」かせるというのがその任務である。

　この他、冒頭に「文学諸武芸稽古之次第、兼被仰付候張紙之旨、相違有間敷候、尤稽古人無怠慢様可有沙汰候事」をその心得の第一義とし、さらに諸生は「学頭子弟たるの間、何分学頭より教令の趣聊不可有違背候、（中略）修学之儀随分申合無懈怠、大体之儀も別而行規（儀）作法能可相嗜」ことを強調した長文であるが、この令達は前年正月の開校に際して定めた「文学弁諸武芸稽古之次第(26)」を重ねて強調するとともに学館運営の円滑をはかり、諸役職その他の職掌及び心得を明記したものである。このように明倫館の教育・経営についてさらに制度を整え充実を加えていった。

明倫館の『釈奠儀注』については、『長門国明倫館記(27)』及び『長門国明倫館釈奠式(28)』にⒶ『釈菜儀注』（年号欠）、Ⓑ『仲春釈奠式』（年号欠、なお内閣文庫本は受福の最後の文と、総拝及び徹饌の全文、講釈の前文が脱落している）、Ⓒ『仲秋釈菜例』（享保五年八月使用）が収録されており、一方、『日本教育史資料』六には㋑『仲春釈菜儀注』（年号欠）㋺『釈菜儀注』（年号欠）㋩『仲春釈奠式』（年号欠）㋥『仲秋釈菜例』（享保五年八月使用）が所収されている。Ⓐと㋺、Ⓑと㋩、Ⓒと㋥は内容が同じもので、㋑は『長門国明倫館記』及び『長門国明倫館釈奠式』に記載されていない。

このうち前述の儀注として引用したⒶと㋺は、創立当初のもので最も古い儀注であろうと思われる。その理由として、明倫館創立当初から『釈奠儀注』作成の方針であった『延喜式』にのっとっていること。そして前述のごとく当初は学頭の設けがなかったのでこれの記載がみられないこと。加えて奏楽がなかったことなどがあげられる。

次にⒸと㋥の『仲秋釈菜例』がこれに続くものと考えられる。Ⓐと㋺の『釈菜儀注』は、内容から仲春釈奠式にあたるものであるから、それに対して『朱文公滄洲精舎釈菜式』に拠って作成されたものとみられる。したがって『長門国明倫館記』及び『長門国明倫館釈奠式』、『日本教育史資料』所収の『仲秋釈菜例』に続いて記載されている享保五年八月の祝文以下の記事は、このときのものと考えて差し支えないであろう。もっともⒷと㋩の『仲春釈奠式』の総拝の項に、

儒者諸生中祭ニ不預者也諸生芸の師、御用方役人中拝有之事別記詳之、

とあり、この別記が前述の享保五年八月の祝文以下「儒師武芸師中江案内状扣及び御用方中江案内状扣」が符合

するわけである。しかし、この『仲春釈奠式』に仲秋祭である八月の行事が記載されるとは考えられないので、この記事は享保五年八月のこととは別個のものとみなすのが妥当であろう。

次がⒷと㈧の『仲春釈奠式』と思われる。これには亜献に学頭があたり、楽員六人を置き、祝文は『延喜式』及び諸国釈菜の成文を用いることを明記し、迎神送神詞は祝官が認め、祝文は藩主留守の年は前年極月朔日学頭より沙汰して正月の内に江戸より届くようにすること、総拝を行っていることなどが、Ⓐと㈺の『釈菜儀注』よりさらに詳細に記載されている。全体として、この『釈菜儀注』にのっとって作られたものとみられる。㈠の『仲春釈菜儀注』は『日本教育史資料』六にのみ所収されているものであるから、『長門国明倫館記』以降のものであることは当然である。この釈奠は「従祀周元公・程正公・邵康節・程純公・張明公・朱文公ニ奠ス」と、従来の四配に朱子学者の信奉する六大儒を従祀して行っているので、明倫館の教育が徂徠学より朱子学に転じていった嘉永二年（一八四九）の明倫館再建以降のもので、最も新しい『釈奠儀注』である。[29]このように長州明倫館は各種の正式な『釈奠儀注』を作成し、改正を加えていったことは他藩にその例をみないもので、大きな特色ともいえることである。このことからも長州藩の学問的姿勢を充分うかがうことができると思う。

政治の基本を教育に求め、文武の興隆をはかって明倫館を創建した藩主毛利吉元は、歴史の編纂にも意を注ぎ、『萩藩閥閲録』『防長寺社由来』『地下上申』『江氏家譜』『御軍記』『新裁軍記』の編纂など多大な業績を残して享保十六年（一七三一）九月十三日、五十五歳を一期に江戸麻布邸においてこの世を去った。[30]その子宗広は、寛保元年（一七四一）二月、明倫館創立の由来を永く後世に伝えるため、学頭山県周南に命じて『明倫館記』を選述させ、これを石刻して明倫館の門前に建立した。しかし宝暦元年（一七五一）二月四日、萩城において宗広が去世するにいたり、吉元・宗広の努力も空しく藩債は三万貫目にも達し、家臣に対して「半知の馳走」や農民へ石別米銀の重税を課するに及んで、諸士の気風が頽廃していき、明倫館の聴講者も次第に減少していった。重就はこの対策として、明倫館の経費を増加し、人材登用の道を開くなど、文武の興隆に尽瘁したが、時勢の流れとともに文武も虚飾に流れていった。

天保八年（一八三七）、兄斉広の跡を継いだ敬親は、天保十二年（一八四一）、江戸桜田藩邸に有備館を開き、江戸勤番の諸士にも文武を修めさせ、また明倫館においては他藩への遊学、蘭書の輸入、西洋医学の奨励、さらに嘉永二年（一八四九）の明倫館再建と、彼は積極的に学事の振興をはかり、その努力はみるべきものがあった。しかるに嘉永六年（一八五三）ペリーが来航し、物情騒然たる政局の中で、文久三年（一八六三）萩の藩庁を山口の地に移転したのである。萩明倫館の諸生もこれにともなって移り、上田鳳陽の創建した山口の講堂を移転改築してこれを山口明倫館と称し、その機能を果したのである。これ以降、明倫館は二分され、萩・山口の明倫館が両立したものの、その主導権は次第に山口明倫館に移っていった。

おわりに

明倫館教育の精神を説いた「学館功令」(31)は明倫館創立当初に山県周南が起草したものである。周南は「学校之設達才成徳、上焉以供国家之用、下焉以使有（所脱カ）矜式也」とその目的を述べ、さらに「舎長聴命都講、都講聴命学長、学長聴命先師之霊」と強調しているが、これは学館統制上のことのみならず、学館における釈奠の基本的姿勢を示しているものである。したがって釈奠の内容はそのまま学問の盛衰を表現するものである。長州藩における学問は従来から高く評価されているが、宗藩はもちろん各支藩においても古から学館を設け、盛大な釈奠を行い財政難に喘ぎながらも積極的に学問の興隆をはかったためである。

本章で述べたごとく、享保四年（一七一九）すでに学館の創立をみており、これと同時に正式な『釈奠儀注』を作成し、盛大な釈奠を挙行するにいたったことは、藩全体の学問的水準の高さを示しているものである。その結果が諸書編纂の大偉業や医学・洋学の発達において他藩の追従を許さないものがあり、明倫館より幾多の人材を世に輩出したのであった。こうした学問的気風を持続させていく基盤となったものとして釈奠の影響を見逃すことができないと思う。

(1) 本書第一篇参照
(2) 拙稿「米沢興譲館の創立」(『国史学』第七十四号)
(3) 『萩古実見聞記』は江戸中期の記録であるが、人口の概算をみることができる。
(4) 『毛利十一代史』(マツノ書店)、山口県文化史編纂委員会『山口県文化史』通史篇
(5) 山口県文書館蔵、國學院大學栃木学園参考館蔵、『山口県史料 近世編 法制 上』(山口県文書館編)、『毛利十一代史』第一冊(マツノ書店)
(6) 『毛利十一代史』、山口県教育会編『山口県教育史』上巻、萩市立明倫小学校『明倫館の教育』、萩市誌編纂委員会『萩市誌』、山口県文化史編纂委員会『山口県文化史』通史篇
(7) 『毛利十一代史』
村田清風「建白書(二)」(『山口県教育史』上巻)
享保三年明倫館御造立、儒武之師遠近付寺社組之者も大組入被仰付、偏に大小之御家来文武御取立之思召、莫大之御厚恩難有仕合御座候、
このため家業人の志気も高まり、諸士からも尊敬されるなど藩内に文武の気風が次第に高まっていった。
(8) これについては、享保三年六月十六日に吉元はすでに文学武芸に関し諸士への訓令(『毛利十一代史』)、享保四年二月十九日の釈奠における吉元の告文(『明倫館の教育』)、明倫館創立時に山県周南によって撰述された「学館功令」(『長門国明倫館記附釈奠式』内閣文庫蔵及び『長門国明倫館釈奠式』国立国会図書館蔵)、寛保元年二月吉元の子宗広が山県周南に命じて明倫館創立の由来を撰述させた『長門国明倫館記』(内閣文庫及び国立国会図書館蔵)などからうかがうことができる。

(9) 享保四年二月十九日の釈奠における吉元の「告文」に「前年(享保三)秋八月命工」とある(『明倫館の教育』)。

(10) 『長門国明倫館記附釈奠式』『長門国明倫館記』『長門国明倫館釈奠式』なお、これらに所収されている『明倫館記』は寛保元年に書かれたもので、享保三年十二月明倫館創建以後のことが記載されている。

(11) 『毛利十一代史』『日本教育史資料』(六・旧山口藩)『山口県教育史』『山口県文化史』『萩市誌』『明倫館の教育』などに所収。

(12) 同右

(13) 『毛利十一代史』『長門国明倫館記』『長門国明倫館釈奠式』

明年己亥(享保四年)正月告成、於是二月上丁始祭先聖四配於学、

(14) 同右(これは前述したごとく山県周南が撰述したものである)

与佐々木雅真議之政府、規度学舎、註記祭儀、申詳功令、

(15) 前掲『長門国明倫館記』及び『長門国明倫館釈奠式』

(16) 同右

(17) 同右

(18) 同右

(19) 祝文は古来より定式の文であるのに対して、告文は各別に祭文をととのえ、旨趣を神に告げる文である。享保四年二月十九日、吉元は明倫館の釈奠に臨み次のごとき「告文」を与えた(『明倫館の教育』)。

惟享保四年歳次己刻二月丁卯越十九日壬戌、長門国主従四位下拾遺補闕大江朝臣吉元恭告、大成至聖文宣王神位、伏惟夫子徳体上聖道集大成彝倫之宗師、礼楽之教主父子以定君臣有、維是以舟車所至莫不尊崇、日月所照莫不親戴、吉元小子上蒙公上之恩下荷祖宗之慶叨以寡昧襲封、一方国幷二州民兼四等小子不徳、豈以富貴自居安逸為楽深恐責任之甚、重而付托難当而已、若使其老幼孤寡綏撫不給、若而不楽憂而不歓祖宗之托無以答焉、子弟臣従才徳無良、内無以奉王事飾政治、外無以備守禦固封彊公上之責莫之塞也、是以朝夕懍々不敢寧居、唯徳可以化下、唯仁可以安人、小子不徳不能償万分之一深以為慚、爰謀臣相視地城南新興学舎、傍置習武之場、

以教子弟庶幾人成各有自覚、成徳達材裨余責任以分付托之重、夫述職于上垂統于後、凡臨治為教之道、不本諸夫子而何適、況余先世雅道専門擅美列、朝誦鄒魯之言被諸我大東也、於是建夫子之廟宅夫子之神配以四公、以謹教化之表弘師賢之徳、前年秋八月命工僝功逾年告成、土木構締髹漆揚彩、謹涓令辰会耆老諸臣奉安神主祇厳祀事式申、虔告聖神在天道無内外庶降格永垂監臨、

長門国主従四位下拾遺補闕大江朝臣吉元再拝頓首謹言

(20) 聖堂の主神は孔子であるが、このほかの配祭神については各藩の聖堂により異なることは、拙稿「米沢藩興譲館の釈奠」（本書第二篇第一章）において述べた通りであるが、長州藩明倫館においては、木主をもって当初は顔子・曾子・子思・孟子の四配を従祀している。なお、この木主は吉元が林大学頭信篤（鳳岡）に師事した関係から信篤の揮毫によるものである。制作の年代は不明であるが、享保五年十月十五日に老臣山内縫殿・益田織部が明倫館に令達した条目に「方角出火之節、先木主を致守護立退候儀可為肝要候」（『毛利十一代史』『明倫館の教育』）とみえているので、この木主は明倫館聖堂創建当初に作られたものとみてよいであろう。

(21) 享保四年二月十九日の釈奠に講釈を行ったのは小倉尚斎である。

(22) 『長門国明倫館記』及び『長門国明倫館釈奠式』『日本教育史資料』六

この時の祝文・迎神詞・送神詞・役付は左記のごとくである。

祝　文

享保五年庚子八月丁未日（十二日）、学長小倉貞敬致祭于大成至聖文宣王、王徳配天地、道冠古今六経垂訓万世仰化、謹択吉日率館下諸生、祇奉旧章、式陳明薦、以兗国復聖公・郕国守（宗）聖公・沂国述聖公・鄒国亜聖公配、尚饗。

迎神詞

維、天生聖、斯文昭明、教化久遠、万物咸亨、嘉牲既潔、旨醑既清、神其来矣、式鑒精誠。

送神詞

俎豆是設、礼節是恭、儼其如在、洋洋聖容、神之旋復、翔鳳驂龍、祀事斯畢、景福日溶。

役　付

献官一員小倉尚斎、典儀一員山中源右衛門、祝官一員坂忠三郎、司尊一員八谷長五郎、介者一員飯田小四郎、

洗爵者一員山根七郎左衛門、帳簾者二員（奠供）吉村孝助・（徹供）八谷忠助、斎郎三員松原鶴松・河井総右衛門・内村与一右衛門、伺公学生四員小田村文甫・万代千助・芥川好問・林玄貞、斎厨役二員上野八左衛門・原久平。

(23) 前掲註(22)の役付を参照

(24) 前掲註(22)儒師武芸師中江案内状扣

以手帋得御意候、然者来十二日釈菜執行被仰付候、貴様御(方)儀御服無御坐候者、朝五時過ゟ明倫館江御出(御取持)被下候者可忝候、為其得御意候、以上、

享保五年八月

右儒師中

佐々木　源　六
山　県　少　助
佐々木　平　太　夫
佐々木　源右衛門
佐々木弥三左衛門
山　県　治右衛門
草　場　豹　蔵
吉　田十郎左衛門
平　岡弥三右衛門
多　田　藤左衛門
馬　木　右衛門七
内　藤　作　兵　衛
岡　部　半右衛門
粟　屋　弾　蔵
横　地　七郎兵衛

御用方中江案内状扣

以手帋得御意候、然者来十二日釈菜執行被仰付候、貴様方御儀御服無御坐候者、朝五時過ゟ明倫館江御出御取持被下候者可忝候、為其得御意候、以上、

享保五年八月

右武芸師中

宇部三右衛門
八木甚兵衛
江木与一右衛門
井上七右衛門
脇八郎右衛門
児玉十兵衛
真鍋吉兵衛
石川弥右衛門
斎藤猪右衛門
平田市兵衛
江川権右衛門
嶋田権右衛門
坂九郎左衛門
津田五左衛門
山県藤助

右御用方中

(25)　前掲註(6)『毛利十一代史』『明倫館の教育』
(26)　同右

(27) 内閣文庫蔵

(28) 国立国会図書館蔵

(29) 『阿武郡志』『日本教育史資料』（六・旧山口藩）『明倫館の教育』『萩市誌』『山口県教育史』『毛利十一代史』

嘉永二年新建当時の学頭は、山県大華（天保六年より嘉永三年まで学頭）であり、彼の学問は、はじめ筑前の亀井南溟に師事して蘐園古文辞学を修めたが、のち江戸に出て宋学の盛んなるをみて、山県周南以来の徂徠学を捨て、朱子学に転向し、藩主斉元の側儒となった。明倫館の再建には、大華の画策するところが多く、明倫館の教育を朱子学に転向することを標榜して、朱子学者の信奉する六大儒を従祀したのであった。なお、再建した明倫館の開館式は嘉永二年三月二日であった。

(30) 前掲『毛利十一代史』

(31) 前掲註(8)『長門国明倫館記』及び『長門国明倫館釈奠式』

第三章　水戸藩弘道館の創設と釈奠

はじめに

水戸弘道館が仮開館式を挙行したのは、天保十二年（一八四一）八月朔日である。幕府は寛永九年（一六三二）に上野の忍岡に聖堂を造営しており、[1]御三家すなわち尾張明倫堂（学問所）は徳川義直時代の寛永年間に、また紀伊学習館（講釈所）は正徳三年（一七一三）すでに藩校の創立がみられる。天保期の藩校創設は他藩に比しても遅い方であったといえよう。[2]そして明治五年（一八七二）十二月八日に弘道館は閉鎖しているのでその命脈は三十一年間ほどであったからあまり長くはなかった。

このように水戸弘道館は短期間の藩校ではあったが、他の御三家の藩校より、天下にその名声を博したのである。それだけに水戸弘道館は大きな特色を有していると思われる。これについて弘道館創設過程を考察しながら、今まであまり取りあげられなかった弘道館の学神及び釈奠について、若干の史料から論述してみたい。

一　弘道館創設の経緯

水戸藩における学問の隆盛から考えて、藩校の創立期が他藩より早くなかったことについては奇異にすら感ずるのであるが、藤田東湖は、水戸藩において学校を設けなかった理由として、

彰考館を設け給ひ、専ら国史に力を用ゐ給ひしかば、学校を建つるに御暇無くして過ぎ給ひけむと推量り奉る。しかはあれど、其頃文武に名高き人出来て、百年余の今日まで語りつぎぬるを以て見れば、学校こそなけれ、文武の教は残る所なく施し給ふらし、(3)

と述べているが、しかし他藩における藩校創設の目的(4)は藩政改革による財政再建とこれにともなう学問の興隆による士風刷新、子弟教育を主眼としていることから考えると、水戸藩において、国史の研究機関としての彰考館のみでこれを充足していたのであろうか。そうだとすれば、弘道館の創設は何故考えられたのであろうか、ということになる。この点について、従来必ずしも明確にされていないようであるが、先学の業績からご教示を賜わりながら考察してみたいと思う。

九代水戸藩主徳川斉昭が、兄斉脩の養子となって襲封したのは、文政十二年（一八二九）十月十七日であるが、(5)斉昭はその翌日、早速家老に対して藩政改革の姿勢を示している。(6)次いで天保元年（一八三〇）正月十六日には家臣に対して文学を勧め、武芸を奨励し、かつ政事上意見ある者は封書を上進することを許したが、ここで「文武は武士の大道にて人々出精可致事(7)」と、諸政改革の一環として文武を督励するなど、斉昭は襲封当初からすでに藩校創設の意向を持っていたのではないかと推量できないこともない。

これに呼応して、天保元年（一八三〇）に藤田東湖は上書して重臣以下の子弟教育を具申しており、さらに会沢正志斎が天保元年及び二年のころ、治教一致と実学精神を尊重した「旧水戸藩会沢氏学制略説(8)」と教職の人選

と上流子弟の教育を重視した『学問所建設意見書稿』[9]を著すなど、このころから『弘道館記』作成の基盤が形成されていったものと考えられる。

藩校創設の気運が具体化してきた直接的な動機は、斉昭が天保四年（一八三三）三月、はじめて帰国したことにあると思われる。このとき斉昭は『告志篇』[10]を草し、

文武の道も亦一致と存候、凡そ武士たるもの、武道を不励して不叶儀は、各も承知の事に候へども、不学文盲にては不相済事と存候。児童も知たる通り、今川了俊が「不知文道武道遂に不得勝利」といへるは、其言浅きに似たれども、其旨深しと思ふ。然るに、不学の者、文道は漢国の教なりとて嘲り笑ひ、又たま〳〵学びたる者は其道に泥み、堯舜は天祖天孫よりも難有ものと心得違ふ者なきにしもあらず。（中略）神国にて孔子の道を学ぶ人は、孔子の堯舜を尊べるが如くに、天祖天孫を奉仰候てこそ、孔子の道にも叶ふべければ、漢土の道も、神国の人学ぶ時は、即ち神国を尊ぶの道なるべければ、漢国の道なり迚しりぞくべきにあらず、

と、神儒一致を重視する教訓書として、家臣一統に示した。

これまで斉昭の建学の姿勢については、側近の会沢正志斎や藤田東湖の影響が甚大であり、その業績は認めなければならないが、斉昭の帰国にともない江戸通事戸田忠敞[11]の建言はさらに建学を推進していく上に大きな影響を与えたことは注目すべきことである。

すなわち、彼は天保四年六月、当時藩政の上で大きな問題になっていた土着政策のための牧場の設置をあとまわしにして、目下学校建設の急務なるを進言し「当時御城下住居に而も、上下町御家中文武等を一体に為御学被遊候場所無之候而は、人々何事も勝手々々に相成居一体に芸能引立候勢無之奉存候」と学館創設の必要を述べ、「無役之者は何日布衣以上は何日、物頭・平士は何日々々と次第を御付被遊候而、御学御目付方に而出席精不精等日々に吟味をとげ候はゞ、先達而之御達にも相当仕、人々精を尽し其人之才だけには文武等修行も出来、大臣

小臣共に怠惰に流れ遊芸抔に而已かたより者も無之、大臣には勝れ候人物も出来、小臣にも善士も出来候御元立と奉存候」と、その時期は斉昭が水戸滞在中に起工した方がよかろうというものであった。

ここにおいて学館開設の問題が急速に具体的になった。斉昭はまた帰国直後に学館創設やその他の重大政策について要職の者に諮問したが、これについての評議はなかなか進捗しなかったので、同年七月二十一日、斉昭は調役山口頼母・白石又衛門の両名に書をもって督促した。すなわち、

一、此度下り候ても、有志の者共さわぎ立不申、静に致居候義ハ、主水土著《着》にて海防を持候義、同心土著《着》之義、分家取立之義、学校之義、牧の義出来申事と存居候故の義に候所、分家、牧の義ハ大方にハ出来可申景気に有之候処、外の義ハ未何等の沙汰も無之候故、承り申候、尤其内昨日又衛門より学校の義ハ咄も有之候へ共、是も是非相成やうに致度事に候、右の条々出来不申候而ハ、改革の廉ハ更に無之様有志より被申候事に有之候故、猶亦、相談致し思召の通りに成ハ、ヨウゴス《善ク御座ル》ガドヲシタモンカ《何トシタルモノゾ》位の相談にてハ姑息に計をち、人手も足も出し候事ハ相成不申、其内にハ登り時節にも相成申候、若亦居延に相成候とて、心に弛出候てハ決して不相成候、居延に相成候て、右の条々出来不申候てハ、猶々不手際に有之候故、此所何分にも評議有之度候、主水土著《着》の義ハ未夫々へ掛候のみにて申出ハ無之候哉、同心土著《着》の義ハ如何相成候哉、音も沙汰も不承候、[12]

と、海防の設備、学校の創建を促したのであった。斉昭の藩政の改革に対する積極的姿勢がうかがわれるが、しかし、折しも天保四年は風水害による作柄が悪しく藩財政にも不安があったので、斉昭の帰国中にすべてが計画通り順調には行かなかったのである。水戸家中でもこのような実情のなかでは、斉昭の要求に応じて、積極的に改革の計画案を提出することには躊躇せざるを得なかったようである。斉昭の強い督促にもかかわらず、その後、誰からも計画案が提出されなかった。かくして斉昭は天保五年（一八三四）四月二十七日、参府の時期を迎えた

ため、結局斉昭の水戸滞在中には学校創建についての進展はみられなかった。

江戸に帰った斉昭は、なお学校創建の方針を貫くため、藤田主書を執政として学校創建に尽力させることにした。ところが、この人事は斉昭の大きな誤算となった。藤田主書は斉昭の期待に反して、この期における学校創建には反対の立場をとり、改革に対しても消極的な態度であった。藤田主書は天保五年十二月九日付をもってその旨を答申した。

学校御建立之義ニ付、先達而も御直書被下置、役わり等書付御慰に奉入御覧候様蒙尊命候処、何分当時之人才に而いかやうにも役わり不相成と申義は無之候得共、此節御建立之義とも不奉存候故、段々と延引に罷成、恐懼至極奉存候、此度如尊命文学武芸及衰微候義引立も不仕、其儘打捨置候様被為思召、学校に而御引立可被遊との御事、一同難有仕合奉存候、併学校の義、諸国にても追々新建に罷成候由候へども、多くは虚飾に而実用少キ方に及承申候、左様にては又学校之詮も無之、義公様御時代御建立之三昧堂にてさへ、唯今に至候而ハ虚飾に罷成実用も無之、御修覆計も御不益之筋に罷成候、儒学之義夫とハちがひ可申候へども、諸国に而新建之事も有之間、此方にても新建可仕とて唯大造に構ひ壮観に誇候のみに而、実用無之ては又学校之詮も無之候、畢竟数年之後に至り御弊も可有之との御先君様方思召に而、是迄御建も不被遊義にも可有之哉、学校之専務ハ及第を以人才を挙用仕候事に而、高第に至候もの御挙用無之而ハ其詮も無之間、初より其仕法をよく博議仕候而制度を立不申候へバ相成申間敷候処、当時大小之御家中一統及困窮経営にも指支候族も不少、中々以文武之段にも無文相聞候間、一統勝手向取直候迄と申も限りもなき事候へ共、一両年も取直候手段相談仕、伺之上御救方も有之上ならでは、学校之御沙汰にも及兼可申哉と奉存候、古語にも富て後に教ると申候へば、一統富を待候事はいつまでと申限りもなき事候へ共、せめて今少し不足なき様補へ方も御座候上、学校之御沙汰御座候はゞ、格別に教も行届可申哉と奉存候、左候へば指当り御家中勝手向取直之手段第一に仕、面々人気も取直し、文武の芸も自然と引立可申時節ニ至リ学校之御沙汰御座候ハヾ可然義と奉存候、すでに近年之内又々御就藩も可被遊御内慮も先達而奉伺候間、其時を御期し、学校御新建被遊候はば、いよ〳〵人心も悦服仕、学に向ひ可申哉と奉存候、夫迄は先ヅ不得止当時之姿に而、文武とも我々見分等にて大概精不精も相分候間、目に立候ものは、夫々召出転役等にて遅速之分御座候はゞ、面々文武相励候志も起り、自然と人物之吟味も行届可申哉とも奉存候[13]

学校の創建については、財政困窮の折から時期尚早で、斉昭の次回の帰国まで延引した方がよかろうという意見を述べている。なお、当時の藩校に対する認識として、「虚飾に而実用少キ方」であることを強調している点は注目に値する。

藤田主書のこのような考え方は、当時、国元も江戸家老もともに一般的であったようである。ただ通事の藤田東湖（彪）・青山延于・彰考館総裁会沢正志斎（安）などは斉昭の改革案すなわち学校創設に賛同している。天保五年十二月二十四日、青山延于はその奉答書で次のように述べている。

惟学校を建候を、諸侯之名聞と仕、頻に唐風に仕、名ありて実なき事天下之通弊に御坐候処、右之流弊を御革被遊候尊慮、誠に御卓見に御坐候、武芸固より学校に属候事に御座候、学校の四囲に長屋を造候て、槍兵法薙刀等稽古致し候はゞ、文武一致に罷成可申候、学校は其大小ニ拘リ不申、たゞ紀律之立候と立ざるとにて、人々の勤惰御坐候事に御坐候間、是計大切之事と奉存候、何卒事大惣《(相)》に無之、永久無弊様御工夫可被遊候、先当坐御中御殿其儘御用被遊、士人文武修行仕候様にも被遊候て御試可被遊候[14]

彼は学校の創設にあたって、莫大の費用が入用であるから、大聖殿や学寮まで整えることを止めること、聖廟がなければ孔子を祭る必要もない、異朝の学校の制に一向かかわりなく、城下に学問所を構えて士人の講学の場所と定め、釈奠釈菜を行わず、講堂を設けてここで習学するとともに、春初講会の節は吉備真備や菅原道真の肖像を床へ掛けて造酒を供え、また医業講論の節は大己貴、少彦名の二神の掛物をかけ、和歌披講の節は柿本人麻呂、紀貫之の掛物をかけただけにしたほうがよい、唐風にばかり倣い実用的でないのはよくないことで、この流弊をこのたび斉昭が改革しようとしていることは特に卓見である。と、斉昭の神儒一致、文武合併の学校創建の方針に対して賛意を表している。この時期における学校創建の評議から、斉昭の改革を支持する者があらわれ、かつその意見が水戸藩弘道館を特色づけるものであったといえよう。こうした意味で、この時期に水戸藩弘道館創建にあたって、その重要な方針の基礎が固まったものと考えられる。

このように支持を得た斉昭は、意を強めて学校創建に乗り出した。斉昭は天保六年四月、水戸表の執政に学校職員の人選を命じたが、その結果、学派の争いを再燃する恐れありとして、斉昭はその人選を無視して、戸田忠敞を側用人見習に、藤田東湖を江戸御用調役に抜擢した。以後、この二人は斉昭の股肱として活躍するのである。さらに斉昭はこの年の六月改革の財源を得るため、その費用を幕府に賜金として求めたところ、幕府から五千両ずつ五カ年間賜金として下賜されることになった。これによって斉昭は改革のため人材を整え、そのための資金を得たことになり、改革の実現に一歩を大きく前進させたのである。(15) 翌七年に改革の一環である海防や土着の計画を立てたが、大凶作のためこれらの計画はもちろんのこと学校の設立計画まで中断せざるを得なかった。その上、翌八年には家臣の家禄の半知借上げを行っている。このような状態であったから、家臣は、藩政改革や学校建設に対する関心が次第に薄らいでいった。ただ斉昭はこの頃より建学の記文の作成に積極的になった。

すなわち斉昭がかつて建学の記文を仮名書きで草稿したものを菊池善左衛門に漢訳させ、それを天保八年六月十日、御用調役である藤田東湖に示して完成するよう命じた。東湖は早速これを推敲し、七月三日斉昭のもとに提出した。(16) 斉昭はこの東湖の草案を会沢正志斎彰考館総裁以下の諸学者に示して意見を徴し、しかるのちに美濃岩村藩出身の儒者佐藤一斎に諮問して、いわゆる『弘道館記』の記文を決定するつもりであった。ところが水戸の学者以外の者に最終的な決定を委ねるということは、はなはだ主体性を欠くものであり、水戸の学者の面目にもかかわることであるという藤田東湖の強い反対意見により、その順序を変更し、まず最初に佐藤一斎（捨蔵）の意見を徴することにしたのである。(17)

天保八年九月三日、斉昭の佐藤一斎宛の書状(18)には、

（前略）扨是迄国元ニ学校無之候故、可取建と家督以来いろ〳〵工夫いたし候処、世間一統学問と政事と別物に心得、且又和と漢と二ツニ相成、甚しきに至而ハ古事記、日本紀を一見せさる漢学者も有之、六経の片はしさへ解し得ざる和学者も有之、其外文人ハ刀槍の芸をいやしき事ニ思ひ、武人ハ読書を恥候様ニ思ひ、又文にもあらず、武にもあらさる役人風抔いふ者有之候処、学校取建候ても文人武人抔と相成候而ハよろしからず候間、文武を合セ、和漢を兼、治教一致にいたし誰にても、日本に生れ候上ハ神祇を尊ひ、外国人と差別有之様、武家ニ生れ候上ハ武備を心懸、百姓町人等と差別有之様、扨人間ニ生れ候上ハ聖賢の道を学ひ、鳥獣と差別有之様いたし度存候故、学校の組立等役人共へかけ置候へ共、君の主意を記文に認候間、内々相談がてら見セ申候、

一、孔子ハ外国小邦の臣故、神聖神州抔いふ所へハ孔丘と認度候へとも、孔子の格式ニ拘り候義にハ無之、畢竟其教を慕ひ道の輔翼といたし候義ニて、神祇ハ君、孔子ハ師の扱ニて可然筋合と存候、

一、（略）

一、鹿島の神を祭候事不審も可有之候へ共、侯国にて新に天照大神を祭候而ハ非礼ニ可相成と、常陸第一の名神を祭候積りに候、但武神にてハ学校ニ相当せざる様ニハ候へ共、伏羲も聖人、神農も聖人文王も聖人、武王も聖人と申ス如く、聖人ハ一様にても、其徳の盛なる所にハ聖人迚も長短可有之、されは鹿島神も其盛なる所をたゝへ、武神と後世にてハ申候へ共、我は必ス学えたりといはんと申度事ニて、今の武人抔申

スとは、次第も違ひ愚昧抔考候てハすべて神代の神ハ多分ハ神聖と尊敬いたし候心得に候、
右愚説僻論も可有之候へ共、得と一覧の上存分添削頼入存候、尤外の文章と違ひ政事へも拘り候事故、学校
出来不申以前ハ他見等無用に存候也、

九月三日　　　　　　　　　　水戸

一斎老儒

緘

と、神儒一致・文武合併・治教一致等を教育精神の基本とする斉昭の学校創建の方針を披瀝して一斎の添削を依頼したのである。そののち、藤田東湖の進言通り青山拙斎（量介）、彰考館総裁会沢正志斎（恒蔵）から意見を徴した。以上三者の記文に対する意見の箇所が二十カ所ほどあったが、いずれも斉昭及び東湖の草案の精神を左右するものではなかった。そして最後に斉昭自身によって裁定した。(19) かくして「天保九年歳次戊戌春三月斉昭撰文幷書及篆額」という奥付けをもって『弘道館記』という名称で公表するにいたった。(20)『日本教育史資料』(21)は「本館ハ水戸城西第三郭内ニ在、天保九年戊戌藩主烈公之ヲ剏ス」と、弘道館の創建をこの『弘道館記』の公表の時期と同一視したため、『古事類苑』(22)をはじめ諸書が天保九年（一八三八）三月説をとっており、『日本教育史資料』のこうした影響は大きい。しかし、これらの諸説はいずれも誤りである。

なお、学校の名称については、『論語』衛霊公篇の「弘道者何」からとって名づけたものであるが、この名称の命名については、天保八年八月、記文の添削を佐藤一斎に依頼する直前のころとみられる。(23) ただしこれはあくまでも内定というものであって公表はされなかった。『弘道館記』の成立により建学の大方針を確立し、学校の名称を弘道館と命名した斉昭の次の事業は、弘道館の建設であった。天保十年、藤田東湖に命じて敷地について協議した結果、水戸城三の丸屋敷地に決定した。(24) このころ藤田東湖は、鹿島神社建立のこと、神職のこと、祭礼

のこと、孔廟建立のこと、釈奠のこと、学校御殿のこと、和学局・経済局・史学局のこと、教授組織・人事のこと、就学年齢のこと、学問吟味のこと、文武統一のことなどを内容とする十八カ条に及ぶ学校建設についての意見書を斉昭に提出して斉昭の批評を受けた(25)。そしてこれにもとづいて天保十一年二月より学校の建設がはじめられたのである。

その間、天保十一年正月二十五日、斉昭は二度目の帰国をしたが、この前後から改革派と反改革派の争いが激化し、斉昭の帰国反対運動すら起こったほどである。こうしたことが当然ながら藩政はもちろんのこと、目下の学校建設にも甚大な支障をきたすことになるわけである。そこで斉昭はそれらの反対を押し切って学校建設を実現するため、人事の刷新をはかった。さらに天保十一年二月、弘道館幹部職員として執政渡辺寅・参政戸田忠敞・側用人藤田東湖（彪）を弘道館掛に、青山延于・会沢正志斎を教授頭取に、杉山忠亮（復堂）・青山延光を教授に任命した(26)。以後、この陣容を中心に斉昭を輔けて弘道館を竣工し、天保十二年八月一日の仮開館式に向けて着々と準備をすすめて行ったのである。

二 仮開館

『弘道館記』が天保九年三月に公表されてから、三年半の歳月を経て、ようやくにして天保十二年八月一日、弘道館の仮開館式をあげることができたが、それはあくまで文字通り仮りの開館であった。敷地約方四町、総面積五万四千七十坪余という宏大なものであるが、弘道館の精神的支柱となるべき鹿島神社に、常陸一の宮鹿島神宮からの遷座がまだ行われなかったこと、大成殿に孔子の神位が安置されなかったこと、諸役職の陣容など制度的にもまだ不備があったことから、仮開館といわざるを得なかった(27)。

しかし、とにかく開館によって忠孝文武の修業を励まし、もって藩政改革の成果をあげるためにもこの期における開館が必要であるとの判断があったため、あえて仮開館式に踏み切ったものと考えられる。式典当日は雨天であったが、盛大に挙行された。その模様は「弘道館御用ニ付登城、御祝儀済一同弘道館に相詰、上公帰御より弘道館文館へ被為成、学校教授頭取青山量介（延于）『日本紀』、同職会沢恒蔵（正志斎）『孝経』を講ず、御家老らハ《（ママ）》田付なり、祠官修験与力郷士等聴問、右済て武館に被為成（中略）帰御、一同御赤飯被下指南へ御酒被下[28]」と、藩士は総登城し、青山延于の『日本紀』神代巻や会沢正志斎の『孝経』首章の講義があり、その後、槍術師範岡猪之允をはじめ打太刀尾羽平蔵、一刀流伊藤孫兵衛、打太刀横山縫殿蔵、田宮流居合佐藤政之允、打太刀平戸七郎衛門などによる武術師範の演技が行われた。天保十二年七月十五日、仮開館を直前にひかえ、

御家之義は公辺之御羽翼天朝之御藩屏に被為在候間、随而御家中之族も一ト通りに相心得候而は不相済候処、面々祖先之勤労に而御代々様御恩沢を蒙り、安穏に罷在候故、自流俗に泥み忠孝之大節、文武之大道等疎略に相心得候向も有之様成行候段如何の事に被思召、此度威公様義公様御遺志被為継弘道館御造立被遊御家中当主子弟等夫々日割を以相詰、猶又寄宿等をも被仰付候条、一統無二念致精勤忠孝文武相励奉報御国恩候様可仕旨被仰出もの也[29]、

と建学の方針を一般士分の者に示し、忠孝文武を奨励したので、開館式には士分の者はもちろんのこと家中の与力・郷士や祠官・修験にいたるまで三千余人の出席者があったという[30]。

三　本開館

弘道館が本開館式をあげたのは、仮開館式から十七年後の安政四年（一八五七）五月九日のことであった。このように弘道館の正式な開館式がのびのびになるとは斉昭自身も予想しなかったことであろう。その理由は、仮開館以後、斉昭は弘道館制度掛を整え、小石川邸内に江戸弘道館（文館）を創建し、また天保十四年（一八四三）

には弘道館に医学館を開設するなど、弘道館の充実をはかっていたのであるが、斉昭帰国中の弘化元年（一八四四）五月、幕府より七カ条の嫌疑により、驕慢であるという理由によって突如として隠居謹慎を命ぜられたのである。これと同時に弘道館運営に重要な役割を果たしてきた戸田忠敞・藤田東湖・今井惟典らも役儀召し放ち、蟄居を命ぜられた。そして藩政は幕府の監督下におかれ、封を長子慶篤に継がしめたが、これは藩内部における抗争によるもので、すなわち斉昭の改革派に対する反改革派の巻き返しであった。改革派は斉昭の雪冤運動に立ち上がり、このため藩内は一時混乱に陥ったのである。

これを「甲辰の禍」といっているが、これによって藩政の改革も弘道館の充実もすべて頓座してしまった。斉昭が謹慎を解かれたのは同年十一月であるが、藤田東湖らの謹慎は解けないばかりか、改革派で雪冤運動を起こした豊田天功は弘化二年三月禁錮に、さらに弘化三年正月には会沢正志斎らが同じ雪冤運動の罪に問われて禁錮の刑に処せられている。そのため同年三月には弘道館諸生らが、会沢正志斎の雪冤運動を起こすにいたった。嘉永二年（一八四九）三月にいたり幕府は斉昭を再び幕政に参与させるとともに次第に改革派の者の謹慎も解いていった。このように水戸藩内部が危機的状況下に置かれていたとき、嘉永六年のペリー来航という重大な外交問題が起こった。斉昭はそのため幕府より海防参与という大役を命ぜられた。このように幕府における地位を得た斉昭は、再び自藩の改革と弘道館の本開館準備のため積極的な政策を取った。(31)

まず、斉昭は鹿島神社や聖廟を祭り建学の精神を顕らかにするための重要なこととして、安政元年四月会沢正志斎や青山延光（量太郎）に祭式の調査にあたらせ、その報告にもとづき、斉昭は藤田東湖とともに検討を加えた。同年十一月には来春を期して本開館式を挙行したい考えで、左記の命を下した。

一、学校の事、当年は無余日、来春は早々開申度候処、神社祀、廟祭儀等の事は追々承り候へ共、夫のみに而本開きとは難申、此度は大切の事故、開きの後に諸向存意有之候而は不宜候間、文館は舎長迄、武館は壱人《本ノママ》

切り、存意の有無封書に而為差出、来月十四日迄ニ一同為差登可申候(32)、

明春本開館を行うため、神社の祭礼、孔廟の祭儀について調査をしたのであるが、それだけでは本開館はできないのである。本開館後に諸向から意見が出るようではよくないので、考えのある者は十二月十四日までに、封書で差出すようにと命じたのである。学制に関する調査事項を、神社聖廟の事、治教を一にする事、教官職掌の事、文武諸生入学の事、師弟執礼の事、文館教導の事、武芸の事、文武兼習の事、文武階級の事、寄宿寮の事、附門闈の学の事、別局類の事、席順の事、修業刻限の事、修業日割の事、文武考試の事、賞罰の事、他所修業の事、他藩修業人扱振の事、その他の二十三項目にわたって、文武教官・目付・軍用掛らから意見を徴した(33)。

このとき多くの建議がみられ、これをまとめて「学制建議」と名づけられた。この建議の中で「意多之弊風」として、偏文偏武・恩賞の偏向・漢書偏重・治教の不一致・諸生の遊惰をあげており(34)、それは当時の弘道館及び諸生の実態を示している。だが、他の藩校においては諸生の遊惰について批難されたことはあまりないようである。水戸藩においては文武一致という立場からの評価であるから、他藩に比べて一段と厳しいものであったと思われ、それがまた水戸弘道館諸生の特色でもあった。

越えて安政二年（一八五五）二月、斉昭はさらに本開館の準備のため、武田耕雲斎を大番頭兼学校奉行に、会沢正志斎を小姓頭、教授頭取に復職を命ずるとともに、

再勤愛度候、老衰の歎息追々相聞候へ共、右ハ中納言(徳川慶篤)も我等も委細承知之上申付候儀、元より恒蔵を一介之武役に用候積には無之、学校本開之上文武実用教授申付候事故、青山申合押張可相勤候也(35)、

と、三月九日付で書を送り、会沢正志斎に対して本開館後の活躍に期待を寄せている。

このように本開館式のため着々その準備を整えている矢先に、斉昭股肱の臣であり、側用人兼学校奉行の藤田東湖と執政の戸田忠敞がともに十月二日、安政の江戸大震災によって圧死したため、本開館式の延期を余儀なく

された。同年十一月、武田耕雲斎を参政として江戸邸務めとし、水戸弘道館には白井久胤を執政に、中山直生と興津良能を参政に任じて監督にあたらせることになった。安政三年十一月十九日に藩主徳川慶篤夫人幟子が死去し、こうした不幸が重なって、はたまた本開館の時期を延期せざるを得なかったのである。しかし安政四年にいたり、その準備も急速に整ってきた。同年二月八・九日の両日にわたり、鹿島神社の神体や孔廟、音楽、祝詞、舜水祠堂について、またその後、学規についても論議している。このころは四月はじめに挙式の計画を立てていたようであるが、結局、五月九日に本開館式を挙行することを決定したのはその直前五月三日のことであった。(36) 五月九日、神社聖廟の遷宮遷坐の祭儀を執り行い、しかるのち本開館式を挙行したのであるが、その模様は次のような盛況ぶりであった。

今九日早暁子刻、鹿嶋大神宮幷聖廟御遷坐、万端無御滞御祭儀被為済、御同意恐悦筆紙に難尽奉存候、八日は此間中之雨天気を引返し、昼前北風に候処、神宮御著（着）頃より天明風凪暮前御神体静々と被為入、御迎之御家老頭はじめ我々輩文武師範手添等大御門前かゝり焚候処へ、各官服に而奉迎、御仮殿へ入御之頃は館中の梅林若葉そよく夕月夜いとあかく、供奉の人々衣冠を列らね候さまいかにも〳〵神代のむかしおほる《本ノママ》はかりにて、神威いやまし〳〵、猛く警衛之武士谷弥次郎（町奉行）梶清次衛門、御目付方類杉浦参政石川彦之允金子孫二郎等、何れも野服勇々敷出立、御仮殿迄奉守護候さま、実に二百年来之御祭儀、武張り候さま落涙に不堪奉存候、静長官御祝詞読之、御神体御内宮へ御移之節は暗夜に而、四方かゝり火のみ神楽吹笛の音優美、言語に難尽事に御座候、夫より順々昇殿、一ノ鳥居より三ノ鳥居迄両側へ衣冠の士大夫相列親（新カ）こもの上を進退、明六ツ時相済、夫より孔廟御祭儀被為済、青四（青山量四郎）御祝文読之、無滞相済申候、於御殿に御碑文教頭一読、右畢而御親書拝見、九ツ前御式迄賑々敷相済申候、明日より三日之間御国中の者幷百姓町人等拝礼御免、今日も総人数四千六百人手当のよしに御座候、実に近年処には無之、二百年以来未曾有之大祭、縦覧感泣此

事に御座候[37]、

高橋多一郎（愛諸）は江戸邸の茅根伊予之介（泰）へ書簡をもってそのときの場景を克明に報告している。なお、五月八日には、明九日鹿島神社や孔子廟の御開きのため、今日布衣、物頭、文武師範、規式以上の役方が官服で集合し清祓を受けた。宝刀を城中より神社に遷し、その後、孔子神位すなわち孔子の木主を彰考館より聖廟に安置した。夕暮になって常陸一の宮である鹿島神社の御神体が鹿島から到着した。九日は、明九ツ時から神社の遷座式を行った。藩主名代として山野辺主水正（義芸）が祭主を勤め、松御殿（斉昭）の名代を大場弥衛門が勤めた。遷宮の祝詞は神官小川修理の撰によるものを静神神社長官斎藤監物が読誦し、奉幣式を行って分祀式を終わった。引き続き孔廟の釈奠が行われ、祝文は助教の青山延寿（鉄槍）により朗読された。終わったのが四ツ時の頃であるが、祭儀ののちに、執政以下諸生にいたるまでの者が鹿島神社と孔子廟に参詣し、そのあと弘道館において青山延光による『弘道館記』の読誦を聞き、次いで、藩主徳川慶篤が四月二十九日に教授頭取に下した、『弘道館記』の意味に背かず、高禄身柄の者の子弟は文武とも別して心得ることなどを記した「文武奨励の論書」を拝見してすべての本開館の式典が終了したのである[38]。

四　聖廟の釈奠

藩校一般においては、幕府の湯島聖堂に倣い、正庁（学館）とともに大成殿（聖堂）を建て、ここに孔子四聖及び孔子高弟の彫像、画像、木主などを安置して釈奠を行い、藩政改革の一環として文武の興隆と士風の矯正をはかったのである[39]。

次に水戸藩においては、これらについてどのような政策が施されたかを考察し、その特色を把握したい。

水戸弘道館創設の気運が高まってきたのは、はじめて斉昭が帰国した天保四年以降のことである。この点はすでに第一節で述べたが、これと同時に水戸弘道館の教育を特色づける教育方針についても論議されている。斉昭は神儒一致、文武不岐の方針を示して諮問したのに対して、水戸詰の調役山口頼母・白石又衛門が連署で次のような奉答書を呈している。

学校とさへ申候得バ、孔子を本尊に仕候義、古今之通論に御座候処、孔子の道を尊崇仕候も、神皇之御勲績に候へバ、神皇ヲ主と御祭、孔子・扁鵲ヲ客の如ク仕、神儒一致、文武合併に御建立被遊度との御義、本朝元より神之三国に御座候へバ乍恐御卓見に而御尤之御義に奉存候、(40)

斉昭の方針に賛意を表している。これによって斉昭の方針を推測すると、神儒一致といいながら、神皇を主として孔子を客とするものであったことがわかる。学校及び大成殿、すなわち聖堂の創建については、目下財政難の折から問題となったのであるが、これについて斉昭は、執政藤田貞正の意見を批難した書の中で、「舜水雛形いたし候通りに不相成義」は、「公辺にて聖堂御建の節御入用莫大にて其上行々御手入等不届」と、莫大の入用であるから幕府の聖廟のように雛形通りの本式にはとてもできないことを述べている。(41) また、斉昭が通事青山延于に書を与え、

江戸を初国々に聖堂学校等、処々に有之処、学校とさへ申候へば、孔子を本尊に致候処、唐にては尤の義に候へ共、本朝にては周孔の道を御取用ひ被遊候は、神皇の御功に在之候へば、（中略）神を中へ祭り、孔子・扁鵲・すくなひこな《（少彦名）》の神又は人丸等客の如くに祭候て、学校へ初て入門致候者は、先ヅ神を拝候後、孔子等をも拝し候様に而如何可有之哉、(42)

と、従来藩校の学神は孔子のみを祭ってきたのに対して、「本朝にては周孔の道を御取用ひ被遊候は、神皇の御功に在之候」と、我が国においては、神を主とし儒を副とする神儒一致の学校を設けたいと主張している。青山延于はこれに対して次のような奉答書を斉昭に提出した。

学校異朝之如く大聖殿（成）を始、其外学寮迄畢備候様に作立候は、本式之学校に御座候得共、是ハ広大なる事にて、幕府之御力にてさへ本殿計御造営御座候事に有之候へば、まして諸侯などにては無用の費ばかりにて永久之法に相成不申候、聖廟無之候へば、文宣王を祭候にも及不申候、左候へば異朝学校之制に一向拘り不申、学問所を城下へ構候て全く士人講学之場所と定メ、釈典釈菜等行ひ不申、講堂を建、小寮二三区を設、平生習学之所と仕、春初講会之節、吉備公、菅丞相之懸物を床へ懸候て、造酒を備候位にて相済[43]、

大成殿まで作ることは莫大な経費がかかるので、異朝の学校の制に一向かかわらざるようにし、文宣王を祭らず、したがって釈奠も行わない。ただ講堂を建て、春初講会の節に吉備真備や菅原道真の掛物を床へかけて祭るという具体的な提案をしているが、これまでの常識からみても奇抜な考えであった。さらにこの説を発展させ、

学校中祭神、神武帝、応神帝、天智帝三神可然被為思召候（中略）天子格別之御事にて文館武館へも祭不申候、是は異代にても天子は恐多事にて遠慮仕候、左候へば武館にては、鹿島・香取両社、文館にては吉備公・菅公なとか外は、存当りも無之奉存候[44]、

と、鹿島・香取両社の祭神をあげるにいたった。鹿島の神については、斉昭が「記文」について、佐藤一斎に諮問した天保八年（一八三七）九月三日付の書翰中[45]で述べている、「鹿島の神を祭候事不審も可有之候へ共、侯国にて新に天照大神を祭候而ハ非礼ニ可相成と、常陸第一の名神を祭候積りに候」という考えから、鹿島の神を祭神にしようと考えたようである。このとき、右の祭神については一斎より別に問題にされなかった。斉昭は佐藤一斎に諮問したあと、通事青山延于や彰考館総裁会沢正志斎の意見を徴したのであるが、会沢正志斎は祭神について、鹿島神社の祭神である建御雷神のほかに思兼神を祭ることを提案したが、これは採用されなかった[46]。また、藤田東湖が会沢正志斎に宛てた書簡に「九五（斉昭）の御主意は、兎角天祖神武を御祀りの御主意に而」と、斉昭が神武帝を祭神にしたい旨を披瀝している[47]。

天保九年にいたり『弘道館記』[48]が三月に公表された。この中で「抑夫祀建御雷神者何、以其亮天功於草昧、留威霊於茲土、欲原其始、報其本、使民知斯道之所繇来也」と述べ、また「其営孔子廟者何、以唐虞三代之道折衷於此、欲欽其徳、資其教、使人知斯道之所以益大且明、不偶然也」という理由で建御雷神を祭り、孔子廟を営み、そして神州の道を奉じ、西土の教を資り、忠孝二無く、文武岐れず、学問事業その効を殊にせず、神を敬い儒を崇び、偏党することのなきことを強調している。天保十年になり、斉昭は藤田東湖に学校設計の意見を求めたのに対して、東湖は一八カ条に及ぶ意見書を提出した。[49]そのうち神社聖廟に関しては、

一、鹿島神社御建立之事

一、神職ハ誰へ被仰付候哉、只今より御治定可然奉存候

一、祭礼之義も一年一度も不被仰付候而ハ相成間敷奉存候

一、孔廟御建立の事

但、大成殿雛形にて土貢無之様には御座候共、一体唐人の普請は殊の外細工念入、随而御入用も相過し可申奉存候、鹿島神社よりも御入用相過候様にては相当不致候間、悉くさっと御出来可然奉存候

一、釈典等之義、前広に御治定可然奉存候、

という意見であった。神社と聖廟の建立について、経費の面から神社と聖廟が相当することを強調していることは、藤田東湖の神儒に対する思想の一端を表現しているものとして興味深い。なお、祭神についての東湖の考え方は、弘化元年（一八四四）八月に彼が著わした『常陸帯』[50]から具体的に把握することができる。すなわち、祭神については、

武甕槌の神は武神にてましします、文武の学校に武神のみ祭り給ふはいかゞかと疑ふ人もあらむ、是は深き思召あることにて親く仰を蒙ぶれるものにあらざれば、其由を知る可からず、君の仰に漢土の学校は必孔子を

祭る、孔子は聖人にて、人の標準とする所なれば、誠にさる事なり、されども神国にて孔子をのみ祭らむは、神皇の道を捨て漢土に従ふに均し。神は斯道の本にて、孔子の教は斯道を助け弘むる為なれば、先に神を祭りて道の本を崇め、次に孔子を敬ひて此道のいやまし盛になりぬる由を示すべし。ある諸侯の国（津有造館聖堂には孔子の左右に吉備真備・菅原道真を配祀）にて学校に吉備公と菅公を祭りしと聞く、一とわたりは聞えぬれども何れも漢学を弘めたるのみにて、道の本とはいひ難し、殊に菅公は忠誠の人なれども、吉備公は識者の議を免れ難き人なれば、かたがた事足らはぬわざなり。斯道の源はかしこくも天祖皇孫より起りて、代々の帝を歴てますく〳〵明かになりぬれば、神国の学校には神皇を崇め祭り奉らむこそ、孔子の道にも叶ふらめ、されどそれは天朝にて学校を脩め給はむ時の事なり、人臣としては天子を祭る可からざる事、聖人の礼にて延喜式にて其事あり、されば神皇の大業を助けまゐらせし神を祭りなば、源に遡りて本に報ゆる道にも叶ふべし。我常陸なる鹿島の神は、皇孫降臨し給ふ時、大功ありし神なれば、いざ此神の御霊を鎮座しめ侍らんとの仰にて、武甕槌神をば祭り給ひぬ。さて孔子の廟営み給ひけるに先聖、至聖、大成至聖文宣王などいへる文字を加へてあらまほしき由申上し人有りけるに、魯国の大夫にて千百年の後まで世に貴ばるゝは聖徳ましましゝ故なり、何ぞ後人の称号を用ゐむ、大成などいへるは蒙古のえみしが捧げし号なれば、孔子の心にもかなふまじと仰られ、その職の人々に計り給ふにいかにも孔子とのみ有りて孔子の徳は尊くありなむと申上しかば、御自ら神牌に孔子神位と記し給ひぬ、

と、鹿島の祭神である武甕槌神を遷座した理由を述べている。この文にみえているごとく、この頃すなわち弘化元年以前、すでに聖廟の「孔子神位」の木主も斉昭の親筆によって安置されたのである。

天保十一年（一八四〇）二月、弘道館の建築がいよいよはじめられ、竣工したのは翌年の七月であった。そして八月一日に仮開館をしたのである。五万七千坪という広大な敷地の中央に、神儒一致、文武不岐の教育方針を

示すように、鹿島神社と孔子廟があり、その周りに正庁、至善堂、文館、武館、諸局などが設けられた。聖廟は、鹿島神社の東北にあって、廟西側の広さ二丈七尺、深さ一丈六尺五寸、高さ二丈六尺五寸で、これは伝来の大成殿の模型を縮小したものである。内部は瓦甃を敷き、斗帳を垂れて卓上に香炉を置き、斉昭によって孔子神位と題した木主を帳内に安置した。木主は孔子一座のみで、四配の安置はなかった[51]。四面には墉を設け、正面には戟門を設置するという規模のものであった。天保十二年八月一日、仮開館式[52]を挙行したが、しかし「建学の初めに於て既に神社・聖廟は造営したれども、未だ祭典を挙ぐるに至らず[53]」という状態で、したがって釈奠も行われていない。ただ当日、神儒一致の方針にもとづき、教授頭取青山延于が『日本紀』神代巻を、同会沢正志斎は『孝経』首章の講義を行った。

天保十二年八月の仮開館の直後に定められたと考えられる「弘道館廃務日[54]」という弘道館の年間行事と休日を定めたものに、二月と八月に釈奠の日が定められているので、釈奠を行う意志が仮開館の当初からあったものと思われる。聖廟の学神である「孔子神位」の木主を作ることは、手続き上においてもさして困難ではなかったはずであるから、仮開館とした理由の一つとして、聖廟の孔子神位が安置されなかったことをあげているが、それはあまり問題にならなかったことであろう。仮開館とした大きな問題は鹿島神社祭神の遷座にあったのであろうと思われる。

安政四年（一八五七）五月六日、本開館式に先立って、鹿島における分祀祭が行われ、八日の夕刻に水戸に着き、直ちに遷座式を行い九日まで続けられた。祭主は国家老山野辺義芸で、藩主慶篤の名代を勤め、その夜、子刻に祭神を神殿に安置した。その間、神官の薦奠の儀が奏楽とともに行われた。神饌は精粢飯・神酒二瓶・魚鳥各二・鮮魚乾肴各五・鏡餅一隻・海藻・野菜・菓物五種・塩であった。祝詞は小川修理が作ったのを静神社の斎藤一徳が奉読した。終わって斉昭の代拝として家老大場斎景が礼拝して一応祭儀は終わった。次いで孔子廟において釈奠が行われた。その次第は神社と同じであるが、ただ薦奠のみが多少違っているようである。すなわち「幣帛一ツ、素絹一丈八尺を函に納る。簠一飯を盛る。簋一粟飯を盛る。籩七ツ松魚節　棗　削塩　乾栗　乾肴糕　果物　豆四ツ　野菜　海藻　果物　醃肴　鉶　生魚二尾　甄　醃肴　俎三　生魚二尾鶉雉　爵土器をもって代用す」を奠供している。(55) 祝文は、

維れ、安政四年歳丁巳に次る五月・・・朔、越・・・・権中納言従三位源朝臣慶篤、老臣主水正山野辺義芸を遣はし、敢て昭かに子先聖孔子に告ぐ。維れ古昔天祖天業を経倫し、訓を万世に垂れ給ひ、君臣の義既に正しく、父子の親既に敦し。夫子西土に在りて、大道を闡明し、彝倫を式叙す。経籍の来貢せしより、以て邦治に資し、文教大いに敷く。今我が権中納言源朝臣斉昭、学宮を営築し、懿範を崇奉す。庶幾くは闔国の士民をして矜式する所有らん。慶篤、不肖仰ぎて緒業を承け、戦競遵守、謹みて制幣庶品を以て、式明薦を陳ぶ。尚くは饗けよ。(56)

とあり、弘道館訓導青山延寿が藩主徳川慶篤の代読をつとめた。文中に「慶篤、不肖仰ぎて緒業を承け」とあるが、ちなみに彼が封を襲いだのは弘化元年である。祭儀が終わると家老・執政・参政以下文武師長及び学生にいたるまで順に神社と聖廟に参拝し、弘道館に戻って国老以下諸有司役などが正庁に列席して、教授頭取青山延光の館記碑文の朗読を聞き、かつ藩主慶篤から教授頭取への諭書を拝見して本開館式がすべて終わった。(57)

その後、聖廟における春秋の釈奠については執行した期日の明確な史料が非常に少ないのであるが、その中で、文久二年（一八六二）二月四日に行った釈奠の記録がある。すなわち、

一、上丁

孔廟釈奠御祭儀都而祈年祭同様之事但楽役之儀御小姓頭殿

但文久二年壬戌二月四日上丁ニ相当候処

鹿嶋孔廟御同日御祭之筈ニ相極候、[58]

と記されており、そのため「神酒三升、土器三拾、是ハ神酒頂戴之分、幣帛壱丈八尺、蠟燭五拾挺　但弐拾匁かけ、紙緒草履弐拾足、杉原紙壱状」が前月から用意されている。[59] そして、当日の「孔廟釈奠御祭儀御次第[60]」は、

卯之刻揃
衣冠布衣

一、御名代并御代拝学校御殿江御詰ニ相成居候付、御祭儀御初立ニ相成候段御左右御文庫役より申上、御本殿南之方江
御出席
一、役人出　清之上香畢而御扉を開、戸帳を結
一、御名代　清之上香畢而神前江御懸之此時楽を奏韜を御取、櫝之戸を御開、上香御一拝御復座此時楽を止
一、役人出　御卓を出す
一、役人出　茅沙を出す
一、御名代　神前に御進ミ此時楽を奏
一、幣帛箱役人　持出　御請取御備
一、簠簋　実　御三方　右御同断
一、籩豆　実　御三方　右御同断
一、掛魚　右御同断
一、御土器御小姓頭也　右御同断
一、御瓶子役人持出　卓上之御土器御下ケ御酒御請茅沙江御灑又御請御備此時楽を止御一拝
一、役人出　御祝文読之

一、新盃役人持出　此時楽を奏旧盃ニ御引替

一、亜献役人持出　御備

一、新盃役人持出　旧盃ニ御引替

一、終献役人持出　御備

御名代御一拝直ニ神前江御進御備物順々御下ケ役人持入此時楽を始

右御下ケ畢而此時楽を止御名代御復座

一、役人出　御祝文読ミ

一、役人出　茅沙引

一、役人出　御卓下ル

御名代神前江御進ミ神位如元御納此時楽を始

右畢而上香御一拝此時楽を止

右相済

御名代御本殿雨落内左右之控所江御退去

一、前中納言様(徳川斉昭)御代拝在之、右同断退去

　　但布衣以上詰人之儀も学校御殿江相詰居　御名代へ之御左右ニ而各出席於御本殿ハ雨落内左右之内控所

　　ニ相成候事

一、御小姓頭演述ニ而於御本殿内布衣以上神酒頂戴有之候事

という釈奠の次第であった。普段は藩主が祭主を勤めるのであるが、藩主不在の年は水戸の家老かまたは小姓頭が名代となって釈奠を掌った。

八月の釈奠については「八月上丁孔廟釈奠二月ニ同じ(61)」であった。文久三年にも「二月朔日上丁、四日祈年祭之所」とあるので、釈奠を実施したようであるが、しかし詳細な記録はみあたらない。年号の記載がないが、彰考館所蔵文書の中に『孔廟釈奠御祭儀御次第(62)』という記録がある。これには、

孔廟釈奠御祭儀御次第

卯之刻揃

衣冠布衣

一、助祭并役人御手長詰人学校御殿江相詰居候ニ付、御祭儀御初立ニ相成候段、御左右管庫ヨリ申之、御本殿南之方江御出席

一、助祭并役人一人宛出、清之上香畢而御扉ヲ開、戸帳ヲ結御左右管庫ヨリ申上ル、鉄千代様御本殿江被為入御上香、御一拝直ニ神前江御進ミ　○此時楽ヲ奏

韜ヲ御取櫝之、戸ヲ御開、御上香御一拝御復座　△此時楽ヲ止

一、役人出　御卓ヲ出ス

一、役人出　茅沙ヲ出ス

鉄千代様神前江御進ミ　○此時楽ヲ奏

一、幣帛箱役人家令教授　持出

御請取御備

一、簠簋　実ハ御三方　右御同断

一、籩豆　実ハ御三方　右御同断

一、掛魚　右御同断

一、御土器　　右御同断
一、初献御瓶子役人家令教授
持出卓上之御土器三方共御下ケ御酒被為請茅沙江御灑又御請御備△此時楽ヲ止　御一拝
一、役人出　御祝文読之
一、新盃役人持出、旧盃ニ御引替
一、亜献御瓶子役人持出、如初献御酒御請御備
一、新盃役人持出旧盃ニ御引替
一、終献御瓶子役人持出、如亜献御酒御請御備、御復座助祭之役神前江進ミ○此時楽ヲ奏
一、御土器御下ケ役人持入
一、掛魚御下ケ同断
一、籩豆御下ケ同断
一、簠簋御下ケ同断
一、幣帛箱御下ケ同断
右相済△此時楽ヲ止　復座
一、役人出　御祝文焼之
一、役人出　茅沙ヲ引
一、役人出　御卓下ル
鉄千代様　神前江御進ミ○此時楽ヲ始　神位如元御納、戸帳御下ケ
右畢而御上香御一拝△此時楽ヲ止　神酒御頂戴御退去

右相済

助祭之役御本殿雨落内左右之控所江退去

但布衣以上詰人之儀モ学校御殿江相詰居御名代江之御左右ニ而各出席、於御本殿ハ雨落内左右之内控所ニ相成候事

一、家令教授演述ニ而於御本殿内布衣以上神酒頂戴有之候事

とみえる。すなわち前述の文久二年二月四日の釈奠次第とほぼ同じであるが、文久二年には祭主が御名代であったのに対して、鉄千代（篤敬）が祭主となって執行された。また、最後の演述は文久二年には小姓頭であったが、右の記録では家令教授がこれにあたっており、この点多少相違するところである。

右の記録は年号を欠くが、前述の『鹿島神社孔子廟行事書類』(63)の中に「明治三年庚午八月三日釈奠御祭儀取扱次第」が記載されており、これに「七月晦日、鉄千代様御受候ニ付、御決ニ相成候よし、本人御次第相廻申候」(64)と付け書きがある。そして釈奠当日の八月三日に、

一、鉄千代様卯半刻御登館 至善堂御上段ノ間ニテ御召替アリ 御帯刀ノ役根本三四郎勤之 但シ衣冠 御内庭土戸ヨリ御通行、孔廟表御門ヨリ入御 此時頭取国分五郎蔵御門マデ御迎ニ出御先ヲ勤ム御供方ハ御門ニ控ス 御本殿南ノ方へ御着座 御帯刀ノ役御後ニ座ス 但シ御門ヨリ通御ノ節楽ヲ奏ス（中略）夫ヨリ御祭儀節ノ通リ畢テ（中略）本ノ通御通行御殿エ還御ナリ、

と記されているので、彰考館所蔵の『孔廟釈奠御祭儀御次第』は、明治三年（一八七〇）八月三日の釈奠の式次第(65)のみを記したものであると考えられる。

仮開館以降の弘道館における釈奠については、これ以外、管見にしてみあたらなかった。

おわりに

弘道館の特色は、確固たる教育方針にもとづいて出発したことにあり、かつ藩主である斉昭自らの政治的手腕をもって率先して行ったことも注目されるところである。また斉昭の側近として功績のあった藤田東湖の弘道館創設に対する情熱は斉昭に勝るとも劣らなかった。「此度の学校は天下一に不被遊候而ハ御建立の甲斐も無御座候」[66]という意気込みであったから、他の藩校より創立が遅れたものの、大きな特色をもって、世にその存在を知らしめるにいたったものと思われる。そして斉昭が強調しているように「弘道の館は武士は武士たる者を教候為の館に候へは、口先許にて無用に候へは、右様の人何程学問よろしく候ても、教授には致間敷」[67]と、また東湖も「学問は実学に無之候而は却て無学にも劣り申候」[68]と、学問は実用・実践のためのもので、学問と事業の一致というところにその特色を示したのである。

さらに、孔子廟のほかに鹿島神社を建立し、神儒及び国学と漢学の一致という特色を作りあげたのであるが、その結果は神社を本として孔子廟を従とするものであった。藩政改革の一環として、士風を糺すため学問の興隆をはかる目的で藩校が創建され、これにともない孔子廟が建立されるのが一般的である。しかし弘道館は仮開館以後、鹿島神社の遷座によって本開館式を挙げるまで、その間隔があまりにも長きにすぎたことは、他藩と比較してはなはだ理解に苦しむところである。これは斉昭の謹慎問題や財政難ばかりの問題ではなく、斉昭による強引で少し性急過ぎた政策によるためではなかったろうか。このことがまた諸生にも影響を与えたものと思われる。

すなわち、弘化三年（一八四六）九月、学生の怠惰を誡めて「去巳年以来弘道館文武不精之族多有之趣過詰可被仰付筈に候得共、御初政之御砌故、此度は不被仰付候間、面々無二念出精御日割相詰可申、此上不精之族は屹と被仰付候事」[69]と、開館後五年にしてこのような警告を発せざるを得なかった。他藩における藩校諸生の学問的意欲の旺盛な態度からして考えもおよばぬことである。要するに入学した諸生を引きつけるものが欠けていたためではなかろうか。理想と現実の懸隔が大きかったように思われてならない。藩政改革として文教政策がその中心となり、そのため藩校の教授陣や設備を整えることはもちろんであるが、なんといっても学問成就を目的とする孔子の釈奠が大成殿において春秋の仲月にいとも厳粛に行われているのが、学問を盛んならしめた藩校の一般的傾向である。それに比べ、弘道館は神儒一致の方針によって儒学偏重を排除したためではあるが、春秋の釈奠があまり厳格に行われた形跡は史料的制約もあってかみあたらないのである。その上、本論で述べたように非常に簡素な釈奠であって、この釈奠により諸生の学問的意欲を高める原動力に果たしてなり得たかどうか疑問である。他藩においては、この釈奠のため諸生も役割を分担して二十日も前からその準備にとりかかっており、釈奠後は儒者の講釈が行われ、また諸生も競って献詩をするというもので、春秋の釈奠にあたっては藩校をあげてその準備にあたり、非常な活気を呈しているのである。弘道館においては、これを鹿島神社の祈年祭や朔望の祭礼によって補い得たかどうか、精神的な面を今後追求したいと思っている。

水戸弘道館の創建が遅きにすぎたにもかかわらず有名となった理由は、その特殊性や『弘道館記』以下の高尚な書籍や水戸藩儒者らの強烈な個性によるものであったのか、あるいは教育そのものの実績によるものであったのかについては、なお客観的な立場に立って研究を深めてみる余地があろう。

(1) 本書第一篇第一章参照
(2) 拙稿「米沢興譲館の創立」(『国史学』第七四号)
(3) 『常陸帯』下の巻「弘道館を建給ふ事」(世界教育宝典日本教育編『藤田東湖・山崎闇斎集』、玉川大学出版部)
(4) 本書第二篇第一章・第二章及び前掲註(2)参照、『日本教育史資料』五・旧水戸藩(冨山房)
(5) 「文恭院殿御実紀」巻六十四、文政十二年十月十七日条(新訂増補国史大系49『続徳川実紀』第二篇、吉川弘文館)

名越時正「水戸弘道館の創立に関して」（『芸林』一五―二）には、文政十二年十一月二十日襲封としているが十月十七日の誤りであろう。なお斉脩が実際に死去したのは十月四日夜であるが、これを十月十六日朝寅刻と公表している。
(6) 『水戸藩史料』別記上巻七・文政十二年十月十八日（吉川弘文館）
(7) 同右
(8) 『日本教育史資料』五「旧水戸藩会沢氏学制略説」
(9) 瀬谷義彦『会沢正志斎』（日本教育先哲叢書第十三巻、文教書院）。「旧水戸藩会沢氏学制略説」と「学問所建設意見書稿」の著作年代について記されている。
(10) 「水戸学」（日本思想大系53、岩波書店）、なお、『弘道館記述義』巻の下に「我が公、始めて国に就き（天保四年）たまふや。文武の衰弊を察し、すなはち慨然として学を興すの志あり」と斉昭の興学の動機を記している。
(11) 『蓬軒遺風』、蓬軒は戸田忠敞の号である。
前掲註(5)「水戸弘道館の創立に関して」
(12) 『水戸藩史料』別記上巻八
(13) 『水戸藩史料』別記下巻十七
(14) 同右
(15) 「山海二策」中（彰考館所蔵、『水戸市史』中巻三、水戸市役所）
前掲註(5)「水戸弘道館の創立に関して」
『水戸藩史料』別記上巻九
(16) 「丁酉日録」（菊池謙二郎編『新定東湖全集』、博文館）
水戸市教育会編『東湖先生之半面』（水戸市教育会、明治四十二年）
『水戸市史』中巻三
(17) 同右「丁酉日録」
同右『東湖先生之半面』

(18)『水戸市史』中巻三

「斉昭の一斎《佐藤一斎》老儒宛書状」は、茨城大学図書館所蔵のものを水戸弘道館において、写真版より解読したものである。この書状は、「丁酉日録」によると藤田東湖の代筆になるものとみられる。

(19)『水戸藩史料』別記下巻十七に三者の意見と斉昭の裁定が全文掲載されている。

鈴木暎一「水戸藩校弘道館の教育」(『茨城工業高等専門学校研究彙報』第九号)

(20)「弘道館記」(日本思想大系53)

(21)『日本教育史資料』壱・旧水戸藩

(22)『古事類苑』文学部二

(23)『水戸市史』中巻三

名称の成立について瀬谷義彦氏が『会沢正志斎』(前掲註9)で考証されている。

前掲註(16)『東湖先生之半面』

前掲註(16)「丁酉日録」

(24)前掲註(23)『水戸市史』(中巻三)

名越漠然『水戸弘道館大観』(常陸書房)

前掲註(13)『水戸藩史料』

(25)同右『水戸藩史料』

(26)同右『水戸藩史料』

(27)前掲註(23)『水戸市史』

(28)前掲註(24)『水戸弘道館大観』

原魯斎の日記「天保日記」(『水戸市史』中巻三)

(29)『水戸藩史料』上編乾巻十六附録下

前掲註(24)『水戸弘道館大観』

(30)同右『水戸弘道館大観』

(31) 名越時正『水戸藩弘道館とその教育』(茨城県教師会)
前掲註(24)『水戸弘道館大観』
(32) 『水戸藩史料』上編乾巻十六附録下、『水戸市史』中巻四
(33) 『水戸藩史料』上編乾巻十六附録下、『水戸市史』中巻四
『水戸市史』中巻四
(34) 『水戸市史』中巻三
(35) 『水戸藩史料』上編乾巻十六附録下(なおこのとき、武田耕雲斎にも三月九日付で書を与え、慰撫している)
(36) 「石河明善日記」(『水戸市史』中巻四、これは訓導石河幹脩の日記である)
(37) 『水戸藩史料』上編乾巻十六附録下
(38) 『水戸藩史料』上編乾巻十六附録下、『水戸市史』中巻四
(39) 本書第二篇第一章・第二章参照
(40) 『水戸藩史料』別記下巻十七
(41) 同右
(42) 同右
(43) 同右
(44) 同右
(45) 前掲註(18)「斉昭の一斎老儒宛書状」
(46) 前掲註(24)『水戸弘道館大観』
(47) 同右
(48) 前掲註(10)「水戸学」
(49) 前掲註(13)『水戸藩史料』
(50) 前掲註(3)「弘道館を建給ふ事」
(51) 小泉芳敏『孔子廟釈奠について』(謄写版印刷)は、昭和六年十一月一日の釈奠について詳細に述べたものであ

る。この中で「孔子神位に向って右側面に顔子・子思の牌を安置し、（中略）同じく向って左側面に曾子。孟子の牌を安置し」とあるが、この四配はいつ安置されたものであるか不明である。後日のことであろう。
(52)『日本教育史資料』壱・旧水戸藩、名越漠然『水戸弘道館大観』、『水戸市史』中巻三、『水戸藩史料』上編乾巻十六附録下
(53) 前掲註(13)『水戸藩史料』
(54) 同右
(55) 前掲註(24)『水戸弘道館大観』
なお、当日の釈奠関係史料は彰考館所蔵文書にも見出すことはできなかった。
(56) 同右
(57) 同右
(58)『鹿島神社孔子廟行事書類』（弘道館蔵）
(59) 同右
(60) 同右
(61) 同右
(62) 彰考館蔵
(63) 弘道館蔵
(64) 鉄千代、すなわち徳川篤敬は、安政二年慶篤の嫡子として生まれ、このとき十五歳であった。
(65) 弘道館蔵『鹿島神社孔子廟行事書類』所収の明治三年八月三日の「釈奠御祭儀取扱次第」は取扱次第とあるごとく釈奠の準備を中心に記載されている。
(66) 前掲註(13)『水戸藩史料』
(67) 同右
(68) 前掲註(16)『東湖先生之半面』
(69) 前掲註(13)『水戸藩史料』

第四章　足利学校の造営と修復

一　江戸幕府と足利学校の関係

本章は、足利学校に関する研究の手はじめとして『足利学校記録[1]』から、近世における足利学校の造営と修復について、その実態を把握しようとするものである。

徳川幕府と足利学校の関係は、江戸時代を通して深い関係を保ってきた。そもそもの濫觴は、徳川家康と足利学校第九世庠主三要[2]との接触にあった。すなわち、三要が天正十五年（一五八七）に足利学校の庠主になった直後の天正十九年十一月に、学問を非常に好んだといわれている豊臣秀次の命により、足利学校の典籍や什器を京都に移籍させられたのであった。秀次が豊臣秀吉の命によって文禄四年（一五九五）七月十五日、高野山において自尽させられたのち、三要は徳川家康に頼るようになり、そのため、家康の尽力により足利学校の典籍・什器を再び足利学校に戻すことができた[3]という深い因縁がある。また三要は「常に御側に侍して、典籍の事を奉り、恩眷を蒙り、采邑百石を賜り、関ケ原の役には白絹に朱の丸をえがき、其中に御筆もて学の一字をかゝしめ、指物に給はりて供奉す[4]」とあるように、徳川家康は足利学校に対し、学領田と称して百石を寄進したが、これが江戸時代を通して「足利学校朱印地[5]」として、幕府より拝領するにいたる契機となった。

さらにこうした関係を決定的ならしめたものとして、徳川家康は、足利学校第十世庠主寒松[6]（龍派）を扶けて足利学校の再建をはかったことにある。これは、九世三要（閑室）が庠主の座を慶長七年（一六〇二）に、第十世寒松に譲ったが、この再建については、家康に対して三要の働きかけが甚大であった。寒松もまた、慶長九年正月十日に「足利学校主僧寒松、貞観政要の訓訳を献ず、御気色にかなひ酒井備後守忠利、戸田藤五郎重宗をもて、寒松に時服金を給ふ[7]」と記されているように、徳川家康の知遇を受けている。

二　江戸幕府の援助と修復

足利学校の造営修復については、『寒松稾《（藁）》[8]』に、

享禄年中、学校値回禄之難、本尊以下、一時為灰燼不足嗟嘆之、爾来前住三代之間、関左江山、尽入戦図、当庠亦為瓦礫之場者一両回、不遑下修造之手、亦良有以哉、消竭者七十余年、以故世人不知薬師之為本尊、只知孔子之為本尊而已、感激有余哉、秖今海内属昇平無事之日、当于此時、禅珠某甲、董当庠之席主、豈無再造之志乎、維時慶長十一年丙午秋八月修葺講堂之次、纔分数間、傍構客殿、加之命鎌倉之大仏匠、雕造薬師如来尊像一軀、以安置壇上、興七十余年之已墜、以復其旧焉、同十一月初吉、延請七箇道之緇衆、以伸安座之儀、

と、享禄年中に火災に遭い、本尊など灰燼に帰したのであるが、その後七十余年にわたり荒廃にまかせるままになっていた。そこで慶長十一年（一六〇六）八月にいたり、寒松は家康の援助を得て、慶長八年、講堂の修葺に次いで、客殿を再興したのである。講堂には、かつて孔子の像と本尊薬師如来の像が安置されていたが、この客殿に孔子を本尊として祭奠が行われるようになった。それを慶長十一年の修復の折、薬師如来を雕像し旧に復し

て本尊としたという。(9)

この期の足利学校の建造物については、配置図や記録類が残存していないため不明の点が多い。この史料から判断する限りにおいては、孔子を講堂に安置し、のちには薬師如来に代わって本尊として祭られたと記されているので、この頃はまだ聖堂（大成殿）が造営されていなかったのではないかと推測されるのである。このように、足利学校の造営と修復については、徳川家康の絶大な庇護のもとに行われた。それは庠主三要や寒松が儒学特に易学（年筮など）をもって仕えたことによるものであった。『足利学校記録』の天明七年（一七八七）十一月朔日の条によると、「御年筮者、開山閑室（三要）以来、年々差上来候易学者、学校一統之易ニ而、他之易学とハ訳違候事之由、及承候事」と述べていることからも明らかであろう。

三　寛文の造営

その後、足利学校の造営修復を行ったのは、寛文八年（一六六八）のことである。この造営修復については「下毛足利学校来由記」(10)にその模様が次のごとく記されている。

第十三世伝英和尚、師諱元教蒙鈞命入庠号外子、師始於洛之南禅、秉払位禅興中興佶長老、伏見駿河ニ相勤之砌、居処寺御造営被成賜以先格足利学校御修造奉願之処、寛文七丁未年、厳廟（徳川家綱）、賜白銀五十貫目、命于土井能登守、聖廟及文庫門々当諸堂物修造落成、当時諸候（侯）伯及太夫士寄附和漢之書名画祭器等、

これによると、寛文七年より工を起こしており、完成したのが寛文八年である。この頃、足利の領主は、土井能登守利房であったが、利房は第十三世庠主伝英（諱元教・号外子）の依頼によって幕府に請願し、幕府より白銀五十貫目の下付と諸大名の寄付を得て造営を行っている。(11)この完成について「厳有院殿御実紀」巻三十六、(12)寛文八年四月晦日の条に「足利学校営造成功により、其事つとめし土井能登守利房家士に時服たまふ」とあるので、

この時期に完成したものと考えられる。

この完成を期して行った祭奠における祭文が「鵞峯文集」[13]に収録されているので、その経緯と規模を知ることができる。すなわち、

竊聞本朝之古、大学寮春秋二仲釈奠、悉倣唐朝制度、其礼式甚備、而五畿七道、毎国各有学校、然中葉以来、兵革連続、大学寮廃、而諸国学校皆泯滅、独下野国足利一学幸存、伝称参議小野篁之所建也、世移時換、八百余年、堂舎就荒、遺蹤僅在、方今国家一統、武徳隆盛、辱降鈞命、再興聖跡、従五品能登守土井利長(房)監其事率由旧章、築成新殿、堂室両房両楹之制有拠、簠・簋・籩・豆・爵・尊之器皆陳、此学素安聖像、今副四配神位、斧斤之功既畢、祭祀之儀聊修、仰冀分杏壇之日於扶桑之影、尋洙泗之流於下毛之州、

ここに「築成新殿、堂室両房両楹之制有拠」と、この寛文の大造営において、はじめて聖堂が造られ、孔子像を遷座するなど、以前とは異なった規模のもとに造営されたのである。これについては、幕府に提出した請願書に添付したものと考えられる寛文七年の絵図[14]によって、その規模を把握することができる。

これによると、正面の道路は南より北へ、まず升形を通り抜け、両側の杉並木を通り、東西に走る内門前通りを横切り入徳門[15]を潜り、さらに中門（学校門）[16]、杏壇門[17]を潜り抜け、大成殿[18]（聖堂）にいたる。この大成殿には、四周に瓦葺の塀がめぐらされている。なお、中門（学校門）を入るとすぐ左手に鎮守があるが、これは現在の稲荷八幡社であろう。中門の手前三十四間ほどのところに内門前通りという東西に通ずる道があるが、それを右に折れ、十四間ほど行き左に折れると中門の通りと並行して北に三十四間行くと裏門[19]に出る。この裏門は学舎の正門にあたるのである。この門を潜り抜けてさらに北進すると、学舎の玄関にいたる。学舎は玄関の正面にある中庭を中心に、西側を祈禱所方丈といい、東側を書院といった。祈禱所方丈には、薬師如来を安置する仏殿と孔子像を祭る尊牌所がある。この学舎の西北、つまり大成殿の塀の東隣りに文庫がある。また、中庭の東側は書院で

ある。その南、すなわち玄関の東側に庫裡があり、その南、ちょうど裏門と玄関の中間ごろの東側に陰寮がある。またその東で堀に沿ったところに衆寮があり、その北側に土蔵が、またその北側に木小屋がある。そのほかに、聖堂と学舎を一括した敷地には濠をめぐらし、その堀幅は北側が三間で、他の三方が四間という堂々たるもので、その内側は土塁がめぐらされていた。その面影は西方に現在も残存しており、当時を偲ぶことができる。以上が寛文八年に完成した足利学校の聖堂及び学舎の全容である。

なお、寛文八年当時における大成殿の建築構造を見ると、桁行は五間、梁間は六間、重層、本瓦葺、寄棟造(四注造)、正面一間通りは吹抜けとなっており、六本の面取角柱が並び、正面三間は両開板扉の入口となっているが、中央の扉のところには階を設けず、東西にのみ設け、それを東階・西階と称した。正面左右両端のところに花頭窓がある。側面にも板扉の入口を設け、上部には角連子窓が付けられている。また、大成殿の裏側にも左右に同様の板扉の入口があり、高所に連子窓が設けられている。寄棟の屋根の両端には鯱を載せ、上層の屋根の反りは強いが、下層の屋根はほとんど反りがついていない。棰は並疎割を用い、下層の軒下は大斗肘木で桁を支えている。殿の内部は、入るとすぐ太い両楹がある。正面中央には「聖堂」として孔子の坐像を安置し、その両脇には曾子・顔子・孟子・子思の木主があり、孔子坐像に向って右側は「篁室」と絵図に記されており、ここに小野篁の坐像が最初から置かれてあった。同左側は「筮室」と記されているので、はじめはここに占に用いる「めどぎ」を納めて置いたのではないかと思われる。それがのちになって徳川家康の神位を祭るようになったのではなかろうか。[20]

四　元禄・享保期の修復

元禄年間、十四世庠主久室のとき、徳川綱吉の母である桂昌院より、聖堂修復料として百両を下付されている。[21]

また享保十三年（一七二八）四月、徳川吉宗は日光社参の折、小姓に命じ鷹匠・目付・鳥見・奥坊主を添えて足利学校に遣わして、蔵書を調査させている。(22) これを契機に、足利学校十六世庠主月江（諱元澄・号淳子）は、領主戸田忠圃の協力を得て、享保十五年正月に幕府に対して修復願を差出した。これにたいして、同年三月書付をもって次のような許可を得ている。

足利学校及大破修復相願候得共、先達而申渡候通、御修復所茂多事候得者右願難取上候、然共学校ハ由緒茂有之事ニ候処、孔子堂文庫等茂雨漏当分之防茂難仕由、左候得者、兼而文庫之書物等入上覧旁格別之儀ニ付而、金百両被下候間、修復可仕候、(23)

と、百両の下金を受けた。これについて享保十五年四月、足利学校庠主月江が幕府の金奉行（疋田庄九郎・設楽吉（喜カ）兵衛・志賀藤四郎）宛に出した、「請取申金子之事、金百両者、但小判也、右是者、下野国足利学校為修復料、書面之通被下之、請取申所実正也」という請取(24)がある。このような援助のもとに、足利学校の孔子堂及び文庫の修復を行ったのである。さらに寛延二年（一七四九）正月にも、幕府に修復願いを差出してその年の十一月に百両の下金を得た。(25)

五　宝暦の雷火と再建

宝暦四年（一七五四）五月二十三日、落雷によって出火した。幸い大成殿、文庫及び三門はその難を免れたが、祈禱所方丈・書院・庫裡等は焼失した。(26) そこで再建策を講じて早速翌六月に「御造営之儀御願申上候(27)」と、幕府にその助成を歎願した。これに対して翌五年九月に「去年雷火ニて御祈禱所方丈、書院、庫裏等焼失ニ付、御造営之儀相願候、右為普請料、書面之通被下候間、手前ニて手軽ニ普請仕候様可被申渡候(28)」と五百両の下金が認められ、これによって再建を行った。さらに宝暦十二年（一七六二）二月に、足利学校は「孔子堂并寺文庫門々等迄及破損ニ付、御建替并御修復之儀相願候、右為御手当、書面之通被下候間、手前ニて手軽建替修復仕候様可被申渡候」[29]と、勘定奉行へ銀百枚の下金を歎願したのに対して、同年七月に許可を得て下付され[30]、孔子堂及び文庫と門の修復を行った。

しかし修復料の不足をきたしたため、宝暦十三年八月に寺社奉行に対して「孔子堂并寺文庫門々為修復、去年銀子被下、修復取懸り候処、修復行届兼候ニ付、猶又拝借金相願候得共、難相成事ニ候、然共修復取懸り、存之外大破ニて、此節修復致し懸り罷在、差当り難儀仕候由ニ付、格別之訳を以、金五拾両被下候間、破損所如何様ニも取繕候様可被申渡候」[31]と、さらに、五十両の援助を受けている。これについて『足利学校記録』には、「同十三（宝暦）未年、拝領銀ニ而普請出来不仕候ニ付、金三百両御拝借御願申上候処、金五十両被下置候」と記されているので、足利学校では修復料として、三百両を見積っていたことが知られる。そのため縮少して修復を行ったので、その破損もはなはだしかった。そのため、十一年後の安永三年（一七七四）九月、「学校其外所々及破損候ニ付、御修復之儀相願候、去ル卯（明和八年）年被仰出之趣も有之候得共、至て及大破、難捨置趣ニ付、格別之訳を以為御手当書面之通被下候間、如何様ニも手軽取繕[32]」と、勘定奉行より銀百枚の援助を得ている[33]。また、安永七年十一月、「右学校及大破候ニ付、御修復之義相願候、去ル午（安永三）年も格別之訳を以、御手当被成下候儀候得共、年久敷儀ニて大破ニ付、修復難行届由ニ付、今般御代官見分之上金弐百両被下候間、自分ニて修復可仕候、出来之上見分可差遣候間、其段可被申渡候」[34]と、さらにまた、幕府より修復料として、代官検分の上、二百両の援助を受けている。これについて『足利学校記録』に、

一、浚明院（徳川家治）様御代、安永七戌年三月御修復之儀御願申上候処、御見分之上、同年十二月、金弐百両被下置候、
　足利学校破損所之儀、御代官宮村孫左衛門当検見序ニ見分被仰付候、来月中旬比ニ茂可相越之由、勿論其節場所先より学校江案内申遣積候、

一、九月御代官宮村孫左衛門殿御見分被仰付候旨、別紙之通御書付被下候、太田備後様（資愛・寺社奉行）御掛御座候、

と、安永七年三月に修復を幕府に願い出て、同年十二月に二百両が下付された。このとき検分にあたったのが、代官宮村孫左衛門であり、この掌にあたった寺社奉行は太田資愛であったことが記されている。この資金によって、聖廟や門扉を修復したのである。なお、庠主は十七世千溪（諱元泉・号悦子）であった。

六　寛政以降の修復

安永七年より十三年ほどのちの寛政三年（一七九一）二月に、「右学校及大破候付、御修復之儀相願候、御倹約御年限中ニは候得共、格別之訳を以、今般御代官見分之上、金弐百両被下候間、自分ニて修復可仕旨、可被申渡候」[35]と、十八世庠主青郊（諱元牧・号成子）が、大成殿、門、文庫、祈禱殿、瓦葺の修復助成並びに学徒扶持の助成を幕府に請願したのに対して、幕府の返答はこのとき、学徒の扶持については却下されたが、破損の修理については、安永七年同様に、代官の検分の上、二百両が寺社奉行牧野備前守忠精、同松平紀伊守信通らによって下付された。

また、享和元年（一八〇一）十月に「足利学校及大破御修復難行届、御修復之儀奉願候処、御見分之上、御金被下置自分ニ而修復可仕旨被仰渡候間、書面之通請取申所、仍如件」[36]と、これは庠主元牧が足利学校の修復として、幕府に援助を請願し、二百両の下付を受けた請取であるが、前回の寛政三年より十カ年を経ている。このとき、足利学校の検分を行ったのが代官の山口鉄五郎である。彼は享和元年二月二十五日より行っており、その詳細については『足利学校記録』[37]に記されている。これによると、検分の送迎、接待、旅宿、賄、挨拶などについて、これほど詳細に記述されているものはほかにみあたらない。この『足利学校記録』によって、検分にあたった代官の任務や、これを通して聖堂・祈禱所・書院など当時の建造物についても、詳細に把握することができる。

代官山口鉄五郎は六日間逗留して検分を行ったが、その結果二百両の助成を得たのであるから、これへの対応は足利学校側にとって多大な配慮と細心の注意を要するものであった。それ故にこの代官に対して、足利学校では庠主青郊をはじめ役僧・役人の接待もまた辛労なるものがあったことが、この記録から充分察知することができるのである。この助成によって修復を行った時期は享和二年（一八〇二）五月のことである。[38]

足利学校では、建造物の修復とともに火災についても充分配慮している。近くには宝暦四年（一七五四）の雷火、寛政五年（一七九三）四月、足利学校西方の火災により、聖堂が類焼の危険にさらされるなど防火対策の必要に迫られた。そこで文化三年（一八〇六）に、自衛的な消火と警備のため、学校領の領民に対して次のように命じたのである。

学校領高百石有之、足利町之内、学校領分家数四十七軒ならでハ無御座候、四拾七軒之内拾弐軒ハ勝手方相勤、残三十五軒ニ而御聖堂并御書物蔵、火之番昼夜四人宛順番にて詰切相勤、風烈敷之節ハ増人差出、出火之節者、縦私とも宅類焼仕候とも、右ニハ不相拘(構)、右御聖堂并御物蔵火消人足相勤、右躰御役被仰付候[39]

これによると、三十五軒の領民が、足利学校の火の番として、昼夜四人ずつ順番に詰めてその任にあたり、強風のときは増員をする。出火により、たとえ自分の家が類焼の危険にさらされても、躊躇することなく駆付けて聖堂や物蔵の消火にあたることを命じたものである。

次に足利学校の修復を行ったのは、九年後の文化八年（一八一一）であるが『足利学校記録』[40]によると、第十九世庠主実巌（諱宗和・号誠子）が、文化七年より幕府に対して修復助成の請願を行っている。同年三月二日の条に「奉願上覚」として、寛政十二年（一八〇〇）に修復願により二百両の助成を得て修理したこと。しかし、建造物の屋根が数多くあるので、下地まで修復することができなかったこと。厳有院（徳川家綱）のとき、足利学校を再建したが、それから一四四年（一四二年の誤り）になり、雨漏りなどで下地が朽腐れ、屋根棟角木などが抜け落ちるなど、このように大破となっているので、この度修復を願いたいと述べ、さらに加えて孔子堂の西階・東階の大破、唐戸の金物、祭器、具足など大破につき検分の上修復を願いたいこと。また、祈禱殿、御神前、御牌前の具足が宝暦四年に雷焼したので、この際新調してほしいこと。釈菜のとき、奏楽を用いていたが、これも落雷によって楽器が焼失したので、それ以後は自然と奏楽を中止しているので、これもこの際調えて、釈菜の節奏楽を行いたいこと。さらに祈禱殿は茅葺であり、学校は四方町屋に囲まれているので、特に強風の時の火災には甚だ危険であるから、ついでに瓦屋根に直してもらいたいことなど、種々の要求をしたためて文化七年三月、寺社奉行に歎願したのである。この願書は、「西の内紙」に書き、上包は上り美濃紙を使用している。なお、今までの修復についての例書（安永七年・寛政元年・寛政十二年）は、奉書半切に書き、上包は願書同様である。このほかに、惣建物、境内惣絵図面を添付し、この紙は「西の内紙」を使用し、それを袋に入れて差出している。(41)

これに対して幕府の「御口上書」(42)には、

御老中エ伺之上孔子堂之儀者大破之趣ニ付、為修復料金三百両被下候、入念自分ニ而修復いたし、其外之場所も保方等勘弁いたし、手軽ニ取繕置候様可仕候、尤出来之上見分之者遣候間、其旨相心得出来之上届出へし、且祭器類仕足之儀者、此度者不及御沙汰候、

と、三百両の修復料を認められたが、楽器は不許可になった。そしてこの修復料を請取ったのは文化八年三月のことであった。(43)このときに修復したのは、(44)大成殿・門廡・文庫・宝坊・倉廩・祭厨・寮舎で、これが完成したのは同年十月である。(45)

次に修復のため幕府に請願書を提出したのは、文化八年より九年後の文政三年（一八三〇）正月二十四日である。このとき、庠主実巌は例書を添えて寺社奉行宛に提出している。

一、孔子堂御文庫并惣建物門々等迄大破仕候ニ付、文化七庚午年御修復奉願候処、御代官衆御見分之上、金三

百両被下置、自分ニ而修復可仕旨被仰付、難有奉存候、其節随分手法仕取繕候得共、惣建物屋根数多御座候得者、下地迄者行届不申候、厳有院様御再建被成下候、百五拾四年（一五二年ノ誤リ）ニ相成候得者、度々雨漏等仕瓦下地朽腐候、上下屋根棟角木等又候大破仕候、自分ニ而相成丈者手入繕仕候得共、下地腐候故、自力ニ及不申杉皮ニ而取繕仕置候、右之通諸建物大破仕候得者、此度御修復被成下候様奉願候、(46)

と請願し、これに「但書」(47)をつけ、孔子堂西階・東階の大破、唐戸の金物の失脚、祭器具足の大破、祈禱殿の神前及び牌前具足が宝暦四年の落雷にて焼失し、その後取り集めの品を用いているので、新調してほしいこと。今まで釈奠の節奏楽を行っていたが、雷焼により楽器が焼失したので、その後は奏楽を中止しているので新調して、釈奠には奏楽を行いたいこと。祈禱殿は茅葺であるため、類焼の危険があるので、修復のついでに瓦屋根に願いたいことなど、まったく文化八年に提出した請願書と同じことを繰り返し述べている。

これは、文化八年に奏楽の楽器が却下されているので、再び申請したことと、九年を経ているので雨漏などで同じところが腐朽したので、その修復に迫られたためであろう。結局、庠主実巌が提出した文政三年の請願は、文政六年（一八二三）四月、二十一世庠主となった太嶺（諱元諄）の代の文政九年十二月(48)にようやく許可になったのである。『足利学校記録』(49)に、

一、学校孔子堂、御祈禱殿、御文庫其外共及大破候ニ付、御修復之儀、文政九戌年松平伊豆守（信順・寺社奉行）様江奉願候処、御見分之上願之通被仰付、御金百五拾両被下置、難有仕合奉存候、依之右亥年御修復ニ取掛り孔子堂、御祈禱殿其外書院、庫裡、衆寮迄屋根葺替、学寮相潰罷在候ニ付、右古木相用建替等仕候処、所々屋根下地朽損夥敷有之、存之外御入用多分ニ相掛り、右拝領金ニ而迚茂不残出来難仕、御修復仕掛ニ相成り、残りケ所書院・庫裡内通り幷御文庫・鎮守・学校門・入徳門・塀通り、其外所々相残り難行御座候ニ付、無余儀、去亥（文政十年）七月御増金被成下候様、尚又松平伊豆守様江奉願候処、御修復残りケ所之義者、寺領年貢収納物成を以操（繰）

合、追々ニ仕立仕候様被仰渡奉恐入候、

と、百五十両の下付を得て、孔子堂・祈禱殿・書院・庫裡・衆寮の屋根の葺替を行った。潰れた学寮を古木をもって建替えたという状態であったから、幕府の下金は検分の見積りに対して非常に少額なものであった。したがって百五十両の拝領金では、書院をはじめ多くの箇所の修復ができなかった。そのため、直ちに文政十年七月、前回同様、松平伊豆守宛に増金を願い出たのである。ところが、その返答として、修復の残った箇所は、学田（朱印地）の年貢をもって行うように命ぜられたのであった。しかし学校運営の基本的な財政である百石の学田（寺領）については、

寺領之義、田畑共水損之場所、殊ニ畑方之儀者、文政六未年、同七申年両年引続渡良瀬川洪水之節、堤押田畑方三町九反弐畝廿六歩之内、弐町余川原同様川欠堤敷ニ罷成り相減シ罷在候上、猶又当子（文政十一年）七月朔日、渡良瀬川洪水、堤押切畑方亡所相増、田方之儀も両三日之間、水相冠り水腐仕、当年之収納茂難計歎敷奉存候、是迄度々之洪水ニ而亡所多分ニ相成、年々之収納高追々相減シ、当時学校相続茂難相成必至与難渋仕候仕合ニ御座候得共、御修復残りケ所之儀者、寺領収納物之内を以、如何様ニ茂自分ニ而取繕候様、前書之通り被仰出候上者、其侭捨置候而者、重々奉恐入候、乍然迚茂寺領之内ニ而者、当時、学校相続茂難相成程之儀ニ御座候得者難行届、依之他借仕候而如何様ニも取繕可仕候得共、此後学校相続檀家茂無御座、御朱印所収納物者、前文之通年々相減シ、寺勢相続難仕歎敷奉存候、(50)

と述べているごとく、度重なる洪水にて学田は河原同様となり、年貢の徴収も思うに任せない状態であったから、幕府の助成なくしては学校の修復が覚束ないありさまであった。しかし一方、幕府の財政もこの時期を迎えてさらに逼迫の様相を呈しており、助成の期日を遅らすなど学校に対する助成が非常に困難になってきた。そのため足利学校も雨漏りなどで、学校の建造物が腐朽していくばかりであり、したがって修復の経費が増大するという

悪循環を招くようになった。

足利学校では、このような財政難を克服しようと、文政十一年九月に寺社奉行所に対して、次のような富突興行の免許を願い出た。すなわち、

御朱印所収納物者、前文之通年々相減シ寺勢相続難仕歎敷奉存候間、何卒格別之御憐愍を以、於御府内百両富三ケ月溜三百両高ニ而、拾ケ年之間富突興行此節より御免被仰付被下置候様奉願上候、右願之通被仰付被下置候者、右助成金を以御修復相残候ケ所取繕候、借財茂取賄寺勢相続茂可仕、以来小破之分ハ自分ニ而無油断修補相加可申、左候得者自然と御修復之儀茂容易ニ御願不申上候様ニ茂相成可申、将又学校取続之基ニ茂罷成難有仕合奉存候間、乍恐権現様より御代々学校格別之御由緒被為思召有、偏ニ御仁恵を以、右願之通富突興行此節より御免被成下候様、幾重ニ茂奉願上候、(51)

と、三百両にて十カ年間富突興行の許可を求めたものであるが、これによって修復のため幕府からの助成の不足分を補うことができると述べている。またこれによって「学校取続之基」になることも強調している。いかに財政が困難であったかを物語るものである。

七　天保の類焼と未造営

このように財政難に喘いでいる折、天保二年（一八三一）正月二十二日に、

酉ノ上刻、井草大日十二ケ院之内、安養院と申火本(元)ニ而、井草・中町・下町・横町・折戸・学校領・善徳寺迄不残焼失、学校義者、江戸御年頭留主(守)中故、戸一本、障子一枚、茶碗壱ツ(不脱カ)無之様残焼失、誠言語同断之事也、幸ニ孔子堂・文庫・鎮守此三ケ所相残ル
右類焼早速公儀江御届ケ申上候、尤略絵図相添

御祈禱殿・庫裡・書院・米倉・表門・味噌下部（ママ）・木小屋・学寮・衆寮也、[52]

と、安養院火事によって、孔子堂・文庫・鎮守は類焼を免れたものの、祈禱殿・庫裡・書院・米倉・表門・木小屋・学寮・衆寮は全て焼失したのである。そのとき、学校では折悪しく、二十一世庠主太嶺（元諄、文政六年四月二十六日庠主就任）が年頭にて江戸へ出掛けており、留守中の出来事であった。庠主が帰校したのは正月二十四日である。[53]

この再建のため、庠主太嶺は同年七月に寺社奉行土井大炊頭利位に対して、

富興行御免被成下候様奉願候処、願之通於御府内御免被仰付難有仕合奉存候、依而当正月より是迄之会興行仕候得共、助成金も薄く当惑仕候、乍然右様富興行御免被成下興行中御再建之義奉願候義、何共奉恐入候得共、前文之通類焼仕当惑難渋至極仕候間、不顧思召も奉願候、何卒格別之御憐愍を以、願之通御再建被成下候様、幾重ニも奉願候、[54]

と歎願したが、足利学校は目下富突興行が認可されているという廉で、助成金の歎願書は却下されたのである。そこで拝領金を諦めて、天保二年十月、寺社奉行所に対して「興行仕居候富金高増之義奉願度候間、御再建願書之義者何卒御下ケ被成下候様奉願上候」[55]と、富突興行金高の増額を請願したのである。しかし、この再建は、財政上非常に困難を極め、遂に実現することなく明治期を迎えたのであった。

おわりに

近世における足利学校の造営と修復は、幕府の助成に頼って行われていたのである。学田すなわち学校領百石のみでは到底賄うことができず、破損のたびに請願書を提出して助成を受けていたのである。しかし、宝暦四年の雷火以降は幕府の財政が困難となったので、足利学校の請願通り助成されるとは限らなくなった。時には請願

の額より少額となったり、また請願の期日よりはるかに遅れて下付されることもあった。そのため、雨漏による腐朽は一層ひどくなり、特に屋根の修復などは下地より全面的に修復しなければならず、その経費も莫大なものとなった。ところが、破損の増大に比して、幕府からの助成は次第に少額となった。ちょうどその折りに天保二年（一八三一）の火災に遭遇するのである。そこでそれを補う方法として富籤、すなわち富突興行の認可を得たが、修復を充分に行うにいたらなかった。しかるに幕府は富突興行を許可したという理由により、助成を打ち切るようになったので、足利学校の造営修復はますます困難を極めるようになっていった。

結局、天保二年の火災で、焼失した祈禱殿・書院・庫裡・木小屋・学寮・衆寮は遂に再建されることなく明治期を迎え、明治六年（一八七三）この跡地に小学校を建築するにいたった。これが足利市立東小学校で、以来昭和五十七年（一九八二）三月まで存続したが、史跡足利学校阯保存のため、同年四月この小学校を足利市伊勢南町に移転した。目下、足利学校跡地の発掘調査中で、[56]特に寛文七年（一六六七）以前の建造物やその配置及び変遷など、この発掘は研究上極めて重要なことで、その成果が各方面から期待されている。

（1）足利学校遺蹟図書館蔵、九十二冊（和本）、マイクロフィルム約四二〇〇コマ。
（2）名は閑室、諱は元佶と称し、三要と号した。肥前小城郡出身。天正十五年、第八世庠主宗銀の跡を継いで第九世庠主となる。慶長七年、庠主の座を第十世龍派（号寒松）に譲る。慶長十七年五月二十日駿府において卒す。年六十五、在庠十六年。なお、徳川家康と閑室の関係について、「下毛足利学校来由記」（岡田訥平『足利学校誌』足利学校遺蹟図書館後援会）に「東照神君被召御年筮御用等被附与昵近亦多年且蒙大恩」と記されている。
（3）『羅山先生文集』「日光紀行」（平安考古学会）
（4）新訂増補国史大系38『徳川実紀』第一篇（「東照宮御実紀附録」巻二十二、吉川弘文館）
（5）『御朱印帳』寛文五年七月十一日付（内閣文庫蔵）

下野国足利郡五箇郷之内百石事
任天正十九年十一月日元和三年二月二十八日
両先制之旨、全収納永不可有相違者也、仍如件
寛文五年七月十一日
御朱印　学校

（6）第十世庠主寒松、竜派和尚、諱禅珠、武蔵の人、号は寒松・鉄子。慶長七年、庠主を三要より継ぐ。寛永十三年四月二十日卒。

（7）新訂増補国史大系38『徳川実紀』第一篇（「東照宮御実紀附録」巻八）

（8）内閣文庫蔵・足利学校遺蹟図書館蔵「野州学校客殿本尊薬師如来安座の条」

（9）同右

（10）前掲註(2)

なお、林鵞峰(春斎)の『国史館日録』(内閣文庫蔵)にも記載がある。また『足利学校事蹟考付録』所収「大日本国野州足利郡学校重建聖廟上梁銘」には、

本朝学校之設、往昔尤盛、今僅所存之者、足利而已矣、欽惟大檀越征夷大将軍右相君(徳川家綱)辱降鈞旨、賜銀若干、令施修鳳之手、於玆乎、令郡主土井氏能州刺史(利房)命家臣督其事、殿堂門廡不日而成、可謂治世之懿美亦復在此挙也、爰臨上梁之辱、聊綴俚語、式志歳月云

寛文第八龍集戊申孟夏吉祥辰、住持比丘元教（伝英・外子）謹誌焉

とその経緯を述べている。

（11）『足利学校記録』（享和元年の条）

（12）新訂増補国史大系42『徳川実紀』第五篇（なお「聖廟上梁棟札」には寛文八年五月とある）

（13）「足利学校再興告文」寛文八年（『鵞峯先生林学士全集』内閣文庫蔵）

（14）『足利学校境内惣坪数並諸建立物絵図』（内閣文庫蔵）
『足利学校平面図(写)』（足利学校遺蹟図書館蔵）

（15）川上広樹『続正足利学校事蹟考』（足利学校遺蹟図書館後援会）
入徳門
扁額の裏書に
抑入徳門額者
紀伊正二位大納言殿（徳川斉順）御染筆而有奉納其故者江府芝三縁山内依真乗院典応和尚之志願而秘在于此生縁者当県中街内田姓也、補助之士二丁目小林彦右衛門和進同苗庄右衛門和督者喜捨宝財而永備孔門之不朽者也、
寄付　小林彦右衛門　和進
小林庄右衛門　和督
当庠補助　茂木善次久周
彫刻師　喜代七
天保十一庚子霜月下浣日
当庠廿一世太嶺諄西堂記焉
と記されている。現在の入徳門は、明治二十五年二月二十八日の足利大火によって類焼したので、その後に建築したものである。火災前の門は、裏門すなわち学舎の門であったのを移建したものである。栈瓦葺、屋根付冠木門で二柱の内側に控柱を付し、門柱と控柱との上に袖屋根を架している。

（16）前掲註（15）
中門（学校門）
扁額の裏書に
此額
土井氏能州刺史（利房）被寄掛所也
時寛文八暦戊申孟秋吉祥辰
住持元教拝
とある。この扁額及び門は、大成殿と共に寛文八年の造営以来のもので、現在の建造物関係では最も古いものであ

る。本瓦葺で入徳門の冠木のところに太い貫を通し、内側両袖に屋根を架している。この門は「学校」という扁額を掲げてあるので、一般に学校門と呼んでいる。この門の特色は、開いた時に門扉が濡れないように上に屋根のついた控門があることである。現在、掲げてある「学校」の扁額は、複製で本物は別に保管してある。

なお、これについては『国史館目録』にも詳しく記載されている。この扁額の筆者については、明の蔣龍溪といわれているが異説もある。

(17) 前掲註(15)

杏壇門

扁額の裏書に

仰杏壇門者

紀伊(徳川治宝、前藩主)従一位前大納言殿之御染筆而有奉納也、其故者江府芝三縁山内依真乗院典応(増上寺)和尚之志願而掛在于此生縁者当所中街内田姓也、有補助之士二丁目小林彦右衛門和進者喜捨宝財而永備孔門之不朽者也、

寄付　小林彦右衛門和進

男　生次郎慶豊

当庠補助　茂木善次久周

彫刻　喜代七

天保十四年癸卯五月上浣日庠主太嶺諄西堂記焉

この門は、天保年間に建替えたものであるが、入徳門と同様に、明治二十五年の大火で類焼したため、明治三十年七月に再建したのが現在の門である。杏壇というのは、杏の木で作った壇のことであるが、『荘子』漁夫篇の「孔子遊於緇帷之林、休坐於杏壇之上、弟子読書、孔子絃歌鼓琴」からとったものといわれている。孔子が弟子に教えたところを杏壇といったが、後世には、孔子の廟に壇を設けて杏壇と称するようになった。この門は柿葺の冠木門で切妻風である。扁額は、火災の折り黒焦となったものが今なお保存されている。現在のものは、それをもとに再建したものである。

(18) 前掲註(15)

大成殿
扁額の裏書に
当額面者京師智恩院尊超法親王於東部芝山文照院（徳川家宣）殿御別当所真乗院而御修学中主典応和尚之願望而所賜之染筆也、右典応和尚者生縁当所中町内田百樗之弟而剃髪于法玄寺后浄家壇林随新田義重山教誉上人而移于鎌倉天照山歴十余年而文化之度移于芝三縁山相継而文政之初住于真乗院然当所小林彦右衛門和進者与典応師為莫逆之旧知也、故今就于真乗院而宣願意喜捨宝財独抽丹精既彫刻而奉懸于聖廟于時天保乙未歳仲秋日董席太嶺（第二十一世）誌焉、
補佐　茂木善次久周
寄付　小林彦右衛門和進
彫刻　初谷新平宜哉

と、大成殿の扁額は、有栖川宮尊超法親王、後の京都智恩院の門跡の揮毫である。なお、大成殿は、寛文八年の建造以来のもので、足利学校の建造物中、最も古いものである。

(19) 後にこの裏門を入徳門として移築している。
(20) 『足利学校境内惣坪数並諸建立物絵図』（内閣文庫蔵）、『足利学校絵図』（内閣文庫蔵）、『足利学校及聖堂建築考』（田辺泰）、『史跡足利学校跡保存整備基本構造報告書』（足利市教育委員会、一九八二年）
(21) 『足利学校記録』（享和元年の条）
(22) 新訂増補国史大系45『徳川実紀』第八篇（「有徳院殿御実紀」巻二十七・享保十三年四月十八日の条）
(23) 『足利学校記録』（享和元年の条）
「下毛足利学校来由記――第十六世月江の条」（『足利学校誌』）には、
有徳公御代、享保十五庚戌年正月末、学校諸堂大破御修復之義奉願之処、同年三月廿九日於黒田豊前守殿（直邦、寺社奉行、常陸下館藩主）御宅、被命様、諸方一同御修復願御取用無之、併シ学校者、由緒別段有之儀其上書籍入上覧旁以格別ニ付、先当分之雨漏防示可致旨ニ而金子百両被下、又追而時節可有之旨、被仰渡也、尤御書付被下致所持也、
と、書籍上覧の代償として百両の修復料を下付されたことを述べている。
(24) 『足利学校蔵書目録』（内閣文庫蔵）

(25)『足利学校記録』
新訂増補国史大系46『徳川実紀』第九篇（「惇信院殿御実紀」巻十）には「此月足利学校修理料として金百両下さる」として寛延二年十月の条に記載されている。
(26)『足利学校記録』
(27)同右
(28)『御触書宝暦集成』寺社之部・九七一号文書（岩波書店）
新訂増補国史大系46『徳川実紀』第九篇（「惇信院殿御実紀」巻二十二、宝暦五年九月この月の条）
(29)『御触書天明集成』寺社之部・二〇三〇号文書、『足利学校記録』
(30)『足利学校記録』
(31)『御触書天明集成』寺社之部・二〇五三号文書
(32)同右、二一三七号文書
(33)『足利学校記録』には、「安永三午年正月御修復御願申上候処、同年九月銀百枚被下置」と記されている。
(34)『御触書天明集成』寺社之部・二一三〇号文書、『足利学校記録』は十二月の日付になっている。
(35)『御触書天保集成下』寺社之部・四二三一号文書、『足利学校記録』、前掲註(15)『正続足利学校事蹟考』
(36)『足利学校記録』、前掲註(15)『正続足利学校事蹟考』
(37)『足利学校記録』。代官山口鉄五郎が足利学校修復見分を行った様子が詳細に記されており、代官の使命と権限及び負担について理解するため、次にその全記録を掲げておく。

(享和元年)二月廿五日晴、御修復御見分山口鉄五郎殿被相越候ニ付、朝八時より仕度申付為御迎役人市郎右衛門又右衛門大工嘉右衛門露払両人友八惣右衛門天明町江差遣、尤懸り御目次第役人両人ハ吹上迄も差越可申旨、残三人之者ハ天明ニ七時迄待合御出も無之候ハヽ、罷帰可申由申付差遣、猶又小遣銭わたし等前夕用意いたし相渡置也、従未明惣人ニ而藤助致世話大門通寺中聖堂裏門通不残掃除いたし、新大門岩石之前江水手桶弐ツ差出、三方往来留番人を附置、即日四ッ時赤見村より先触持参、

覚

一、賃人足五人　内　四人　駕
　　　　　　　　　壱人　合羽籠
一、同馬　壱疋
右者足利学校御修復見分就御用山口鉄五郎明廿五日明六時吹上陣屋出立被相越候間、書面之人馬無遅滞可被差出候、此先触早々順達留より追而着之上可被相返候以上
　二月廿四日
　　　　　　　　　　　　　　　　　　　　山口鉄五郎内
　　　　　　　　　　　　　　　　　　　　　石井郷助
　　吹上より皆川村・小野寺村・田沼村・赤見村・足利学校
　　　右村々名主中

覚
一、本馬　壱疋
右者我等儀足利学校御修復所見分就御用明廿五日明六時吹上陣屋出立、足利町江罷越候間、旅宿相定之賃銭請所之無遅滞差出継送可被、申候此先触早々順達、於足利我等着之節可被相返候、以上
　二月廿四日
　　　　　　　　　　　　　　　　　　　　山口鉄五郎手附
　　　　　　　　　　　　　　　　　　　　　武藤音次郎
吹上より皆川村・小野寺村・田沼村・赤見村・足利迄
　　右宿々問屋年寄中
追而明廿五日晩、門前町止宿之積旅宿被申付尤御定之木銭米代相払候間、所有合之品を以一汁一菜之相賄馳走ケ間敷儀決而被致間敷候、以上
一、此度足利学校聖堂其外共御修復所為見分山口鉄五郎被相越御用取調中両三日逗留被致候間旅宿之儀学校役

人と申合用意可被致候、尤逗留中御定之木銭米代相払候間、一汁一菜之外馳走ケ間敷儀決而致間敷候、此書付我等着之節可被相返候以上

二月廿四日

山口鉄五郎手附
武藤音次郎

足利町学校領
名主
問屋　中
年寄

覚

一、御用御先触　但箱入　三通

右之通慥受取申候、為念如斯御座候、以上

酉
二月廿五日

学校領
名主　藤助　印

赤見村御名主中

右寺より請取書出なり、其上藤助問屋平兵衛分持参相渡候処、寺より請取書御渡、猶又此先触御役人中御着之節御渡可被下旨ニ付、先触持参帰猶又赤見村迄為御迎役人彦七・源七・露払両人、兵蔵・藤左衛門差遣候処、相能赤見村御休之処罷越、鉄五郎殿被成御逢入念候旨、御挨拶也、遠見馬坂迄雅八遣置、役人上下着用、藤助・市兵衛為御迎西山迄出迎、雅八帰候節、役僧・拙僧・和尚・役人、木村元に大野出はつれ迄罷出、従陣屋足軽両人西山迄差出候也、当番町年寄并問屋西山迄出候也、八半時後、御宿内田文右衛門方江鉄五郎殿御着座也、拙僧・和尚・木村元兵衛御宿迄為御伺参上之処、鉄五郎殿早速被懸御目御丁寧之御挨拶共有之、

明日参上見分可被致旨御座候、御手附之衆武藤音治郎・水道懸り岡田治助・手代吉川宗兵衛・大工下棟梁半兵衛江見舞、帰七時庠主・伴僧一人・侍壱人・小者壱人罷越、鉄五郎殿対(待)遇暫時寛話、武藤音治郎呼被出今日日高ニ候得者、少々破損所下見いたし置候様被申付、鉄五郎殿ハ明朝致見分候旨ニ付、庠主帰役人共両人為御案内御宿内田文右衛門方江遣候、役僧・役人ハ黒門ニ而出合、案内庠主ハ壇上ニ而出合、破損所案内するなり、聖堂文庫迄見分相済晩間書院江通し吸物一種・取肴二種・温飩出すなり、御用焼(挑)燈弐張役人共御宿迄送、庠主ハ客屋之内縁迄送、役僧・役人ハ中門之外迄送なり、

一、廿六日晴朝七時仕度申付、夜明候節内外大門筋迄掃除申付、尤惣人足也、黒門前江水手箱弐ツ出置、六半時役僧・役人両人御宿江罷越、鉄五郎殿対(待)遇今日弥御見分可遣被下哉之段御詞(伺)申上候処、後刻参上可被致旨ニ付、引取武藤氏江も同行申入罷帰、年寄共両人為御詞(伺)罷越候なり、五半時為案内役人両人上下着用、露払両人御宿江詰控居候也、五半時後、役僧・役人黒門迄出遇(迎)庠主ハ松下迄出遇(迎)聖堂江案内する也、兼而手水手拭掛、毛氈一枚聖前江敷き、手水場江八枚敷き用意置也、鉄五郎殿被申候ニハ、今日ハ見分ニ付略服ニ候得ハ拝礼ハ仕間敷旨被申述拝礼無之候、破損所丁寧ニ御見分天井板をはがし大工を登せ朽腐之処改也、唐戸窓戸障子縁板根太釘隠鉄もの等銘々御改、土台下窓板はめ腰長押屋根裏棰木化粧もの野地道具瓦下タ棟迄不残御見分なり、手間取候故、火鉢・煙草盆・茶聖堂縁江出暫時休息四時市郎左衛門大工嘉右衛門吹上迄罷越夜通シ罷帰候段鉄五郎殿江致披露也当寺大工棟梁之旨申述也、夫より御文庫江御案内申候宋朝本伝来之書瑪瑙盤其外祭器之品懸御□□(目候カ)御文庫是迄三度御建替奉拝見候他棟合掌二階梁土台朽損仕候間、此度ハ是非御建替被下候様仕度候御見分可被下候、午時ニも相成候間、書院江御案内干柿・茶・御神酒出、御吸物二種、取肴三種、手打蕎麦之旨ニ而出、御数寄ニ而蕎麦盛ニ而十三四被給候、外之衆も数寄ニ而能々被食候、豆腐之吸物出、小漬ハ後刻差上可申旨ニ而湯出す也、尤饗応ハ当時有合之品品計用候也、夫より杏壇門御見分、聖堂之通屋根下地塀等御丁寧ニ御見分相済、鎮守前之桶、格子戸、かべ、鳥居破損、夫より中門同断御丁寧御見分、黒門同断、柵門塀番小屋御見分相済、晩景ニ相成書院江案内いたし菜食田楽一汁三菜饗応也、下戸ニ而酒ハ不被飲各皆同断、横町大坂屋之名酒出也、六時後御宿迄焼(挑)燈にて朝之ごとく役人并露払ニ而送、役宿役

人黒門迄送、庠主ハ客殿之縁上迄送、為御礼役僧・役人御宿迄参上御礼申述、御丁寧之御挨拶有之、武藤氏江も同断申述皆々罷帰候て、庠主罷越謝儀申述候所、御出ニ茂及被成申候儀ニ御座候、御丁寧之御儀御座候、及辞儀候対公儀罷越候段申述也、武藤氏江も同断申述罷帰也、

一、翌廿七日晴、朝七時仕度申付、表門大門通より聖堂寺中不残掃除如前日、大門中通幅三尺通敷砂黒門前、杏壇門前御祈禱殿前盛砂黒門前江水手桶弐差出置之、五時役僧・役人御旅宿内田文右衛門方江参、投御詞申上候之所、鉄五郎殿対遇(待)後刻参上可申旨ニ而引取、武藤氏江同断申入罷帰也、年寄共上下着用ニ而両人露払、両人前日之通文右衛門方江午御詞罷越控居也、五半時鉄五郎殿御入来、役僧・役人黒門ニ而出迎、庠主も破損所懸御目、黒門迄罷出接待、夫より御祈禱殿江御案内申、瓦屋根願上候処、御目録見被成内通御祈禱用御洗米器幷御宮御供器御代々御牌前御霊供三方御椀御茶湯器幷三具足燈籠打敷戸帳等有来之品懸御目、御新調被申候様御三所様(様)共御同用御新調願入候也、午時ニも相成候ニ付、書院江御案内、御菓子・茶・煙草盆出、御茶飯一汁三菜有来之品計ニ而差出也、膳後当所之品之由ニ而壱方まん頭三宛盛出、濃茶出也、暫時休息ニ而、夫より学寮裏門鏡柱朽損ニ付、取替控柱壱本戸ひら両方くゞり戸付敷共塀柱三本取替、腰板不残取替用心井土(戸)御見分也、夫より衆寮御入茶・煙草盆・干柿・名酒・糟漬・松茸・取肴出・糟漬殊之外御賞翫也、此品ハ横町大坂屋より貰物也、夫より雑蔵幷御洪水井土(戸)木小屋、庫理(裡)瓦屋根願書之通御目録見相済、根太・畳・外縁・竹・縁御目録見、夫より書院有来之通御見分相済也、書院ニ而有来之楽器・祭器之類懸御目、尤宝暦年中楽器・祭器不残雷焼仕、少々焼残之品計懸御目也、委別記ニ認有也、御祈禱之間御牌前之間畳新き之御目録也、晩間ニ相成候間、書院ニ通御夜食一汁三菜、此ハとろ汁也、六時後御帰前夜之通姚(挑)燈役人共両人露払、両人御宿迄送也。役僧・役人ハ黒門迄送、庠主ハ客殿之縁迄送也、続て役僧・役人御宿江参上、今日御見分被成下難有仕合ニ奉存候段、御礼申上候処、鉄五郎殿対遇(待)御丁寧之御挨拶有之引取、武藤氏江も同断申述罷帰なり、庠主ハ不行也、

一、廿八日晴、朝庠主御宿文右衛門方江罷越、当賀申述、昨日ハ御苦労之段御礼申述、武藤氏江も同断、申入、暫時対話今日ハ破損所御調御取懸候之旨ニ付、鉄五郎殿其外之衆も御出無之候也、庠主罷帰、

一、廿九日雨八時武藤氏吉川氏御大工入来聖堂其外共御再見被成書院江被通候間、御夜食割食一汁三菜ニ而差出晩間御宿迄役人両人烑(挑)燈ニ而送也、庠主ハ客殿之内縁迄送なり、役僧・役人ハ中門迄送候也、

一、三月朔日、晴鉄五郎殿御見分相済今日御出立之旨ニ付、天明町迄役人両人露払両人相送候ニ付、朝七時仕度申付、前夜大雨故、庠主御暇乞ニ茂不行候間、祝聖後正六時、新大門江罷出御暇乞、御礼申述度罷出、藤七縁ニ休待請居也。然処鉄五郎殿徒行ニ而新大門入口迄被来候ニ付、出迎候処、寺迄被来、前日之謝儀被申述候積之旨ニ而被参幸ニ出合互ニ謝儀相述、暇乞、早駕ニ被乗候也、陣屋より足軽両人横町土手迄出也、役僧・役人土手ニ而御暇乞申上、御丁寧之御挨拶有之也、町年寄問屋右之所迄罷出也、役人上下着用ニ而岩井迄御送申也、五半時武藤氏・吉川氏・御大工入来又々所々再見也、午時ニも相成候間、為弁当寒晒団子出、夫より又々所々御再見也、晩間ニ相成蕎麦出、六半時帰ニ付、烑(挑)燈ニ而役人共両人相送也、役僧・役人御宿迄参上御礼申述罷帰也、

一、二日晴、七時雨、武藤氏・吉川氏・御大工入来、年寄共黒門迄出迎、役僧・役人松下迄罷出、直ニ所々案内いたし、御祈禱殿江通弁当代として牡丹餅出候得者、珍敷とて被給甚喜悦賞翫被致候也、夫より書院ニ而焼残之祭器等絵図ニ相認分間絵図見度由ニ付、文庫より取出懸御目也、是ニ而御境内建物・地坪等明白ニ相分り候ニ付、写度候得共手間取候得者、内々ニ而借用仕吹上ニ而写申度由ニ付、絵図之通借遣也、君臣言行録、鉄五郎殿見読被致度由ニ付、内々ニ而壱冊借遣続而取替見読被申度由ニ付絵図一同差遣候也、然処晩間相成候間、黄飯料理出、見分不残相済候ニ付、大皿煮治し出候処、珍敷品計御馳走被仰付忝仕合候旨、被申述候也、折節雨天見合寛話被致、七半時被帰候也、庠主玄関迄送、役僧・役人御宿迄送届御礼御暇乞申述罷帰也、年寄共同断申述罷帰也、其夜庠主烑(挑)燈ニ而罷越此節長々預御世話御見分も無御滞相済大慶之至奉存候、右御礼御暇乞寺へ参上仕候御帰之節ハ鉄五郎殿江も各々江も宜敷様御礼被仰上可被下候旨、申述罷帰也、明日武藤氏被帰候に付、天明町迄送、彦七・又右衛門用意申付置わらし等調置候也、

一、三日雨、朝七時仕度申付、役僧・役人横町角店まで送、市郎右衛門壱人上下着用土手迄送也、彦七・又右衛門天明町迄可参之処、はさま迄参候処、達而送ニ不及旨御断ニ付、夫より罷帰候也。同日助戸村植木金弥相頼来、御奉行所江御届書其外書状相認猶又吹上音物目録等相拵七時相済也、桃花開宴接賀客祝する也、

右之通龍泉和尚持参吹上御用宿源次右衛門方ニ落着案内頼ミ候、即日音治郎江対面此度学校破損所御見分無御滞首尾能相済難有仕合奉存候、右為御礼以代僧申上候、鉄五郎様江何分右御礼宜敷様被仰上可被下候様奉願候、学校参上可申上之処、少々持病気ニ付乍略儀代僧ニ而御礼申上候、猶又此品ハ足利ニ而出来候品ニ御座候、礼与申ニハ無之、此度御見分被成下候祝ニ而聊之品ニ候得共、晋呈(進)仕候間、御祝納被下候様内々ニ而御上可被下候旨奉頼入候、表向ハ言葉計之御礼御座候、左様被思召皆々江内々ニ而御上可被下候由、右之段申述候処、御親切ニ御取揃被下忝奉存候、然処鉄五郎江も見せ、其上御挨拶ニ可及旨ニ御座候、翌五日鉄五郎殿於御役所被成御遇、尤御同間ニ而御挨拶御丁寧之御計逗留中ハ弁当・夜食等迄心附之儀御親切之御儀各々様迄懸苦労候段厚ク謝儀被申述、茶・煙草盆出由也、又々音治郎出合御音物之儀忝祝納可仕筈之所御修復之儀被仰出御座候、後受納可仕旨、其節ハ御勘定奉行江相詞(伺)之上御下知次第受納仕候事ニ御座候得者、此度ハ乍失礼先御返納申候、御修復相済其上従此方御才(催促)足仕可申受候間、夫レ迄ハ御預置被下様鉄五郎申聞候、其外之者共も同様申聞候、左様ニ御承知可被下候、学校方丈様江も右之談合宜敷様被仰上被下候様奉頼入候旨ニ而音物御返却也。五日夜六時帰寺なり、四日晴、吉川宗兵衛御大工下棟梁半兵衛態々入来此間中ハ永々御世話ニ罷成置奉存候、右御礼御暇旁参上仕候旨申述被帰也、逸蔵は門前まで送也。江戸江遣御用書左之通、

覚

一、二月廿五日、山口鉄五郎殿御越被成破損所御見分相済三月朔日足利御出立被成候、難有仕合奉存候、為御礼御届以代僧申上候、以上、

(享和元)酉三月　　足利学校　印

(38) 前掲註(15)『正続足利学校事蹟考』
(39)『足利学校記録』文化三年十一月の条
(40) 同右、文化七年三月の条
(41) 同右
(42) 同右、文化八年

(43) 同右
「請取申金子之事」として、文化八年三月庠主実厳の名前で提出している。

(44) 前掲註(15)『正続足利学校事蹟考』(「文宣王上遷座記」)

(45) 『足利学校記録』文化八年十月の条

覚

今度聖堂并寺門々等迄御修復出来仕難有仕合奉存候、右御礼御届申上度参上仕候、尤仕様入用帳差上申候、

以上

未　十月　　足利学校（印）

寺社

御奉行所

(46) 『足利学校記録』（「奉願上覚」文政三年正月二十四日の条）

(47) 同右

(48) 『御触書天保集成　下』寺社之部・四四九三号文書

(49) 文政十一年九月の条

(50) 同右

(51) 同右

(52) 『足利学校記録』天保二年正月二十二日の条

(53) 同右、「廿四日、庠主帰寺、類焼見舞来ル」（天保二年正月二十四日の条）

(54) 同右、「覚校(学)焼失付奉願口上覚」（天保二年七月の条）

(55) 同右、「奉願口上覚」（天保二年十月の条）

(56) 東小学校の跡地、すなわち大成殿の東側に足利学校の方丈・庫裡・書院・土蔵・衆寮・木小屋の建造物を復原し、
完成をみたのは、平成二年十二月である。

第五章　足利学校の釈奠

一　先聖先師像の安置

本章は、前章の「足利学校の造営と修復」[1]に継ぐもので、足利学校の使命である儒学教育の中心的儀式である釈奠の実態を捉えて、江戸時代における足利学校の性格について考察しようとするものである。

釈奠の前提条件といえるのは、一般的に聖廟が設けられ、そこにまず先聖先師の像（彫像・画像・木主を含む）が安置されていることである。この条件が足利学校においては、いつの時期に求めることができるのか、これが釈奠の起源を把握するてがかりとなるわけである。これについて「分類年代記」[2]に、

足利義兼、嘗剏学校於足利納自中華所将来、先聖十哲画像・祭器・経籍等世推曰足利学校、其後百余年而災、源尊氏、出奔西海与菊池戦于多々良浜、時黙禱孔庿遂得勝矣、於是再造聖庿以崇奉之、以先祖之所剏、世々不絶祭祀、

と、すでに聖廟の存在を示しており、これが足利学校において釈奠が執り行われていたと思われる唯一の記録であるが、この「分類年代記」の性格は不明であることから信憑性に乏しい。次いで鎌倉公方足利持氏の執事上杉

憲実が足利学校を再興したことについてはすでに実証されている通りであるが、『鎌倉大草紙』(3)に、

今度安房守《（上杉憲実）》。公方御名字がけの他《（地）》なればとて。学領を寄進して弥書籍を納め学徒をれんみんす。されば此比諸国大にみだれ学道も絶たりしかば。此所日本一所の学校となる。是より猶以上杉安房守憲実を諸国の人もほめざるはなし。西国北国よりも学徒悉集る、

とある。また『羅山詩集』(4)に、

有孔子見欹器図、此図陰書曰、上杉安房守憲実、永享十一年閏正月寄進足利学校、

と、永享十一年（一四三九）閏正月、上杉憲実は学領を寄進し書籍を納め、このとき同時に孔子の画像を寄進したもので、おそらくこれが足利学校に奉納された孔子画像の最初ではなかろうか。永享十一年を去ること七十年後の永正六年（一五〇九）九月に連歌師釈宗長が足利に来遊しているが、その折の日記の中に、(5)

永正六年文月十六日とさだめて、おもひたちぬ、（中略）下野の国、佐野といふ所へ出たち、足利の学校にたちより侍れば、孔子・子路・顔回この肖像をかけて、諸国の学徒かうべを傾け、日くらし居たる躰は、かしこく、かつあはれに見侍り、

とあるように、上杉憲実の再興以来、足利学校においては子思・顔子の肖像を掲げて、学問を行っていたようである。これから推察すると、足利学校にはまだ画像のみで、木像の安置はみられなかった。足利学校に木像の安置をみたのは、天文四年（一五三五）のことで、そのとき安置された木像の胎内銘に、(6)

天文三年正月庚申之日初刻之、明四稔秋八月上丁忌畢矣、

と、天文三年から四年にかけて木像を彫ったことを銘記しているから、このときはじめて足利学校に木像が安置されたものと考えられる。この木像は、承応二年（一六五三）九月、人見竹洞を案内者として、林羅山がその子守勝（春徳）とともに足利に来遊したときの紀行に(7)「安孔子木像于客殿皆拝而帰」とあるので、当時客殿に安置

されていたのである。したがってこの孔子像を安置すべき大成殿はまだ建造されていなかった。足利学校に大成殿が建造されたのは、寛文八年（一六六八）四月のことである。[8] このとき、足利の領主土井利房は幕府より銀若干の援助を受けて聖堂を造営したのであった。これについて「此御廟に社領百石公儀より御寄附、此四十三年以前、江戸より今の堂御建立なり」[9]と、貝原益軒が宝永七年（一七一〇）に足利学校へ来遊した際このように述べており、足利学校において聖堂を建造したのは、寛文八年が最初であると思われる。

釈奠の前提条件として一般的に先聖先師像の安置がまずその第一条件であるが、さらに大成殿の建造によって一応完備するのである。足利学校においては、この条件が寛文八年の大成殿の創建によって完全に充たされたのである。

二　釈　奠

足利学校における釈奠については、孔子の画像や木像の安置と史料的に必ずしも一致しない面があるので、釈奠の起源についてはそれのみで判断しかねるものがある。足利学校における釈奠について記した古い記録としては前述した「分類年代記」[10]がある。これに「足利義兼、嘗剏学校於足利、納自中華所将来、先聖十哲画像・祭器・経籍等世推曰足利学校」とあり、画像や祭器を整えたことが記されているから、釈奠が行われたものと思われるが、そのことについては一切触れていない。これはまず「分類年代記」の性格が不明であることと、足利学校を足利義兼の創建とする主張と、先聖十哲の画像・祭器・経籍は中華より将来したものであると述べているが、その事実を傍証できるてがかりは今のところ何もみあたらないのである。

降って上杉憲実が前述のごとく、永享十一年足利学校に経籍を納め、孔聖の画像を寄進し[11]、足利学校の再興をはかったのであるが、このとき孔子画像の寄進とともに、孔子の祭り、すなわち釈奠を行ったものと思われる。

この頃、武士の好学の気風とともに、聖廟を采地に設けて釈奠を行う風潮があった。[12] これについて『足利学校記録[13]』に、

文明年中、僧快元儒釈同一之学を以学徒有之、学校中興第一世となし、夫より僧侶住持相続、毎月朔日十五日釈菜住持檀《（壇）》ニ登リ祭儀祝文伸《（宣）》申候、

と、足利学校庠主第一世である僧快元が、すでに毎月、朔日と十五日に釈菜を行っていたことを記している。また『正続足利学校事蹟考[14]』は足利学校に寄進された孔子木像の胎内銘を引用して、

天文三正月、庚申之日初刻とあるは、いかなる義にや詳にしかたし、四稔秋八月上丁忌畢といふは、則春秋二仲之月上丁の日に釈奠を行ふは、古礼なれバ、八月上丁ノ日に祭を行ひて、記したるものなるべし、

と記しているごとく、このとき釈奠が行われたものと思われる。しかしその後はまったく釈奠の記録は残されていない。江戸時代を迎え、寛文七年（一六六七）にはじまり足利学校の大規模な造営が行われ、寛文八年に完成した、いわゆる足利学校における寛文の大造営によって、はじめて聖堂すなわち大成殿・杏壇門・入徳門などが整ったことについては前述の通りである。[15]

しかし、徳川幕府においては、すでに林道春が寛永九年（一六三二）に将軍徳川家光から拝領した上野忍岡の地に文廟を建立し、聖像並びに四配の像を安置し、寛永十年二月、先聖殿において釈奠を行っているのに、[16] 足利学校は寛文八年まで聖堂の建造がみられず、また、釈奠が行われなかったのは、幕府と非常に関係が深く、天下にその名を馳せた足利学校としては、不可解なことに思われてならない。その理由の一端として、儒学を中心とする学校ではあるが、庠主は第一世の快元以来僧侶で、還俗せずに、住職として足利学校の庠主を務めてきたためではなかろうか。

足利学校は徳川幕府の援助によって造営及び修復を加えられてきたのであるが、その代償として将軍の「年

筮」を行っている。これが江戸時代を通じて足利学校の最も重要な任務であった。このことがまた足利学校の学校としての性格に大きな影響をもたらしたものとみられる。そのため足利学校の庠主になる条件として、

拙僧(十八世青郊)儀、当年六十一歳罷成十八年住職仕候、当時病身ニ罷成住職勤兼申候間、隠居被仰付被下候様奉願候、弟子実厳ニ御用之易伝授仕候間、後住被仰付被下候様奉願上候、外ニ伝授人無御座候間、偏ニ奉願上候(17)、

と、これは文化元年（一八〇四）十二月二日付で、足利学校の庠主青郊が寺社奉行に提出した辞職願いであるが、後任の庠主に就任するには、年筮と易学を伝授できる資格を有することがその条件であった。

足利学校遺蹟図書館に所蔵されている『足利学校記録』は、宝永六年（一七〇九）より元治元年（一八六四）まで日記的に、あるいは雑記的に詳細に記録されたものであるが、それにしても明和六年（一七六九）の正月まで、足利学校における釈奠について一言も記録に記されていないのである。

明和六年正月の条(18)にようやく、

一元日、晴、丑刻修正祝、聖御祈禱并御代々諷経土地堂、祖師、鎮守、年徳神等諷経、聖前釈菜、
一卯刻大般若転読、

と、はじめて聖堂釈奠のことが記されているが、釈奠の儀式内容については記されていない。前述のごとく、足利学校の庠主とはいいながら、住職として任命されており、僧侶としての立場に立っているので、元日の行事として大般若経の転読が主な行事で、釈菜は極めて従的なものであった。そのため、釈奠は本来二月と八月の上丁に行うものであるが(19)、仏教行事の法会を主として、元日及び毎月の一日と十五日に行っているのである。『足利学校記録』にはじめて祭儀の配置図が記載されたのは、寛政五年（一七九三）正月の条である。すなわち、

爵　栗　白餅
四配位　爵　黍

爵　稷

芹　筍

白餅

従祀位　酒　穀

菜

という簡単なもので、儀式の次第についてはなにも触れていない。

足利学校は、寛政五年に時習館を設けるなど、学問所としての機能を果たし、学校の興隆をはかろうとして、はじめて「足利学校釈奠式弁学規　全」[20]を定めた。その内容は次のごとくである。

足利学(マヽ)釈奠式

器数

籩八　其実形塩乾魚棗栗榛菱芡鹿脯

豆八　其実韮菹醓醢菁菹鹿醢芹菹兎醢筍菹魚醢

簋二　其実黍飯稷飯

簠二　其実稲飯粱飯

俎三　其実大鹿小鹿豕或易用雁鳧雉兎鮒鯉之類

右籩豆簠簋俎之実欠其品則以其類之節物易之

樽二　其実玄酒醴斉

杓二

筥一　其実幣帛
爵四　其一福酒爵
坫一
胙宍俎一
籩一
盥罍一
杓一
洗一
幣帛一条　長一丈八尺
巾二条　附篚一
祝版一　以楸製
燈盞二
職掌
献官三人
賛唱一人
祝　一人
賛礼三人
協律郎一人
掌事二人

賛引一人
執樽二人
洗所三人
執俎一人
執籩一人
執饌十人
楽工十人　或六人

と、祭器の器数と祭儀（釈奠）の際の職掌及びその人数を示している。このときの釈奠については、

前享一日、設三献位、於東階東南西面、設賛礼位、於献官之左差退、設掌事位、於三献東南西面北上、執饌執籩在其中、設望瘞位於堂東北当瘞埳、設賛引位、於西階西南、当掌事位、設学生位、於賛引之後、倶東面北上、設賛唱者位、於三献西南西面、設祝二人位、於瘞埳西南東面、設協律郎位、於堂上前楹之間西東向、樽位在堂上前楹西北向、坫在西楹間、設幣篚於樽所、設洗於東栄北向、罍水在洗東置、爵三巾二楽懸在於前庭、享之朝、掌事先升堂、設先聖位、於両楹間南面、席皆用莞點閲罇罍幣祝板諸具、反告皆備、賛唱者先入門、就其位、祝二人与執樽罍篚者入、立於庭上、北面西上立定、賛唱者曰再拝、祝以下皆再拝訖、執樽罍篚者各就位、祝升自東階行掃除於上、降行楽懸於下、訖就其位、賛唱者次反其位、献官将至賛礼者引享官、以下倶入、就其位、賛引学生並入就位、協律郎帥楽人次就位、賛礼引献官入就位、西向立、賛礼退立於左、享官以下皆立定、賛唱者曰再拝、献官以下皆再拝、賛礼少進献官左北面、白請行事、退復位、協律郎跪、俛伏挙麾、楽三成、偃麾、楽止、賛唱者曰再拝、献官以下皆再拝、祝跪取幣於篚興、賛礼引献官、升自東階、進神座前、北面立、祝以幣進、授献官、献官受幣、登歌作楽、賛礼引献官、進北向、跪奠於神座、興少退、北向再拝、登

歌止、賛礼引献官、降復位、掌事引執饌、升自東陛、祝迎之於階上、各設於神座前訖、掌事与執饌者降復位、祝復樽所、賛礼引献官、詣罍洗、献官盥手拭訖、執爵者取爵進献官、献官受爵洗拭訖、賛礼引献官、升自東階詣、樽所献官酌醴斉楽作、賛礼引献官詣、神座前、北向、跪奠爵、興少退、北向立、楽止、祝捧版進於神座之右、東向、跪読祝文訖、楽作、祝進跪、奠版於神座興還樽所、献官再拝訖、楽止、賛礼引献官詣、堂東西向立、祝以爵酌福酒、合置一爵、一祝捧爵、進献官之北、向立、献官再拝受爵、跪祭酒、啐酒、奠爵、俛伏興、祝帥執俎者進、跪減取神座胙肉、共置一俎、又以籩取黍稷飯共置一籩、興祝先以飯進献官、受以、授執籩者、又以俎、進献官、受以、授執俎者、跪取爵遂飲、卒爵、祝進受爵、復於坫、献官興再拝、賛礼引降□(献官カ)復位、楽作、立定、楽止、初、初献将畢、賛礼引亜献官、詣罍洗、盥手洗爵訖、賛礼者引升自東階、詣樽所、酌醴斉訖、楽作、賛礼者引亜献、進神座前、北向、跪奠爵興、賛礼者引少退北向、再拝訖、賛礼者引(献官脱カ)詣堂、東西向立、祝以爵酌福酒、合置一爵、一祝捧爵、進亜献之左、亜献(官脱カ)再拝受爵、跪祭酒、遂飲卒爵、祝進受爵、復於坫、亜献(官脱カ)興再拝、賛礼者引降復位、初、亜献将畢、賛礼者引終献官、詣罍洗、各如亜献之儀、訖引降復位、楽止、祝帥掌事与執饌者、進神座前、跪徹豆、興還樽所、賛唱者曰、賜胙、再拝、已飲福受胙者拝不楽作、賛唱者曰、再拝、献官以下在位者、皆再拝、楽一成止、賛礼(者脱カ)少進、北面白請、就望瘞位、(割注カ)「不唱位字」、賛礼(者脱カ)引献官、就望瘞位、西向立、賛唱者転就瘞埳東北位、初在位者将拝訖、祝以篚進神座、跪取幣、降詣瘞坎、以幣置於坎訖、賛唱者曰可瘞坎不唱坎字実土半坎、賛礼(者脱カ)少進、北面曰(白)礼畢、遂引献官出、賛礼者各引享官、以下以次出、初曰(白)礼畢、賛唱者反本位、祝興執樽罍篚者、立庭中位、賛唱者曰、再拝、祝以下共再拝、以次出、其祝版、燔於斎所、

という次第によって行われ、またそのときの祝文の雛形は次のようなものであった。

祝文（音読）

維某年歳次月朔日、位姓名敢昭告于先聖文宣王維王固天攸、縦誕降生知経緯礼楽闡揚文教余烈遺風千載是仰俾茲末学依仁遊芸謹以制幣犠斎粢盛庶品祗奉旧章代陳明薦尚饗、

また、釈奠を行う祭員は次のごとき準備を行っている。

前享三日衆官散斉於正寝、二日致斉於享所、一日諸学生及楽人皆清斎於学舎一宿上丁有故用仲丁春秋同、

このような潔斎を行って釈奠に奉仕したのである。このとき、以上の「足利学校釈奠式」とともに「足利学釈《（ママ）》菜式」も作っている。[21]この「釈奠式」と簡略化した「釈菜式」をみると、『延喜式』[22]の「釈奠」や江戸幕府の湯島聖堂及び昌平坂学問所における釈奠に典拠して作られたものと思われる。[23]ただし、これらの釈奠式より、多少簡略化されたところがみられる。次いで「学規三章」[24]を掲げ、

一、論語孟子を先とし、詩書諸経を修、それより歴史ニ渉、人倫日用を本領とし候、其余博覧詞章芸事の類、其才力に随ひ専可心懸事、

一、徳行を本として才芸を務、無用を省候事、

一、平正親切を宗して《（と脱カ）》、遠奇僻を戒、惣而不可求捷径事、

と、学問の順序と心得を示した。さらに寛政五年（一七九三）十一月に「定」[25]として、

一、儒教之事、一切訓導可為総管事、

一、入門入塾望申出候者をハ、訓導手前ニ而由緒委細ニ相糺シ故障無之候ハヽ、望之通可相計候、入塾の者ハ受入可相立候、尤入門入塾之節入料不相懸様可致事、

一、門外江出候節者、司監江其趣可申通候、他国数日之遠行司監より訓導江可申出候、門外ハ別而心を用非法無之様可致事、

一、学寮ニ而他の人を止宿致させ候節、其趣訓導江可申出事、

一、病気之節ハ同寮親者可致看病候、若親者於無之者、訓導指図を以、同寮より看病人可相立候、医薬飲食何分可念入事、

一、学校印鑑無之者、道中往来の節、妄ニ此方名前会符用候義、堅ク不可相成事、

一、此方人数を以他国住居之輩、死亡之節他之故障無之者、勝手次第儒礼之葬祭執行候儀不苦事、

　但、時俗の宜を相計目立不申様にいたし、只々誠敬を可尽候、

一、御文庫之書籍、借覧の望於有之者、訓導江可申出候、司監司籍立合可貸渡候、尤一切書籍門外不出之事、

一、大成殿出入申之上刻ニ可限拝見人ハ司客可令郷導候、礼服無之輩ハ階上不相成候、尤御文庫江者、堅他人の出入を禁候事、

一、学寮中、礼義(儀)を守、道徳を慎候事者、本よりの義、平生謙譲倹素を専とし、万事官之時制に不相背様可致事、

一、当学校者、往昔小野篁卿蒙勅命草剣(創)辱東照神君御再興之神慮永相叶謹而国家之風化可抽精力者也、

右条々堅可相守者也、

寛政五癸丑年冬十一月

と、儒教の訓導、入門入塾、門外遠行、友人の止宿、病気の看病、道中手形、儒礼の葬祭、文庫の借覧、大成殿への出入、礼儀や道徳の遵守、謙譲倹素などに努めることを強調している。同年同月に、学校の繁栄と国家報恩の心懸け、学寮職員に対する生徒の態度、学寮生徒の養育料の財用は寺用に使用しないこと、不正を行わず官法に背かないことなどを記したもう一つの「定二」[26]を設けている。さらにまた、これらに続いて「学寮職掌次第」[27]を定め、足利学校における訓導、司講、司監、司籍、司客、書記、司計、司掃の職掌を規定している。そして最後に「寄進品目」[28]として、書名、数量、寄進者名、年号を記し、寛政元年より文政九年の間に寄進された書籍や

画像などが記録されている。

以上が足利学校における寛政五年を中心とした寛政期の改革である。この時期は江戸幕府が湯島聖堂における朱子学の強化と湯島聖堂の官学としての性格を強化し、名を昌平坂学問所と改め、学舎を造築するなどの、いわゆる教育の改革(29)を行った時期と符合しており、その影響が甚大であった。そのため全国的に藩校(30)の増加がみられるが、足利学校の改革もまたこの影響を受けて行われたものと考えられる。

足利学校においてこのように釈奠式の設定と改革を行っているが、すべてが整ったわけではなかった。寛政十二年（一八〇〇）二月に、足利学校から寺社奉行へ提出した願書(31)に、

先年者、釈菜之節奏楽仕候得共、雷焼以後者楽無御座、自然と奏楽不仕候、是又御序ニ被成下候ハ、前々之通、釈菜之節奏楽仕度奉存候、

と、釈奠の奏楽の楽器が宝暦四年（一七五四）五月の雷焼により焼失して以来、いまだに整っていないことを述べているが、宝暦四年の雷焼によって失った楽器と祭器は次の品目であった。(32)

楽器祭器品目録

琴、箏、琵琶、笙、笛、篳篥、大鼓、鐘、磬、

祭　器

籩八、豆八、簠二、簋二、俎三、罇二、杓二、筥一、爵三、祝板、

右聖位之分

籩八、豆八、簠四、簋四、爵十三、

右四配位之分

瓶子一唐銅、三宝三、爵一唐銅、籩一、胙実俎一、盥罍一唐銅、杓一、香炉唐銅、聖位陳設案一、四配陳

　設案二、従祀陳設案一、香案一、飲福受胙案一、
　右有来之器数ニ御座候所(処)、宝暦四戊(戌)年五月雷焼仕候、

と、大量に焼失している。

さらに翌享和元年（一八〇一）二月にも、幕府に対して、「御年筮勘考之節相用ひ申候」とか「聖堂入用之品御座候」として、几案、具足、帷幕、毛氈、高張挑灯、燭台、手燈などを聖堂の備品として、またこのとき、祈禱殿や東照宮神前、代々牌前の用品も請求している(33)。これらの要求に対して、同年四月一日付で、幕府の代官山口鉄五郎より「先達而御申立有之候祭器、楽器其外御新調品々取調候処、東都聖堂之楽器之類多分先年より御有来ニ而相済、新規仕立候職人も無之由、然処此度御願御書面之内、祭器等者諸職人不心得品も数品有之候ニ付、夫々吟味之上注文を以新調可被仰付候得共、左候而ハ格別御入用も相益(増)候間、御書面之内、尚又御省略可相成品ハ、御勘弁有之、御差支有無被仰聞候(34)」という返答であった。

そこでこの問い合わせに対する返書並びに願書を、十八世庠主青郊（諱元牧・号成子）の名をもって代官山口鉄五郎宛に差出した。すなわち、

　先達而御願申上候祭器・楽器、其外御新調品々、東都聖堂之楽器・祭器之類、先年より有来ニ而相済候、新規仕立候職人も無御座由、然処祭器之中、諸職人不心得之品も数品有之候ニ付、夫々御吟味之上新調可被仰付候得共、左候而ハ格別御入用も相益候旨ニ付、省略仕候品ハ可成丈ハ勘弁申上候様、猶又一躰御修復之箇所、御手重之儀ニ付、御伺済方ニも相拘候旨ニ付、御懇切ニ被仰下忝仕合奉存候、然処牧長老代、此度共釈菜之儀両度御願申上候、先達而差上候書面之祭器・楽器之内、一品も不足仕候而ハ、祭事難調候義(儀)御座候得者、麁品ニ而も器用数有之候得ハ、祭事相調申候、御修復之儀ハ御手軽ニ而被仰付候共、釈菜之器用ハ如何様之下品ニ而不苦候得者、何分御願申上度奉存候(35)

と、釈奠の祭器、楽器について修復及び新調をしてくれるように強く要望している。このことから、せっかく釈奠式を調えながら祭器や楽器が調わず、釈奠も覚束ないありさまであったことをうかがい知ることができる。

また、享和三年（一八〇三）閏正月六日、寺社奉行阿部播磨守正由より、足利学校における「釈菜之義御尋」ねがあったので、足利学校は早速次のごとく返書を送っている。すなわち、

　於学校例年春秋釈菜執行仕候哉之趣御尋ニ御座候、
　右者是迄春秋二仲魚肉者不相用、万一菓子体其外田舎有合之品を以、献物釈菜致修行来候、尤楽人等外より相頼候義ニ者無御座、右学校書生共之中ニ而、仮や礼式等相勤来申候、其節々御願御届と不申上執行仕来候、今般御願申上候趣者、篁卿遠忌五（九百脱）十年目大般若真読弁釈菜奏楽伝来之器物飾附祭儀仕候、尤宝暦年中雷火ニ而旧記等焼失仕、書留之義も無御座候得共、是迄申伝之義、殊ニ年数も相立候義ニ付、為念奉願候義ニ御座候、此段御聞届被成下候様、仕度奉願候(36)、

と報告している。これによると、魚肉を用いない、いわゆる釈菜を行っており、楽人（伶人）は諸生を用いたこと、三月十五日より二十二日まで小野篁の遠忌九百五十年目の大般若経の真読を行ったことを述べており、釈奠とは名ばかりのもので、大般若経という極めて仏教的色合いの濃い行事が主としてなされており、これが近世における足利学校の実態であったと考えられる。

釈奠の行事内容については具体的に記録されているものははなはだ少ないが、その中でも、文化元年（一八〇四）四月朔日に行った大成殿祭儀のときの「釈菜祝文(37)」が残されている。

　享和三癸亥年三月斯辰庠主元牧敢昭告於先師参儀（議）野相（小野篁）公惟神、郁々文明徳、千歳仰余光、万里趁滄海、淩波入盛唐、六経窮淵妙、講学闢扶桑、遺音盈天地、令聞升室堂、教民依礼楽、守已格休祥、嗚呼日月徂、九百五十霜、謹以蘋蘩藻菜粢盛庶品祇奉旧章式陳明薦尚饗玉へ、
　　　　庠主元牧稽首

この祝文は小野篁の九百五十年遠忌の際のものである。このときの釈奠式については記されていないので、奏楽が行われたかどうか知ることができない。文化七年（一八一〇）三月[38]に再び足利学校は寺社奉行に対して、寛政十二年二月の願書と同文のものが出されているので、文化七年になっても楽器が調っていなかったと思われる。宝暦四年（一七五四）の雷焼以来すでに五十六年が過ぎ去っている。幕府の足利学校に対する援助、釈奠に対する関心のほどが知れるとともに、また足利学校は幕府の援助にのみに頼り切っている感がある。さらに文政三年（一八二〇）正月二十四日[39]にも、前回と同文で楽器の援助を寺社奉行へ請願している。しかしこのように再三にわたる足利学校の請願に対し、幕府はなかなか応えようとはしなかった。

足利学校の釈奠はもちろんのこと、生徒や運営など、その実態は記録の上から杳としてわからない点があまりにも多い。ところで、ここに天保五年（一八三四）六月十八日付で金地院に差出した足利学校の「人別帳[40]」がある。これによると、

庠内僧七人 内僧四人 内俗三人　門外役人五人 内弐人男 内三人女

という予想外の少人数で、足利学校の管理と運営にあたっていたようである。

足利学校における釈奠は、その後、弘化・嘉永・安政期にわたり『足利学校記録』に散見されるが、いずれも「足利学校由緒書[41]」によると、「毎月朔日、十五日釈菜住持檀(壇)ニ登リ祭儀をのべ、祝文を誦申候」というように、非常に簡素なものであった。このように形骸化した姿でようやくその命脈をたもって幕末を迎えたが、明治期に入るとそれもやがて行われなくなってしまった。それを復活し再び釈奠を行うようになったのは、明治十四年（一八八一）のことである。それ以後、現在にいたるまで継続している。

おわりに

釈奠は、学校（藩校を含む）における儒学の興隆と学問の成就を祈願する、最も重要な儀式である。したがって、釈奠の盛衰は、取りも直さずその学校における儒学の盛衰を示すものであることは、江戸幕府の聖堂における釈奠をみても明らかである。(42)

近世における足利学校の実態をみると、まず校長である庠主が僧侶の立場に立っており、まさに金地院の末寺的存在として運営されていることが大きな特色である。学校ではあるが、いわば無宗派の寺院的存在という表現は、その一面を如実に物語っていると思う。幕府に対して「年筮」を捧げ、その代償として、学領と援助を得て足利学校の経営にあたってきたことが、その独立性を失う結果をまねいたといえないこともなさそうである。また史料的価値の高い『足利学校記録』は、他のことは詳細に記録をとどめておきながら、学校職員の任免や異動、生徒（諸生）の就学や学問等についての記録は皆無にひとしい状況である。職員の採用について、ただ一通、文久二年（一八六二）十月に米沢上杉藩士五十騎組（五十石）今井弥兵衛(43)の次男で儒者の今井才治郎（潜）を雇入れようとして、足利学校役人茂木善次が米沢藩留守居の額田卯右衛門・木滑要人に宛てた依頼書が残されているのみである。(44)またどこの藩校においても、釈奠の際、生徒は競って先聖の前に献詩を行うのが通例であるが、その風習も記録されていないのである。とにかく釈奠に関する記録が非常に少ないようである。

『足利学校記録』所収の「足利学校由緒書」によると、第七世庠主九華（諱瑞璵・号玉崗、天正六年死去）のころは、学徒三千人という盛況ぶりであったという。これは多少文学的表現であろうと思われるが、江戸時代にはこのような盛況ぶりはみるべくもなかった。

したがって、江戸時代における足利学校は、学校としての機能を充分に果たすことなく、幕府に年筮を捧げ、学校の建造物を維持し、書籍を保存することに重点が置かれ、運営されてきたものと思われるのである。

(1) 本書第二篇第四章参照
(2) 「分類年代記」（『東海談』内閣文庫蔵）
川上広樹『正続足利学校事蹟考』（足利学校遺蹟図書館後援会）
(3) 「鎌倉大草紙」（『群書類従』合戦部、『改定史籍集覧』第五冊）
(4) 「羅山詩集六紀行」癸巳日光紀行（『古事類苑』文学部二）
『寒松稾』（内閣文庫蔵・足利学校遺蹟図書館蔵）
下野州足利郡有学校、昔年小野侍中濫觴之、敗壊不知何代其後永享己未年関東総副元師上杉房州刺史藤原朝臣憲実、法名長棟菴主、為檀越而中興之、以孔子聖人画像三幅幷五経疏本寄附于講堂、
(5) 『東路のつと』（『古事類苑』文学部二、『群書類従』紀行部）
(6) 『足利学校孔子像修理報告書』足利市教育委員会
(7) 前掲註(4)「羅山詩集六紀行」
(8) 本書第二篇第四章参照
(9) 貝原益軒『東路之記』、これは宝永七年の紀行文であるから、四十三年前となると寛文七年にあたる。この建造は寛文七年に始まり翌八年に完成したものである。
(10) 前掲註(2)「分類年代記」
前掲註(2)『正続足利学校事蹟考』
(11) 前掲註(4)『寒松稾』
(12) 藤岡継平「足利学校の研究」（『國學院雑誌』十六巻八号）
(13) 「御由緒書」天保十四年八月、『足利学校記録』足利学校遺蹟図書館蔵、同上（栃木県立足利図書館蔵マイクロフィルム）を使用、以下『足利学校記録』とのみ記載する
(14) 前掲註(2)『正続足利学校事蹟考』

(15) 本書第二篇第四章参照
(16) 本書第一篇第一章参照
(17) 『足利学校記録』文化元年十二月二日の条。安政四年九月、二十二世庠主松齢が、弟子謙堂に後任を願い出た願書にも同じことが記されている。

　奉願覚
拙僧儀、当年五拾三歳ニ罷成拾五年住職仕候処、去冬以来病身ニ罷成、当時歩行茂難相成別而難儀仕住職勤兼申候間、隠居被仰付被下候様奉願上候、
一、弟子謙堂江御年筮幷易学伝授仕置候間、住職被仰付被下候様、奉願上候、外伝授之人無御座候間、偏ニ奉願上候、以上
　巳九月　　　　足利　学校
　　　　　　　　松齢（号東魯）（印）
寺社御奉行所

(18) 『足利学校記録』、なお同記録天明九年正月の条に「元日晴、祝聖了大般若経転読、御祈禱諸堂諷経、聖堂釈菜祭文唱了」とある。
(19) 本書第一篇第一章参照
(20) 「足利学校釈奠式幷学規　全」（『足利学校記録』）
(21) 「足利学《ママ》釈菜式」（『足利学校記録』）

足利学《ママ》釈菜式
器数
籩十二　先聖位四四配位倶八其実形塩棗栗藁魚或易白餅可
豆十二　先聖位四四配位倶八其実芹菹菁菹韮菹醯醢或易笋菹可
簠五　先聖位一四配位倶四其実黍飯或用稲可

簠五　先聖位一四配位倶四其実稷飯或用粱可右籩豆簠簋之実若欠其品則以其類之節物易之

樽二　各加冪其実玄酒醴齊

杓三

爵十五　每位各三今先聖位三四配位各一

盥罍一　附杓一洗一盥盤一爵巾一帨巾一

祝版一　附案　一

燈盞二

土器十二

職掌

献官　二人

分献　二人

賛唱　一人

祝　一人

賛礼　三人

掌事　二人

執尊(樽)　一人

賛引　二人

執饌　十八人　五人兼執爵一人兼執籩

洗所　一人

前祭斉三日、散斉二日、致斉一日、罇罍諸具反(及)稟皆備、献官以下、悉出次至内門、鞠躬入、各立庭上之位、賛唱鞠躬、升自東階、祝執尊(樽)、掌事洗所者、従之上、各列立、賛唱唱再拝、皆再拝訖、執尊(樽)洗所者、各就其位、祝帥掌事焚香、點閲神座及諸具、各反其位、賛唱降階、鞠躬迎献官、献官鞠躬升自東階、衆官各従之上、就位立、賛礼引献官詣、両楹南香、案前焚香、賛唱唱再拝、献官以下皆再拝、賛礼引献官復位、賛唱唱請行事、掌事引執饌祝、迎之於神座、奠其陳設、先簠簋、次籩豆、籩右、豆左、簠簋在其間、（簠簋既奠却蓋籩豆先徹蓋奠）徧奠四配、及従祀訖、（従祀之奠掌事掌之）各復位、賛唱唱行初献礼、賛礼引献官、詣盥洗所、執爵従之、献官盥拭、洗爵拭訖、授執爵、賛礼引詣酒樽所、賛礼唱、執尊(樽)挙冪酌酒、献官以爵受酒、授執爵、賛礼引献官、詣神座前、献官跪、執爵転身西向跪、進爵於献官右、献官献爵訖、退俯伏興、賛礼唱献四配神位、引献官詣樽所、儀皆同先聖訖、賛礼唱詣読祝位、乃引献官、詣両楹南読祝位、読祝者、跪取祝文退、立献官之左、賛礼唱跪、献官並読祝者皆跪、賛唱随唱衆官、皆跪皆跪訖、賛礼唱読祝、読祝者読畢、乃将祝文、跪置於祝案上、退堂西朝上、賛礼唱再拝、献官再拝、向西立、賛唱唱飲福受胙、祝以一爵、進神座、沃取先聖及四配之爵和之、進献官之左、献官再拝受之、跪祭酒啐酒、奠爵俯伏興、祝帥執籩者、以一器減取神座之饌、進之献官、跪受之、授執籩者、賛礼唱卒爵、献官取爵遂飯卒、爵興再拝、賛礼引復位、賛唱唱献従祀、賛引引分献、詣洗所儀如初、献訖復位、賛唱唱行亜献礼、賛礼引亜献官、詣洗所、儀同初献、但有飲福無受胙訖、賛礼引復位、賛唱唱行終献礼、儀同亜献訖、賛唱唱徹供、各進神座前跪徹奠、賛唱唱賜胙再拝、諸在位者再拝、賛唱唱垂簾、掌事進闔櫝垂簾、賛唱唱詣瘞所、賛礼引献官、就望瘞位、祝従進焚祝文、各復其位立、賛唱唱礼畢、衆官円揖以次出、

祝文音読

　維某年歳次月朔日位姓名敢昭告于先聖文宣王維王固天攸縦誕降生知経緯礼楽闡揚文教余烈遺風千載是仰俾兹末学依仁遊芸謹以蘋蘩藻菜粢盛庶品祗奉旧章式陳明薦以復聖顔子・宗聖曾子・述聖子思・亜聖孟子配尚饗、

陳設図

粟　藁魚（用白餅可）
塩　棗
爵　黍飯
先聖位　爵
爵　稷飯
菁菹

芹醢醢用笋菹可　栗白餅
爵黍
四配位　爵
爵稷
芹笋
白餅
従祀位酒　穀
菜

なお、『足利学校釈菜式及び略記』（足利学校遺蹟図書館蔵）所収の「釈菜式」は寛政六甲寅年仲秋望日となっている。

(22)『延喜式』巻第二十「大学寮」（新訂増補国史大系26、吉川弘文館）
(23) 本書第一篇第一章・第二章・第三章参照
(24)「学規三章」（『足利学校記録』）
(25)「定一」（寛政五癸丑年冬十一月、『足利学校記録』）
(26)「定二」（『足利学校記録』）

定

一、当学校之教ハ専訓導の器量を択ひ置、往古小野篁卿蒙勅命草剣（創）并東照宮様御再興之神慮堅相守、永学校繁栄国家風化之一助共相成国恩万一をも奉報候様、第一ニ可心懸事、

一、学寮の生徒、職掌之高下雖有之惣して客を以あいしらい、親愛を専とし、訓導の人をは格別の礼を以可厚重事、

一、学寮生徒養育の料ニ供候財用之類、何ニ不寄寺用不可取用事、
一、他の人別を相ぬけ、此方人数ニ相入候者、其首尾合慥なるにおひてハ、他国往来住居等ニ而も、此方名前を以帯刀并儒礼の葬祭ニ不苦候、万一不止を取計候事も有之候てハ、言語同断之事候、惣して時の官法不背様可随時宜事、
右条々堅可相守者也、
寛政五年癸丑冬十一月

(27)「学寮職掌次第」(『足利学校記録』)

訓導
一、有用実学を講明、人才を教育して、国家風化の一助ニも相成候様可令鼓舞事、
附、学寮取しまり何不寄可総管事、
司講
一、字義訓詁のミ不拘、専聖経之意を著、実ニ可述示事、
一、講義議論等の上ニて妄ニ時務を是非し、或無益に他の学風不可訓(評)判事、
司監
一、学寮係の事、何ニ不寄非法を正し、訓導江可申出事、
司籍
一、御文庫従往古伝来之蔵書、尤上杉管領北条家寄進之書、殊官命閫外不出、大切ニ秘蔵可致之旨、堅相守東照宮様より拝領之書并御上覧之書籍、不敬無之様別而大事ニ可仕候、
右預受候節ハ訓導・司監立合貸し候節ハ司監と立合、土用干之節ハ訓導立合可申候、私を以御文庫江他人を導或書籍貸渡候儀堅不相成事、
司客
一、他入学生、聖廟拝謁を請候ハヽ、令郷導候て後、講堂江進講義請ひ拝講題名記を指出、姓名記させへく、右講席江ハ司講、生徒を率ひ出席可致候、惣して学寮付之賓客不敬無之様可応対事、

但拝講ともに礼服無之輩ハ、此方より用立可申候、尤献納物有之候ハヽ、厚薄となく敬して可奠事、

書記

一、学寮付の諸文通、記録惣して訓導の指図に可随候、私を以学寮の印記不可用事、

司計

一、学寮中、朝夕の俸惣して学寮付財用可掌事、

司掃

一、毎月朔望幷佳節の前日、大成殿掃除可掌事、

(28)「寄進品目」(『足利学校記録』)

(29) 本書第一篇第三章参照

(30) 拙稿「米沢興譲館の創立」(『国史学』第七十四号)

(31)『足利学校記録』寛政十二年二月の条

(32) 同右、享和元年の条

(33) 同右、享和元年の条

祈禱殿……三宝、洗米器、洒水器、御供器、三具足、茶湯器、燈籠

東照宮神前……三宝、洗米器、洒水器、供器、茶湯器、三具足、燈籠

代々牌前……御霊供椀、三宝、三具足、茶湯器、燈籠、紋附絹幕、同布幕、戸張水引打舗(敷)、紋附挑灯

(34) 同右、享和元年四月の条

(35) 同右、享和元年四月三日の条

(36) 同右、享和三年閏正月六日の条

(37) 同右、文化元年四月一日の条

(38) 同右、文化七年三月の条

(39) 同右、文政三年正月二十四日の条(内容は註31・38と同文である)。

(40) 同右、天保五年六月十八日

(41)『足利学校記録』
(42)本書第一篇参照
(43)「慶応元年分限帳」（『米沢市史編集資料』第六号）
(44)『足利学校記録』文久二年十月の条
十月之記　上杉弾正大弼様御留守居被遣書翰扣
一簡啓上仕候、向寒之節ニ御座候処、弥御安静被成御勤役奉欣然候、陳者当学校此節人少ニ付差支之事共有之、右ニ付御屋敷今井才治郎殿御頼置申度、兼而庠主出府之砌御噂も有之儀故、幸之儀ニ付、庠主より此段可申上旨被申聞候間御聞済被成下候様奉存候、右之段為可得御意如此御坐候、恐々謹言、
十月
学校役人
茂木善次
上杉弾正大弼様御内
額田卯右衛門様
木滑要人様

終　章　釈奠の変遷 ――まとめにかえて――

第一篇第一章　幕府釈奠の成立

本章は幕府釈奠の成立について論じたものである。すなわち、寛永七年（一六三〇）に林羅山が、将軍徳川家光より上野忍岡に林家の家塾を創建するため、五千三百五十三坪の土地と二百両の資金を与えられて、塾舎と書庫を建て、さらに寛永九年、尾張徳川義直の援助により、この地に文廟を建立したのである。これが一般に聖堂の起源とみなされている。先聖殿において、釈奠を行ったのは寛永十年二月十日がその最初である。将軍家光が同年七月十七日、東叡山に参詣した帰りに、先聖殿の聖像に参拝が行われた。これが将軍の聖堂参拝の初見である。さらに家光は、慶安四年（一六五一）四月二十日四十八歳で死去したが、その直前に老中阿部重次に命じて、幕費をもって先聖殿に修復を加えているが、幕府が官費をもって行った嚆矢である。

このように、林家の聖堂は最初から幕府の絶大なる援助をもって修復されるなど、幕府の特別な庇護をうけていた。明暦三年（一六五七）正月の大火に逢い、林家の私邸・書庫など烏有に帰してしまった。そのため将軍家綱は、万治元年（一六五八）三月十三日道春の嗣子へ書籍六十部、さらに万治三年十二月二十五日に先聖殿の改修費として、五百両を与えている。林家の釈奠が整えられたのは寛文十年（一六七〇）からである。

このときの釈奠は『庚戌釈菜記』に詳しく記載され、その後の林家及び各藩における釈奠の典例となった。林春斎の跡を嗣いだのが、次子の信篤（春常・鳳岡）である。また延宝八年（一六八〇）七月、綱吉が五代将軍の地位についた。綱吉は、林信篤を貞享四年（一六八七）大蔵卿法印に叙し、さらに同年、弘文院学士の称号を授けている。綱吉は、元禄元年（一六八八）十一月二十一日に忍岡聖堂に参詣しているが、その翌年二月二十一日、翌々年三月二十一日と再三にわたり参詣している。そして、元禄三年七月九日にいたり、綱吉は信篤に、幕府の聖堂として、新たに建立する旨を命じた。この聖堂は元禄四年正月に竣工している。そして綱吉は同年二月十一日幕府による最初の釈奠を行った。これが官学としての幕府における釈奠の典例となった。以後、綱吉は宝永二年（一七〇五）三月まで湯島の聖堂に参詣し、そのつど自ら講経を行っている。

元禄五年（一六九二）二月十三日の参詣には儀刀一口、馬資金一枚、寄楠香一木を奉納したのち、仮閣にて釈奠を上覧し、釈奠後綱吉は行殿において、『論語』学而篇を講じている。同六年二月二十一日の釈奠も同様に行われた。この年は八月六日に秋丁が行われている。七年二月二十五日に参詣があり、さらに同年秋九月二十二日にも、綱吉は生母桂昌院をともなって参詣した。その後、八年八月二十一日、九年三月二十一日、十年三月二十一日、十三年二月二十一日、十五年二月二十一日、十五年三月二十一日、十六年四月二十六日と長きにわたって、綱吉は参詣を行っている。

ところが元禄十六年（一七〇三）十一月二十九日夜、小石川水戸藩邸からの出火により、大成殿・御成殿・学寮などが延焼してしまった。これを再建したのは宝永二年（一七〇五）三月二十五日である。綱吉は早速この再建した聖堂に参詣したが、これが綱吉の聖堂参詣の最後となった。

宝永六年（一七〇九）一月十日、将軍綱吉の死去により、同年五月一日、家宣が将軍職を継いだ。家宣が湯島の聖堂に参詣したのは、宝永四年二月二十五日儲君の時代である。彼が将軍として参詣したのは、宝永七年八月四日のことである。この頃から家宣の儒臣新井白石が大学頭林信篤に対して、幕府における林家の儀式について痛烈な批判を加えるようになり、改正すべき点を家宣に建言した。白石が釈奠について改正すべきことを記したのが『釈奠儀注』である。かくて八月四日、家宣の聖堂参詣はこの『釈奠儀注』に則して行われた。このようにして、信篤と白石の間に確執が生じ、次第に白石が優位に立つようになっていった。

家宣は、正徳二（一七一二）年十月十四日五十歳で没した。その跡を家継が、正徳三年四月二日四歳で将軍の地位を継いだ。白石は側用人間部詮房とともに引続き近侍することになった。しかしながら、家継は享保元年（一七一六）四月三十日七歳で夭折した。ついで享保元年八月十三日、三十三歳で将軍になったのは和歌山藩主徳川吉宗である。吉宗はそれまでの将軍側近者をことごとく解任したのである。こうして家継の側用人間部詮房はもちろんのこと、政治顧問的立場にあった新井白石も幕府の職務を追われる身となった。

吉宗は諸事権現様の定めの通りという方針をもって、白石の手になる諸政諸礼をことごとく旧制に復したのである。したがって幕府の儀例一切については大学頭林信篤の意見を徴するなど、林家の儀例に則して行う態度で臨んだから、ようやく林家の面目を取り戻したのである。ただし、吉宗は倹約に重きをおいたので、釈奠は春秋二季とも同様に行い、費用は祭田千石で一切を賄うよう命じたのである。享保七年（一七二二）八月四日の釈奠には、初献官大学頭林信篤、亜献官林信充、終献官林信智があたるなど、まさに林家の復権を示す釈奠であった。しかし、吉宗は将軍の地位についてから、一度も聖堂の参詣や聖堂への援助もなかったので、林家の聖堂運営ははなはだ困難を極めたのであった。

吉宗は、自らの学問については消極的であったようであるが、一般庶民の教育に関心が高く、寺子屋の手本として『六諭衍義大意』を出版し、さらに菅野兼山の江戸私塾会輔堂、三宅石庵の大坂懐徳堂、足利学校などに助成金を与えて援助しており、吉宗の教学政策として注目されるのである。しかし、昌平学舎や高倉屋敷を士庶に開放したが、時すでに儒学の風潮は衰微の一途をたどり、儒学の興隆策ははなはだ困難なるものがあった。

そこで、諸儒者会議を行い意見を徴することになった。これに対する返答は「大番両番の頭をはじめ、官務のいとまには必ず講席に列」することを命じたならば、その下に属する番士は集るべし。また「顕職の輩も講席に出るべきよし宿老よりおもただしく令を下されなば、やむことをえず、席に列り次第に生徒を数ぞふべし、かくするうちには、をのづから見なれ聞なれして、実に学を志すもの出来ぬべし」という意見が多かった。さらに側衆有馬氏倫が室鳩巣を召して特に詳しく尋ねたのに対して、鳩巣は、

とかく文学の世に流行すべき盛旨ならば、まず御身よりさきだゝせ給ひ、実に聖人の道を御尊敬あり、近習の人々にも、のこりなく学をはげまし給ひなば、下は自然とこれに化して命令をまたずして興起すべし、近き頃明君家訓といへる書の世にもてはやさるゝにても御覧あるべし、この書は十年ばかりさきに、某があらはして梓行せしものなれば、たれみるものもなかりしに、此ほど近習の人々のもてあそばるるよしつたへ聞て、はやつのり求むるもの多くて、近頃は書肆どもはからひて重梓するにいたれり、かばかりかの冊子さへかくのごとし、まして近習の人々に勤学せしめられ、そのうへに士たるものは、弓馬の芸と同じく、文学をつとめよと仰下されんにをいては、四海たちまちにその風にむかはん事、何のかたきことのさふらふべき、

と、衰微した学問の振興を計るには、顕職の方々の志を興し、士たるものは弓馬の芸と同じく文学にも励むことを命ずるよう強く望んだ。これに対して吉宗は、

凡学問といふもの威令に迫りてなすときは、其末遂ぬものなり、既に元禄のとき深く儒学を好ませ給ひ、群

臣に令して学におもむけ給ひしかど、いくほどなくして怠りぬ、とかく上より、をして令するに及ばず、人々の心よりむかふやうになし給はん、

という考えであったから、幕府は幕臣に対して厳命をもってこれを行わしめることはなかった。

こうした点は綱吉の文教政策と異なる態度を示している。享保期における儒学の傾向は、荻生徂徠学が隆盛を極めた時期で、聖人の道は利用厚生の道であることを強調したので、殖産の風潮を招来し、新田の開発、蘭学、医術の進歩発展をもたらした。吉宗の政策はこのような徂徠学の殖産思想に傾倒したとみられる面が多々ある。経世済民としての実利的な学問を重視し、朱子学に対し綱吉と異なる態度を示したのもそのためであろう。吉宗は延享二年（一七四五）九月隠遁し、宝暦元年（一七五一）六月二十日六十八歳で他界した。林家の権威を回復した林信篤は享保十七年六月一日八十九歳をもって他界したが、信篤はすでに享保八年（一七二三）に致仕して大内記と称し、享保九年家督を三男の信充に譲っている。

吉宗のあと家重が延享二年十一月二日に将軍となった。林家においては、宝暦四年（一七五四）十二月、信充は民部少輔に転じ、長子信言が大学頭に任ぜられた。家重も吉宗と同じく在職中一度も聖堂の参詣がなかった。ただし、釈奠は延享四年九月、宝暦二年八月、宝暦十年三月の三回行われている。家重の文教政策としてみるべきことは、寛延二年（一七四九）十月足利学校の修理料として、父吉宗と同様に百両を、さらに宝暦五年九月足利学校が雷火により焼失したので、造営料として五百両を与えたことである。家重は宝暦十一年（一七六一）六月十二日四十九歳で死去した。

家治が将軍となったのは、宝暦十年九月二日である。その翌月に聖堂の修復を行っている。この修復は五十有余年目のもので、大成殿の腐朽ははなはだしかった。再三にわたる幕府への懇請によってようやく実現したものである。この聖堂は宝暦十一年二月十五日に竣工した。釈奠については、宝暦十一年三月二十一日『昌平学校釈

奠儀注――宝暦中昌平学校釈奠儀注――』というのがある。これは『開元礼』『闕里志』及び元禄の典礼にもとづき釈奠の雛形を示したものである。この「儀注」は結局用いられなかったようであるが、やがて行われる寛政期の改革に大きな影響をもたらすことになった。

家治の代に行われた釈奠は、宝暦十三年（一七六三）二月十九日、明和元年（一七六四）三月二十九日、明和八年十二月四日である。家治の聖堂への援助として注目されるのは、諸侯に聖堂の祭祀器具の進献をはかったことである。大学頭林信言は明和八年に幕府に改めて請願したところ、明和八年七月、幕府は元禄の故事にならい、諸大名に金品を献上させ、もって釈奠の費用となすべく命じたのである。これは諸大名の自発的な進献を奨励したに過ぎなかったので、諸侯はこれにあまり応じなかった。そこで安永元年（一七七二）二月十九日の釈奠に先立ち幕府は再び諸大名に進献を命じたためようやく進献をみるにいたり、以後これが定例となった。

安永元年二月二十九日、目黒行人坂大円寺より出火し、これが大火となり翌三十日朝、大成殿も遂に類焼するにいたった。九月十八日にいたり庁堂を改飾して神位を奉安し、二十二日に釈奠を行っている。大成殿の再建を行ったのは、安永二年九月のことである。また同年十二月十一日、大学頭林信言は五十三歳で死去した。そのあとを信言の子信愛が継ぐべきところ、信愛はすでに明和八年（一七七一）に図書頭のまま二十八歳で死去していたため、孫の信徴がその跡を継ぐことになった。信徴は十三歳の少童のため、翌安永三年二月二十一日の釈奠から信篤の三男信智の子信有が献官を務めている。

これまで初献官は林家の宗家がこれにあたっていたが、このときはじめて支族の手で釈奠が行われたのである。五月早々聖堂の完成をみたが、幕府の財政が疲弊困憊の折とてすべて節減して作られた。天明五年（一七八五）二月の釈奠は、大学頭となった林信徴が初献官となって行った。林信徴の後見役を勤めてきた林信有は天明五年九月五十五歳をもって没した。翌年正月二十二日に、湯島付近から発した火が昌平に及び、大成殿・庁堂・学舎などことごとく灰燼に帰した。幸い聖像・殿門の諸額を避難させ、焼け残った仰高門西舎すなわち聖堂の看守所に安置した。

このような状態にあるとき、二月七日本郷丸山から出火し、火は湯島に迫ったが、西舎の類焼は免れた。このような狭小な西舎では釈奠を挙行することができなかったので、天明七年の聖堂再建を俟たなければならなかった。このような災難の中で九月八日将軍家治は他界した。そして翌七年正月には大学頭信徴が二十七歳でこの世を去るという不幸が続いた。

以上、綱吉の死後すなわち宝永六年から家治の没した天明六年にいたる七十八年間の釈奠及び聖堂の推移、そして儒学の盛衰をみてきた概要である。家宣以後は、将軍の聖堂参詣が跡絶え、したがって幕閣をはじめ諸大名や旗本・御家人の聖堂及び釈奠に対する関心が次第に薄らいでいった。

その結果、『甲子夜話』にみられるように、宝暦頃になると幕府の役人達は「挙世の文盲になりしは、前にも後にも類無き」ことだといわれるようになり、また同じ宝暦頃、中村蘭林が奥儒者を勤めていたときの話として、「奥儒者たりしとき、誰一人敬礼するものもなく、当直に出れば若き小納戸衆など、孔子の奥方御容儀は美なりしや醜なりしや」と嘲するほどであった、と記している。さらに、作事奉行が倹約令の主旨を体して「昌平の聖堂は、第一無用の長物なれば、取崩し然るべし」と建言したので、その掌にあたる若年寄水野忠友が、取次衆を介して高聴に達せんとしたところ「取次衆、聖堂と言もの何なることを知らず、奥右筆組頭大前孫兵衛に、聖堂に安置するは神か仏かと尋しかば、大前、たしか本尊は孔子とか言ことに候と答ければ、取次衆其孔子と言は何なりや、と又尋ければ、大前、論語とか申物に出候人と承り候と答ける」というありさまであった。江戸城に勤めている幕臣の言動とは到底考えられない話である。

さらにまた「浚明院殿御実紀」の明和八年七月朔日の条に「昌平坂聖堂釈菜ある時は、そのかみみづからも参拝し品々進薦せし人々ありしに、いつとなくその事絶て、今はまうづる人もいと少し」と、ある。こうした幕府の記録にも堂々と書きとどめられているのである。江戸時代の儒学や儒者あるいは教育について考えるとき、このような実態をどのように理解すべきであろうか。

第三章　幕府学制の改革

天明七年（一七八七）正月聖堂再建の運びとなったが、同月十四日大学頭林信徴が嗣子もなく二十七歳で死去したため、中奥小姓富田明親の子で二十一歳の信敬が林家の嗣子に迎えられた。このように不幸が続いたので、九月になってようやく竣工をみたのであるが、規模はすこぶる偏狭なもので、宝永の聖堂より七〇～八〇パーセント程度狭窄なものであり、粗略なものであった。このようなものであったから、寛政五年（一七九三）七月十日の大風に逢い杏壇門が倒壊したのである。

天明七年四月十五日家斉が将軍となり、同年六月十九日松平定信が老中となった。天明八年二月二十七日、新築の聖堂において大学頭林信敬が祭主となってはじめて釈奠を執行した。松平定信の聖堂に対する積極的な政策が施されたのは、「寛政異学の禁」として、林信敬に布達以降であろう。寛政三年（一七九一）三月、幕府は林家に対してそれまでの九十五人扶持に五口を増し、百人扶持とし聖堂「お座敷講釈」のための学糧にあて、別に林家の私塾に対し塾糧として三十人扶持を給している。これは聖堂における学問を林家の私的なものから、幕府の公的なものへと強化していく地盤を固めたものとして注目される政策である。こうした公的な学問興隆政策も結局学舎が狭隘なために多くの学生・聴聞者を収容できないので、当然次に学舎の増改築が問題となるわけである。

そこで寛政三年四月八日、老中松平定信は他の老中・若年寄・目付等とともに聖堂の視察を行い、同年十月起工の運びとなり、翌四年八月十六日落成の祝賀を挙行している。大普請にもかかわらず短期日に成し遂げたことは、幕府の正学振興への熱意のほどがうかがわれる。このとき廟学儒者として任命された尾藤良佐の教官宅も設置されたのである。寛政四年八月竣工の祝賀直後の八月二十三日、幕府は聖堂の講釈について令達した。

すなわち、学舎の造営により、儒官の講釈の日には、志ある者は自由に聴聞することを促し、また入門も勝手たるべきことを触れている。かくして幕府は九月十五日に庁堂において講釈を行うよう大学頭林信敬、儒官柴野邦彦・岡田清助・尾藤良佐に命じている。また毎年九月、儒官による小試験を行うという制度を設けた。さらに幕府は教授陣容の充実をはかり、この年佐賀藩の儒臣朱子学者古賀弥助を廟学の学賓として迎え、三か月間講釈を行っている。その後彼は寛政八年（一七九六）五月、学賓としてではなく正式に儒官として任命されている。幕府はさらに学問の普及と内容の充実をはかるため学制の改革を行った。

寛政四年九月、儒官林信敬・柴野邦彦・岡田清助・尾藤良佐が典考となり、監察官中川忠英・森山孝盛を監試とし、廟堂において旗本・御家人及びその子弟に考試すなわち学問吟味を命じている。同年十二月十二日に幕府は、目付中川忠英・森山孝盛の名をもって、学問吟味に対する受験者をできるだけ多く募るため、幕府直臣の各組支配の頭に該当者を報告するよう促している。

寛政五年四月二十日、林信敬は嗣子がないまま二十七歳で他界した。そこで同年七月九日幕府の斡旋で、美濃岩村藩主松平乗薀の子衡（述斎）が林家を相続することになり、十二月大学頭に任ぜられた。また、老中松平定信は文教政策を積極的に進め、正学の復興に努めたが、寛政五年七月二十三日老中職を辞した。その後を継ぎ老中となったのは松平信明である。彼は松平定信の方針を変えることなく、聖堂の運営にあたった。九月十八日に聖堂の「学規・職掌」を定めてその監督を強めている。また寛政八年十月十五日将軍家斉の廟学巡覧によって、寛政十一年三月二十七日より廟舎の建造に着手した。この建築では朱舜水の孔廟模型に準拠し、防火に留意して敷地の拡張をはかっている。大成殿は元禄創建時の二倍半、両廊も元禄の四倍、杏壇門も高くするなど、今までに見られないほど壮大な聖堂として、その威容を整えたのである。

寛政十一年十月に竣工した聖廟は以上のごときものであった。この工費は大名の助役として行い、助役を命じられた十一家の大名より三十万石余の納入があった。寛政十二年二月二十三日、新築した大成殿においてはじめて釈奠を行っている。享和元年（一八〇一）四月二十日、将軍家斉の新廟参詣が行われるなど、家斉もまた聖堂の改築・学制の改革には積極的な態度を示した。家斉は、寛政八年十月十五日廟学を巡覧したことは前述したが、これによって幕府は聖堂の振興のため、翌九年十二月教育に対して改革を行った。

すなわち、寛政五年の制定に改革を加え、庁堂・学舎を「学問所」と改称し、ここにおける教育はもっぱら「大夫士及子弟」を対象とすることに改めた。幕府の援助として、寛政九年十二月朔日、幕府は俸廩千五百俵を加え、旧禄と合せて三千石とし、今までの祀田・塾糧を勘定奉行の管理に委ねることにした。これによって官私の混同を整理することになった。職制の面にも改革を加え、廟学使令・廟卒・学官・教官を置き、それぞれ、教授や雑務をつかさどらせ、廟学使令及び廟卒は祭器・書籍・文簿・会計・看舎・守門の事を管掌させるものである。

以上のごとく、幕府はこの学制改革において、聖堂における林家の私的な色彩を完全に払拭し、学問所を幕府の直轄にするなど、幕府の直臣及びその子弟教育を目的とする官学校として、その行政を確立したのである。これが松平定信が老中の座を去った四年後のことであった。

なお、学問所の名称については、天保十四年（一八四三）八月七日老中水野忠邦は次のごとく令達している。昌平坂学問所のことについて、「古来は聖堂と唱えたが、右は大成殿と別称につき、寛政以後学問所とばかり唱える筈のところ、其節に別段達しがなかったので、その後も理解されなかった。今後はすべて学問所と相唱えるよう向々え相違せらるべきこと」というものであった。さらに学問所の運営については積極的な政策を施した。それは学問所への入学、定日講釈及び仰高門内日講の聴聞は勝手次第とした。また、大学頭と儒者はこの講釈のほかに諸侯以下諸士に対する定日講釈を行った。仰高門日講は書生寮の書生がこれにあたっている。書生寮は陪臣・浪人の遊学人を自費入寮させるもので、はじめ三、四人を尾藤良佐の役宅に置き、仰高門日講と稽古所素読の手伝いをさせていたが、その後入寮を望む者が多くなり、遂に二十人あまりとなり、役宅に収容できないほどになった。そこで希望の者を多く入寮させるため増築を願っている。

この請願により一棟増築したが、すぐに過剰となり、文化八年（一八一一）十月、さらに一棟を増築し、七、八十人の定員に増加したい旨を請願している。また、受講者の増加により、教員の不足をきたした。そこで寛政十二年八月、林大学頭衡及び尾藤良佐・古賀弥助の儒官が幕府に具申し、これも聴許されて実現している。このように、学制改革により聖堂・学舎の威容を整え、幕府直轄の学問所として、幕府直臣の子弟の就学を奨励するに及んで、幕府の意図する正学復興の方針が具現し活況を呈するにいたった。

しかし、隆盛のあまり、学問所儒官の負担が増大し劇務な生活となっていった。そのためか、尾藤良佐は文化八年病いに倒れ、二年後の文化十年に世を去り、古賀弥助もまた文化十四年に他界した。林大学頭衡は天保九年（一八二八）、子䞓に大学頭を譲って隠遁したが、天保十二年七月、七十四歳の生涯を閉じている。学問所で朱子学を役宅で書生に陽明学を講じたという佐藤一斎が、美濃岩村藩から抜擢されて学問所教官に任命されたのは、林衡が没した天保十二年のことであった。

第四章　幕府釈奠の再興

寛政六年（一七九四）八月二日の釈奠は大学頭林衡（述斎）が献官となって行われたが、寛政八年の春祭は、林信彭の死去により中止となり、秋祭は八月四日に行った。この釈奠には、林衡が病いをおして献官を勤めている。また釈奠の呼称について「釈奠」「釈菜」と両様の名称で記されている場合が多かったが、この年に「釈奠」の呼称に統一している。したがってこれ以後の諸記録や古文書には「釈奠」の呼称で記されているのが多くなっている。寛政九年の釈奠については、いかなる理由によるものか春秋の釈奠についてとどめた記録はみあたらない。ただしこの年の三月二十五日、林大学頭は献官について加納久周に次のような伺いを立てている。

それは、今までの釈奠に主祀の代理を勤めてきた林家支族の林信彭が去年の正月二十日死去したので、釈奠の際、大学頭に支障があった場合これに代わる人物がなくなった。そこで林衡は林家の門人が少ないことと、聖堂は幕府の管轄下に移されたという実情にかんがみ、三献官を聖堂儒者に摂行させることを上申したのであった。これに対して加納久周は許可を与え、五月に幕府は正式に三儒官をこれに任命している。これまで釈奠については、代々林家の権威をもって執り行い、他家の儒者はこれに関わることを認めなかったが、ここにいたりそれを墨守することができず、釈奠の式典も幕府の支配下に納まる結果となった。

幕府の立場から考えると、林家の私的な釈奠の運営により、これまでたびたび釈奠の停廃を招くこととなったことは、当時の正学復興政策からみて、決して好ましからざることであったから、大学頭に支障があった場合は、聖堂儒官をもってこれに代わらせ、とにかく釈奠を継続させることが重要なことであったと考えられる。さらに改革を行ったのは、前述したように林家の私塾に与えていた塾糧、学糧及び釈奠の費用としての祀田を勘定奉行の管理に移管するなど、聖堂を直轄の官学校として運営するための学制改革であった。

寛政十年の春祭は二月二十三日に行われたが、それに先立って幕府は正月二十九日、諸大名に命じて春秋釈奠の献上物を促している。このことは先例によるものであるが、その後釈奠が中断されていたため、あらためて命じたものである。これは、幕府の財政節減はもちろんであるが、これとともに諸侯の参拝を促し、学問の興隆をはかったものである。寛政十年二月二十三日の春祭は大学頭林衡が献官となって行っている。そして三月より聖堂の再建に着手することになり、二十二日聖像を仮殿に遷座する儀式が行われた。そのため秋祭は八月十六日廠殿で簡略に行ったが、幕府は林家の私塾的色彩の濃い釈奠に釐正を加えていったのである。

寛政十一年二月八日の春祭は、前年のごとく廠殿において行った。秋祭もまた閏八月十一日廠殿で行った。このとき将軍家斉は、側衆平岡頼長を代礼させ、また儲君（家慶）も側衆松平康道を立てて代礼を行っている。寛政十年三月二十七日に起工した聖堂再建工事は、寛政十一年九月落成した。新廟は輪奐美を尽す壮大なものであった。新廟殿に正遷して最初に行われた釈奠は、寛政十二年二月二十三日の春祭であった。学制の改革にともなう聖堂再建という幕府の意欲は、当然釈奠の改革による再興にも示され、この年の春秋の釈奠を通して大いにその儀節が整えられていった。八月七日秋祭を行い、春秋の『釈奠儀注』よりさらに詳細に記されている。この詳細な釈奠の仕法の定めをもって、この期における釈奠儀式の完成とみなすことができる。

第五章　幕府釈奠の終焉

昌平坂学問所には、旗本・御家人の子弟を収容して官費をもって教育する寄宿寮と、全国から集まって来た藩士・浪人・処士を収容して自費で教育を受ける書生寮の二つに大別できる。当然ながら学問所における正統な教育の場は、幕府の旗本・御家人の子弟を教育する寄宿寮生の教育である。寄宿寮の生徒の定数は寛政以来三十人とし、天保の増員により四十八人となった。

部屋は三棟あり一棟十部屋になっていた。経費は教育扶持百三十人扶持の内百人扶持をもって賄う。食料は朝夕とも一汁菜《ママ》、夜食は湯漬け香のもの、油（照明用）は一人につき一カ月六合ずつ、炭は天保期以降は一人につき一カ月十俵の見積りである。

学則をみると、二・七の日は午前輪講、三・八の日は朝五ツ時（八時頃）前に経義の講釈試がある。学問所の組織は、聖堂及び学問所が幕府の直轄によって、林家の権威は失われたが、その後も大学頭を林述斎（衡）、林培斎（皝）、林僴斎（健）、林復斎（韑）、林学斎（昇）と踏襲した。この大学頭を中心とする儒者衆は、幕府の儒員として、学問所の教官を勤めたのである。

寛政期の学制改革は、林大学頭述斎を中心に、柴野彦助・尾藤良佐・古賀弥助の活躍は甚大であった。林大学頭支配下に、学問所勤番組頭二名、同学問所勤番二十名と学問所下番三十名が置かれている。学問所奉行は、文久二年（一八六二）十一月十四日、本多正訥（駿河田中藩主・譜代）・秋月種樹（日向高鍋藩世子・外様）が学問所の興隆をはかるため、はじめて任命され、席次は寺社奉行の次席で、林大学頭より上席に置かれ学政をつかさどり、大名の中から選ばれたものである。

秋月種樹はのちに藩主となり、若年寄に任命されているが、跡を継いだのが文久三年であるから、学問所奉行に任命されたときは、まだ藩主になっていなかった。外様大名からこうした幕府の重職に任命されているので、注目される人物である。

寄宿寮生すなわち旗本・御家人の子弟の学問に対する態度であるが、書生寮の学生に比して寄宿寮の学生は学問的意欲に欠けていたようである。幕府の触を見ると、学問所の講釈聴聞者の出席が近来少なくなっていることを憂慮しているが、このことは半ば強制的に学問修業を命じなければならないほど、関心が薄らいでしまったことを物語っている。以後、幕府の厳命による学問奨励策はその成果をあげることなく、幕末に向けて衰微の一途をたどったのであった。

ともあれ、幕府が慶応三年（一八六七）まで釈奠を行ったことは、こうした状態から学問奨励策の一環として、懸命に継続したものであると考えられる。書生寮については、寛政の学制改革によって、聖堂における学問が直参本位に改められたので、諸藩の家臣や浪人の篤学者は、稽古所の講釈を陪聴するより以外なかった。これらの人々の多くは直参と同じく、寮に寄宿できることを強く望んだが、儒者の役宅が手狭なために、しばらくその希望は受け入れられなかった。そこで享和元年（一八〇一）八月、大学頭と幕府の儒者がこの実情を幕府に訴え、これが聴許されて翌二年に書生寮の増築がなされたのである。

そして寄宿寮の教育扶持である百三十八扶持の中から、三十八扶持をさいて書生寮の入用にあてている。書生寮は南寮と北寮の二棟で収容人員は四十四名であった。入学資格は諸藩士及び処士であるが、寄宿寮のように入学の試験はなかったが、その代わり林家または学問所儒官の門人でなければ受付けられなかった。寄宿寮と異なる点は、書生寮は自費賄いであったが、書生寮の学生は各藩の給費生が多かった。書生寮の盛況が寄宿寮をしのぐありさまであったから、書生寮の増築もたちまちにしてまた不足するようになり、文化八年（一八一一）十月、林大学頭は再び幕府へ八十名収容できる増築の請願書を提出している。しかし弘化三年（一八四六）正月十五日の大火により、聖堂は難を免れたものの学問所の大半は類焼してしまった。

この学問所の再建については不明であるが、嘉永三年（一八五〇）三月二十一日将軍家慶が学問所に臨んでいるから、この頃までには再建されたものと考えられる。

この前後における昌平坂学問所の変遷をみると、なお一層衰退したことを知ることができる。すなわち『徳川禁令考』（前集第三）によると、弘化二年七月二十九日の書付をもって、学問について「今度於学問所御教育有之候間、人々相励候様可致候（中略）、武芸も不怠心掛候儀勿論候」と元禄・享保の時期に引立てるようにと、学問の奨励を行っている。さらに『徳川禁令考』（前集第四）によると、安政元年（一八五四）十二月二十二日の書付をもって「近来学問心懸候者、追々相減候趣ニ相聞候、去年以来武備之儀、格別ニ御世話有之、一同相励候ニ付、自然文学之心懸疎ニ相成候哉ニ相聞候、文武之道偏廃難相成は勿論之義、精忠報国之志を立候も、学問切磋之功許多有之候事ニ候間、学問修業之儀、弥怠慢無之」と警告しているのである。これらの史料からみても、昌平坂学問所における学問教育が順調に隆盛及び発展したものではなく、多くの紆余曲折があったことを物語っているのである。また、寄宿寮の学生の生活については『日本教育史資料』七「寄宿」に詳細に記されているが、書生寮の生活については、その実際を記したものがほとんどみあたらない。そうした中で唯一のものと考えられるものとして『諸名家孔子観』所収の講演筆記録「書生時代の修学状態」というものがある。これは明治四十年（一九〇七）四月二十八日孔子祭典第一回祭典において、旧会津藩士南摩綱紀の講演を掲載したものである。なお、南摩は弘化四年（一八四七）書生寮に入学し、安政二年（一八五五）まで学んだ人物である。

これによると、彼が会津日新館から書生寮に入学したのは二十五歳のときであった。この講演の中で「程朱の学で無ければならぬといふ事で、元来佐藤一斎といふ人は、王陽明学の人でありましたが、旧幕府の儒者になろうが為に、朱子学に変じた人であります、王陽明学では儒者になることが出来ぬといふ制度であります。夫故に一斎の経書の講釈をするに、初めは朱子学の説を一通り説きましてその後に王陽明の説を添へて参考の為に講釈せられた」ということで、「寛政異学の禁」の中心地というべき昌平坂学問所において、このようなことが行われていたのであり、これを考えるとき、「寛政異学の禁」が過大に評価されているのではなかろうか。かくして学問所は明治維新を迎えた。

明治元年（一八六八）六月、鎮台府の大総督府使者井上勝弥によって学問所と大成殿が接収された。その後七月十七日、江戸を東京と改め、鎮台を廃止して鎮将府を設置した。鎮将府はその管轄下において学問所を復興させ「昌平学校」とした。そして同年十月、鎮将府は廃止となり、昌平学校は行政官の管轄下に移された。明治二年正月、昌平学校は開成学校とともに開学することになった。同二年六月「神典国典ニ依テ国体ヲ弁へ、兼而漢籍ヲ講明シ実学実用ヲ成ヲ以テ要トス」という目的をもって、昌平校を大学校と改めた。

私は、享和期以降における釈奠の実施状況を『続徳川実紀』や『御書付』（内閣文庫蔵）を中心に調べてみたが、これによると、享和期以降釈奠が激減している。享和元年（一八〇一）より慶応三年（一八六七）までの六十七年間に八十七回の釈奠が行われており、欠奠は四十八回を数える。ただ幕末の動乱期においても行われていることは注目に値すると思う。ただし、幕府の直轄下における釈奠は次第に簡略化されていったようである。慶応二年四月・八月の釈奠について『昌平遺響』に「慶応年間聖堂釈奠参観の記」として、当日の様子と儀式についてその見聞が詳細に記載されており、これによって聖堂や学問所ならびに幕末期における釈奠の実態を把握することができる。ただしこの『昌平遺響』では、慶応二年の釈奠が「徳川氏最末の釈奠」と述べているが、『続徳川実紀』によれば、慶応三年八月の釈奠が最後の釈奠となっている。

第二篇第一章　米沢藩興譲館の釈奠

米沢藩は、元禄十年（一六九七）六月十五日に学問所を創設し、同年十月二十九日聖堂を創建している。それまで米沢藩儒医矢尾板三印が私邸に聖堂を設け、ひそかに春秋の釈奠を行っていたのを、四代藩主上杉綱憲が三印に命じて改造させ、これを感麟殿と名付けその傍らに講堂を建てて三印に預けたのである。翌年三月、三印を祭主として釈奠を行い、綱憲は自らこれに臨み、終わって三印は『論語』を、その子允易は『大学』をそれぞれ講じている。これが米沢藩における釈奠の嚆矢である。幕府が元禄四年（一六九一）二月孔子像を忍岡聖堂から湯島聖堂に遷座したのに遅れること六年であるから、他藩に比してその創立は非常に古い。元禄十年十一月二十九日の遷座については『聖堂遷座誌』にその記録をとどめ、その模様は詳細にわたり容易に理解することができる。それは幕府の釈奠から強い影響をうけていることがうかがい知れるのである。藩主綱憲は元禄十五年二月十九日聖堂の参詣を行っているが、宝永元年（一七〇四）六月二日に卒し、また矢尾板三印も翌年五月三日にこの世を去った。

藩主綱憲の跡を継いだのは、五代上杉吉憲である。吉憲は儒者矢尾板三印の後継として儒医片山元僑を任じ、吉憲もまた文教興隆をはかったが、寛文四年（一六六四）、藩主継承における領地半減により財政が極度に逼迫し、これが吉憲の代に一層深刻なものとなった。さらに宝永元年には幕府から「御普請御手伝」として、江戸城の石垣造営を命ぜられ、また享保五年（一七二〇）には大凶作に遭い、藩財政は疲弊困憊したのであった。そのため釈奠をはじめ積極的な文教政策はみられなかった。ついに享保九年、公儀釈奠を中止することに決した。そこで儒職片山家は、享保十年より自らの手で行う、いわゆる「自分釈奠」を実行することにより、断絶することなく釈奠を継続したのであった。

「公儀釈奠」と「自分釈奠」の相違は、春の釈奠を公儀釈奠では二月上丁に行うのに対して、自分釈奠では天候を見計らって執行するところにある。明和七年（一七七〇）の釈奠は三月晦日に行っている。明和八年八月十九日、上杉治憲の聖堂参詣により、それまで行っていた片山家の自分釈奠が公儀釈奠再興の端緒となった。治憲は襲封以来学問の再興に意を注ぎ、自ら学問に励み、明和八年五月、儒者細井平洲を米沢に招聘した。これが興譲館再興の契機となり、安永五年（一七七六）四月十九日、新たに聖堂ならびに興譲館の落成をみるにいたった。

しかして儒臣片山一積、同神保綱忠を提学に任命し、同月二十六日に公儀釈奠を執り行った。治憲は隠居の前年、すなわち天明四年二月二十二日に聖堂の参詣を行ったが、この記録には『釈菜ニ付聖堂江被遊御参詣候行事』というのがある。かくして治憲は翌五年二月に隠居し、封を治広に譲ったが、その直前の正月に「御規式、都て安永八年以前の旧制に復す」ことを命じた。そこで興譲館は釈奠の規式として、安永六年の「釈奠ニ付聖前江御備物定例御進献並諸用申立之覚」（米沢市立図書館蔵）を基に詳細な典礼及び行事について記した。これが『釈奠行事』で、寛政以降における釈奠の典例となった。寛政期にいたり、この『釈奠行事』に準拠して盛大な釈奠が行われ、これにともない学問も非常に興隆した。ただ『釈奠行事』に総て準拠して行われたために、釈奠ごとにその記録をとどめることがなくなったが、そのつどこの『釈奠行事』に訂正を加えているので、その変遷を詳細に把握することができる。

この寛政期に訂正した部分を整理して新たに作成したのが、享和二年（一八〇二）の『釈奠行事』である。これには「享和二年二月十六日釈奠之節改之」と奥書が記されている。内容は以前の『釈奠行事』とほぼ同様であるが、寛政十二年に大きな改革を行った点を記載している。これは直祭と称し、公儀釈奠を強めた厳粛なものである。享和以降の釈奠の記録は、天保三年（一八三二）二月十九日、藩主斉定の名代として奉行職莅戸政在が進献している。ただし、天保五年以後明治維新までのものはみあたらなかった。『釈奠行事』には、文久・元治・慶応に加筆訂正を加えているので、絶えることなく行われたものとみられる。戊辰戦争の折、興譲館は閉鎖となり中止せざるを得なかった。

明治以降の釈奠については、明治十二年（一八七九）五月十五日「御祭事ニ付諸買上物払帳」、翌年五月八日の「聖堂鷹山（治憲）公御例祭ニ付」という記録がある。明治十三年の釈奠は上杉鷹山を合祀して行った。これは米沢中学校の主催で行われたものである。明治十四年五月十三日にも釈奠が行われた。明治十四年、米沢中学校が米沢市内屋代町上ノ丁昌寿院御殿跡に移転した際、聖堂もこの地に遷座したのである。

次いで明治十六年六月十二日、十七年三月十七日、十八年五月七日、十九年五月十七日にも行った記録が残されているが、いずれも小規模のものであった。そして明治十九年を最後に、それ以後の釈奠の記録はみることができない。

第二章　長州藩明倫館の釈奠

長州藩明倫館は、享保三年（一七一八）十二月に竣工し、翌年正月に開校したのである。創立の目的は藩政の改革のため、すなわち藩財政の立て直しのため、藩風を刷新するという目的をもって創設したものである。長州藩は永禄九年（一五六六）毛利元就の代にはその所領十カ国に及んだが、関ケ原の戦いによってその所領が二カ国となり、長州藩は当初から財政難に喘ぐこととなった。

藩財政の実態に即し、文教の興隆を基調とする政策を積極的に打ち出したのが藩主綱広であった。綱広はまず「当家制法条々」という三十三カ条に及ぶ、いわゆる「万治制法」を定めた。これによって、綱広は文武の興隆を促し、人物の抜擢につとめた。すなわち綱広は碩儒山田原欽を抜擢し、世嗣吉就の小姓役として侍講に任じた。また学問の風潮を高めるに大きな影響をもたらしたものに、諸書の編纂事業をあげることができる。明倫館ではじめて釈奠の礼を行ったのは、享保四年二月十九日である。吉元は、明倫館の開校にともない、山県周南・佐々木源六に釈奠儀の作成を命じて『明倫館釈奠式序』『釈奠考』『本朝釈奠考』『釈奠儀注』を作成したのである。

これらを参考に『釈奠儀注』が作られ、これにもとづいて二月と八月の上丁に釈奠が行われるようになった。なお、享保四年二月十九日の釈奠の礼には、藩主吉元が親臨しており、吉元は中国の例にならって養老の礼を行い、七十歳以上の士分五人と八十歳以上の庶民四人を耆徳篤行の者として褒賞を与えている。これが先例となり、その後明倫館の釈奠には養老の礼をあわせ行うこととなった。

享保四年六月二十一日学頭の制を設け、小倉尚斎を最初の明倫館学頭に任じ、翌五年八月十二日に『仲秋釈菜例』にもとづき秋祭を行っている。吉元は、政治の基本を教育に求め、文武の興隆をはかって明倫館を創建したのであるが、歴史の編纂にも意を注ぎ『萩藩閥閲録』『江氏家譜』『御軍記』など、多大な業績を残している。その子宗広は寛保元年（一七四一）二月、明倫館創立の由来を永く後世に伝えるため、学頭山県周南に命じて『明倫館記』を選述させている。しかし吉元・宗広のあと、藩債は三万貫に達し「半知の馳走」によって諸士の気風が頽廃してゆき、明倫館の聴講者も次第に減少していった。

天保八年（一八三七）兄斉広の跡を継いだ敬親は、天保十二年江戸桜田藩邸に有備館を開き、江戸勤番の諸士にも文武を修めさせるなど、積極的に学事の振興をはかったが、藩内党派の抗争により、文久三年（一八六三）藩庁を山口に移転した。これにより萩・山口の明倫館が両立するにいたった。

第三章　水戸藩弘道館の創設と釈奠

水戸藩の弘道館は、その創設が天保十二年（一八四一）八月朔日であるから、尾張・紀伊の二家よりその創設が遅れている。ただし水戸藩の弘道館は、他の二家の藩校より天下にその名声を博している。水戸藩にはすでに国史の研究機関として彰考館があった。藩主斉昭は天保四年三月、水戸に帰国のとき『告志篇』を著し神儒一致の教訓書として、これを家臣一統に強調したのであった。さらに斉昭は、海防の設備、学校の創建を促したのであった。天保十一年正月二十五日斉昭は二度目の帰国をしたが、この前後から改革派と反改革派の争いが激化し、斉昭の帰国反対運動すら起こったほどで、学校建設にも甚大な支障をきたした。斉昭は反対を押し切って学校建設を実現するため、人事の刷新をはかり、天保十二年八月一日の仮開館に向けて準備を推しすすめていったのである。

釈奠については、斉昭は祭神について、その方針として、神儒一致を述べているが、実は神皇を主とし、孔子を客とするものであった。従来から藩校の学神として、孔子を中心として祭ってきたのに対して斉昭は、神を主とし儒を副とする神儒一致の学校を主張している。これに対して通事青山延于は斉昭に対して、「大成殿まで作ることは莫大な経費がかかるので、異朝の学校の制に一向かかわり申さざるようにし、文宣王（孔子）を祭らず、したがって釈奠も行わない」という奉答書を提出した。ただし講堂を建て、春秋講会の節に吉備真備や菅原道真の掛物を床へかけて祭るということを提案している。さらにこの説を発展させて、鹿島・香取両社の祭神をあげている。結局五万七千坪に鹿島神社と孔子廟を設け、その周りに直庁・至善堂・文館・武館・諸局が設けられた。聖堂には斉昭によって孔子神位を墨書した木主を安置したが、四配の木主は安置しなかった。

安政四年（一八五七）五月六日、本開館式に先立って鹿島における分祀祭が行われ、そして八日夕刻水戸に着くと、直ちに遷座式を行ったが、このとき孔子廟においては釈奠が行われた。その後、聖廟における春秋の釈奠については、執行された明確な史料はみあたらないが、文久二年（一八六二）二月四日釈奠を行った記録がある。これが水戸藩における最後の釈奠であったと思われる。非常に回数が少なく簡素なものであった。水戸藩において注目されることは、開館五年にして、藩校諸生の勉学について、藩主斉昭より警告を与えられていることである。藩内の政争にも関係しているためであろうが、他の藩校の諸生に比べ理解に苦しむところである。いずれにしても他藩の諸生においてはみられないことである

第四章　足利学校の造営と修復

江戸幕府と足利学校の関係は、そのはじめ徳川家康と足利学校第九世庠主閑室（号三要）との接触にあった。以来、足利学校は徳川家康より百石の学領田の寄進を受けた。これが江戸時代を通して「足利学校朱印地」といわれるものである。足利学校第十世庠主龍派（号寒松）は、家康の援助を得て足利学校の再建をはかり、また寒松も慶長九年（一六〇四）正月十日家康に対して『貞観政要』の訓訳を献上している。

江戸幕府の援助と修復については、足利学校は享禄年中（一五二八～一五三一）に火災に遭い、その後七十余年荒廃にまかせるままになっていたが、慶長十一年八月にいたり、寒松は家康の援助を得て慶長八年の講堂の修

葺についで、再度客殿を復興した。さらに慶長十一年の修復の折には、薬師如来を雕像し旧に復して本尊としている。この時期の足利学校の建造物については、配置図や記録の残存しているものが少ないために不明の点が多いのであるが、最初は孔子を講座に安置し、のちに薬師如来をこれに代えて本尊としたものとみられる。この頃は、まだ聖堂が造営されていなかったものと考えられる。足利学校の造営修復は、家康の絶大な庇護のもとに行われたのであるが、それは庠主三要や寒松の儒学と易（年筮）をもって仕えたことによるものであったと思われる。その後、足利学校の造営修復を行ったのは、寛文八年（一六六八）である。この大造営においてはじめて聖堂が造られ、孔子の像をここに遷座した。このとき祈禱所方丈・書院・文庫・庫裡・陰察・衆寮・土蔵・木小屋・聖堂・学舎が整えられた。

元禄・享保期の修復については、元禄年間十四世庠主久室（号琢子）のとき、将軍綱吉の母桂昌院が聖堂修復料として百両を下付している。また享保十三年（一七二八）四月、将軍吉宗が日光社参の折に足利学校の蔵書を調査させているが、これを契機に十六世庠主月江（号淳子）は、享保十五年正月、幕府に対して足利学校の修復願を差出し、同年三月許可され、百両の下金を受けている。このような援助により、足利学校の孔子堂及び文庫の修復が行われたのである。

さらに将軍家重のとき寛延二年（一七四九）正月にも、幕府に修復願いを差出して、その年の十一月に百両を下金されている。ところが宝暦四年（一七五四）五月二十三日落雷によって出火した。幸い大成殿・文庫・三門はその難を免れたが、祈禱所方丈・書院・庫裡などは焼失した。そこで再建策を講じ、早速翌六月に幕府に助成を歎願した。これに対して、宝暦五年九月に五百両の下金が認められ、これによって再建を行った。さらに宝暦十二年（一七六二）二月、幕府へ銀百枚の援助を歎願しその許可を得て、孔子堂及び文庫・門の修復を行っている。しかし修復料の不足をきたしたため、翌十三年八月再び歎願して五十両の援助を得ている。このとき足利学校の修復料として三百両を見積っていたが、五十両の援助だけであったので、大幅に縮少して修復を行った。そのため、その後の破損ははなはだしかったので、十一年後の安永三年（一七七四）九月と安永七年十一月にも幕府より援助を得ている。ときに庠主は、十七世千溪（号悦子）であった。

寛政以降の修復についてみると、寛政三年（一七九一）二月、十八世庠主青郊（号成子）が大成殿・門・文庫・祈禱殿・瓦葺の修復助成ならびに学徒扶持の助成を幕府に請願したが、学徒の扶持については却下された。しかし破損の修理については、二百両が下付された。さらに享和元年（一八〇一）十月、大破につき修復料として幕府に援助を請願して二百両を下付されており、これによって享和二年五月修復を行った。その後、足利学校の修復を行ったのは、九年後の文化八年（一八一一）である。このとき修復したのは大成殿・門廡・文庫・宝坊・倉廩・祭厨・寮舎などで、完成したのは同年十月である。

次に修復のため幕府に請願したのは、文政三年（一八二〇）正月二十四日である。このとき十九世庠主実巌（号誠子）は、例書を添えて、孔子堂西階・東階の大破、祭器・具足の大破、釈奠の節の楽器の修復や新調について請願している。この請願は文政九年（一八二六）十二月に許可となり、百五十両の下付を得て、孔子堂・祈禱殿・書院・庫裡・衆寮の屋根の葺替を行った。しかし、百五十両の修復料では修復も思うに任せず、書院をはじめ多くの箇所の修復ができなかった。そのため直ちに文政十年七月増金を願い出ている。しかしその返答として、修復の残った箇所は学田の年貢をもって行うように命じられたのであった。しかし百石の学田はたび重なる洪水で河原同様となり、年貢の徴収も思うに任せない状態であった。幕府も財政の逼迫により助成も困難であったから、学校の修復もままならず、雨漏りなどで建造物が腐朽していくばかりであり、修復の経費が増大するという悪循環を招くようになった。

足利学校では、この悪循環を克服しようと文政十一年（一八二八）九月、寺社奉行所に対して富突興行の免許を願い出ている。このように財政難に喘いでいる折、天保二年（一八三一）正月二十二日、安養院の火事によって、孔子堂・文庫・鎮守の類焼は免れたものの、祈禱殿・庫裡・書院・米倉・表門・木小屋・学寮・衆寮は全て焼失した。この再建について、二十一世庠主太嶺（諱元諄）が同年七月、寺社奉行土井利位に対して歎願したが、足利学校は目下富突興行が許可されているという理由で、助成金の歎願書は却下された。そこで天保二年十月、寺社奉行に対して、富突興行金高の増額を請願したのである。しかし、この再建策は財政上困難を極め、遂に実現することなく明治期を迎えたのである。

第五章　足利学校の釈奠

永享十一年（一四三九）閏正月、上杉憲実は学領を寄進し書籍を納め、これと同時に孔子の画像を寄進した。おそらくこれが足利学校に奉納された孔子画像の最初とみられる。足利学校に木像が安置されたのは、天文四年（一五三五）のことである。ただし大成殿はまだ建造されていなかった。足利学校に大成殿が建造されたのは、寛文八年（一六六八）四月のことである。足利学校における釈奠の起源については、『分類年代記』に画像や祭器を整えたことが記されているので、釈奠が行われたものと思われるが、このことについては一切触れていない。

釈奠を最初に行ったのはやはり永享十一年で、足利学校に経籍を納め孔聖の画像を寄進し、足利学校の再興をはかったのであり、このとき孔子画像の寄進とともに、孔子の祭りすなわち釈奠を行ったものと思われる。この頃、武士の好学の気風とともに聖廟を采地に設けて釈奠を行う風潮があった。『足利学校記録』に文明年中（一四六九〜一四八六）足利学校庠主第一世僧快元が、すでに毎月朔日と十五日に釈菜を行っていたことを記している。また『正続足利学校事蹟考』によると「天文三（一五三四）正月、（中略）四稔秋八月上丁忌畢といふは、則春秋二仲之月上丁の日に釈奠を行ふは、古礼なれバ、八月上丁ノ日に祭を行ひて、記したるものなるべし」と記しているので、このとき釈奠が行われたものと考えられる。

しかし、その後、足利学校にはまったく釈奠の記録が残されていない。それは足利学校が儒学中心の学校ではあるが、庠主は第一世の快元以来僧侶が還俗せずに住職として足利学校の庠主を務めてきたためではなかろうか。足利学校は徳川幕府の援助によって造営及び修復を加えられてきたのであるが、その代償として将軍の「年筮」を行っている。これが江戸時代を通じて足利学校の最も重要な任務であった。

したがって足利学校の庠主就任の条件は、年筮の献上と易学を伝授する資格があることがその条件であった。『足利学校記録』によると、明和六年（一七六九）正月まで、足利学校における釈奠の記録は記載されていない。ただしこれ以後は、元日の行事として大般若経の転読が主であり、釈奠は従的なものであった。釈奠は本来二月と八月の上丁に行うものであるが、仏教行事の法会を主として、元日及び毎月の一日と十五日に行っている。『足利学校記録』にはじめて祭儀の配置図が記載されたのは、寛政五年（一七九三）正月のことである。

しかし釈奠の儀の次第は簡単なもので、その式次第についてはなにも触れていない。足利学校は、寛政五年に時習館を設けるなど、学問所としての機能を果たし、学校の興隆をはかろうとして、はじめて非常に詳細な「足利学校釈奠式并学規」を定めている。このとき「学規三章」や「定」を設けるなど、寛政期の改革を行っている。享和三年（一八〇三）閏正月六日、寺社奉行阿部正由より、足利学校における「釈菜之義（儀）御尋」があったが、その返書によると、魚肉を用いない、いわゆる釈菜を行っており、楽人（伶人）は諸生を用いたこと、三月十五日より二十二日まで小野篁の遠忌九百五十年目の大般若会を行ったことが述べており、釈奠とは名ばかりのもので、大般若会という極めて仏教的色合いの濃い行事が主としてなされていたというのが、近世における足利学校の実態であった。

その後、釈奠は文化・弘化・嘉永・安政期にわたり『足利学校記録』に散見されるが、いずれも『足利学校由緒書』によると「毎月朔日、十五日釈菜、住持檀《(壇)》ニ登リ祭儀をのべ祝文を誦申候」という簡素なものであった。

〔付記〕「終章　釈奠の変遷」の引用史料はすべて本論に註記したので、ここでは省略した。なお、左記の著書を参照させていただいた。

和島芳男『昌平校と藩学』(至文堂、一九六二年)
同氏『中世の儒学』(吉川弘文館、一九六五年)
笠井助治『近世藩校の綜合的研究』(吉川弘文館、一九六〇年)
衣笠安喜『近世日本の儒教と文化』(思文閣出版、一九九〇年)
宇野量介『鹿門岡千仭の生涯』(発行者岡広、仙台市、一九七五年)

〔初出一覧〕

序　章　中国・日本近世以前の釈奠　新稿

第一篇

第一章　江戸幕府釈奠の成立　『國學院雜誌』第六十七巻第十号（昭和四十一年十月十五日）
第二章　江戸幕府釈奠の推移　『國學院大學栃木短期大学紀要』第二号（昭和四十三年一月二十日）
第三章　江戸幕府学制の改革　『國學院大學栃木短期大学紀要』第五号（昭和四十五年十二月二十日）
第四章　江戸幕府釈奠の再興　『國學院大學栃木短期大学紀要』第六号（昭和四十七年三月十日）
第五章　江戸幕府釈奠の終焉　『國學院雜誌』第八十巻第十一号（昭和五十四年十一月十五日）

第二篇

第一章　米沢興譲館の釈奠　『國學院大學栃木短期大学紀要』創刊号（昭和四十二年三月二十日）
第二章　長州明倫館の釈奠　『山形大学山崎吉雄教授還暦記念論文集』（昭和四十七年十月二十日）
第三章　水戸弘道館の創設と釈奠　『國學院大學栃木短期大学紀要』第十七号（昭和五十八年三月十日）
第四章　足利学校の造営と修復　『栃木史学』創刊号（昭和六十二年三月三十一日）
第五章　足利学校の釈奠　『栃木史学』第三号（平成元年三月三十一日）
終　章　釈奠の変遷——まとめにかえて——　新稿

（注）本書はこれらの既発表論文のタイトル及び本文に若干の削除・修正・加筆を行った。

あとがき

釈奠関係の論文をまとめることを考えていた矢先に、恩師故國學院大學名誉教授藤井貞文先生より、そろそろ論文をまとめては、というお話しを賜わった。当時私は、國學院大學栃木短期大学の初等教育学科に所属し、教員養成のため、学生の教育研修や教育実習と教員採用のことばかりに精力を注いでおり、歴史の研究をおろそかにしていたので、釈奠についてあまり研究が進捗していなかった。そこで急に身辺整理をして論文の作成にとりかかったのであった。

ところが、まもなく不運にも心筋梗塞という非常に危険な病魔に襲われたのである。以来、検査や治療のため入退院の繰り返しが続いた。さらに小腸の糜爛により切除手術を受けたが、そのため帯状疱疹に罹り、それがもとで神経痛となってしまい、長年治療を続けてきた。そうこうしているうち、遂に心臓バイパス手術をするにいたり、文字通り満身創痍となってしまった。現在もなお病院に通っている始末である。

このような日々を送っているとき、いよいよ定年を迎えることになった。前々から國學院大學名誉教授林陸朗先生はじめ多くの先輩・友人より出版の勧めがあった。しかし体調のこともあって、すぐに手をかけることを躊躇していたのであったが、定年を目前に控え真剣に考えるようになったとき、三十有余年に亘りご薫陶を賜わった、國學院大學栃木学園理事長佐々木周二先生より、温情溢れるお言葉と、同常務理事木村好成先生の力強いお励ましのご声援を賜わり、本格的に取り組むことになった。

出版にあたっては、本学日本史学科長田中正弘先生より、思文閣出版への交渉から編集・校正その他全般にわたり、ご懇篤なご助言と格別なご尽力をいただいた。また校正にあたっては本学鍛代敏雄先生より特別のご協力をいただいた。さらに、本学日本史学科の同僚である松本隆晴・酒寄雅志・深井雅海・菅根幸裕・助手岸美知子の諸先生方にもご多忙な時間を割いて、校正その他でご協力をいただいた。

思文閣出版には、出版事情の厳しいとき、本書の出版をお引き受けいただき、編集長林秀樹氏並びに編集部の濱野智氏には、私が校正中に体調を崩したためご迷惑をおかけしたにもかかわらず、編集にあたって誠心誠意ご尽瘁をいただいた。

私が病軀に鞭打ちながら、ようやく本書を上梓することができたのは、以上の方々の並々ならぬご声援とご協力によるものであって、ここにあらためて衷心より感謝の意を表する次第である。

なお、私の再三にわたる入退院・検査・手術等に献身的な看護や日常の健康保持のため、陰に陽に見守ってくれた妻とも子へ、感謝の言葉を述べる失礼をお許し願いたい。

二〇〇一年一月一日

太平山麓の寓居にて

須藤敏夫

人名索引

あ

阿部重次　18, 318
阿部正倫　77
阿部正由　307, 343
会沢正志斎　236, 237, 240, 241, 243, 244, 245, 246, 247, 251, 254
青山延光　244, 246, 249, 255
青山延寿　249, 255
青山延于　240, 244, 245, 250, 251, 254, 338
青山拙斎　243
赤崎源助　110
秋月種樹　165, 331
秋月種徳　101
秋元喬知　35
足利持氏　294
足利義兼　296
芦川良助　205
荒川義行　94
新井白石　47, 48, 49, 50, 51, 52, 54, 320
有馬氏倫　54, 321
有馬広寿　101
有馬広春　133
安積祐助　165

い

伊藤坦庵　217
伊藤孫兵衛　245
伊藤松五郎　142
井伊直朗　81
井上勝弥　176, 333
石川総茂　54, 77
石川忠房　90, 92, 102, 133
石谷清茂　81
板倉勝喜　78
市川源五右衛門　192, 193
市川十郎　165
五十宮　58
稲垣長続　101
稲葉正則　19
今井惟典　246
今井才治郎　309
今井弥兵衛　309

う

鵜殿鉄三郎　142
上杉重定　200, 335
上杉綱憲　192, 196, 334, 335
上杉斉定　205, 336
上杉斉憲　205, 206
上杉憲実　294, 295, 296, 342
上杉治憲　200, 201, 202, 206, 335, 336
上杉治広　204, 335
上杉宗憲　200
上杉宗房　200
上杉吉憲　196, 197, 200, 335
上田鳳陽　228
馬来右衛門　218

お

小笠原長重　46
小川修理　249, 254
小倉尚斎　216, 217, 218, 224
小野篁　307, 343
小野塚四郎右衛門　195
尾羽平蔵　245
大久保忠温　102, 140
大久保忠朝　30
大郷金蔵　134, 142, 148
大草熊蔵　142
大西山三郎　218
大場斎景　254
大場弥衛門　249
大前孫兵衛　324
太田資愛　274

岡　猪之允　245
岡田清助
79, 80, 83, 84, 90, 91, 92, 93, 110, 326
岡部長貴　149
岡部半右衛門　218
岡本信太郎　165
興津良能　248
荻生徂徠　52, 55, 322
奥村季太郎　165

か

桂　主殿　217
加藤明英　30, 48
加納久周
81, 82, 124, 125, 126, 127, 128, 329
狩野山雪　30
狩野常信　36
狩野益信　30
快元　297, 343
貝原益軒　296
柿本人麻呂　241
樫村一左衛門　195
樫村五兵衛　192, 193
片山一積　201, 335
片山元僑　197, 335
勝俣新四郎　195
金井泉蔵　142
金沢彦六　207
茅根伊予之介　249
川井久敬　59
河田貫之助　165
河田八之助　165
顔子　5, 6, 8, 9, 10, 16, 23, 147, 191, 207, 221, 271
閑室(号三要)　267, 268, 269, 339, 340

き

木滑要人　309
木下菊潭　54
木原義永　19
木村金平　165
季路　8, 147
紀　貫之　241
徽宗(北宋)　5
吉備真備　7, 240, 251, 338
菊池角右衛門　165
菊池善左衛門　241
九華(諱瑞璵・号玉崗)　309
久室(諱元要・号琢子)　271, 340
許衡　6
堯　4, 16
金世濂　16

く

久世重之　48
久保泰享　57
国重政恒　216
国司頼母　218, 225
草場居敬　218
栗屋弾蔵　218
黒沢正助　105
黒田長恵　101

け

桂昌院(秋野)　26, 35, 271, 319, 340
月江(諱元澄・号淳子)　272, 340
玄宗(唐)　5

こ

古賀謹一郎　165
古賀小太郎　111, 165
古賀弥助　84, 91, 101, 105, 107, 108, 110, 111, 142, 148, 165, 167, 326, 328
小出英筠　101
小島玄仙　192
小島太左衛門　195
小長谷政良　133
小林栄太郎　165
黄帝　16
光格天皇　181
孔子　4, 5, 6, 8, 9, 10, 16, 18, 23, 31, 147, 191, 192, 207, 221, 249, 250, 251, 252, 254, 261, 262, 268, 269, 271, 295, 296, 324, 340, 342
香坂　登　206
高祖(漢)　4, 219

高祖(唐)　5
狛　近元　21
近藤吉左衛門孟郷　102, 133

さ

佐々木源左衛門　218
佐々木源六　218, 219, 337
佐々木平太夫　218
佐藤一斎(捨蔵)
112, 165, 241, 243, 251, 328, 333
佐藤源太夫　192, 193
佐藤新九郎　165
佐藤政之允　245
佐藤長左衛門　192
佐野庸貞　94
佐野令助　165
宰我　8, 147
斎藤一徳　254
斎藤監物　249
斎藤恒信　217
坂　時存　217
酒井忠明　25
酒井忠音　54
酒井忠交　60, 75
酒井忠勝　18
酒井忠清　25
酒井忠利　268
酒井忠実　130
酒依昌隆　30
笹生常五郎　192

し

子夏　8, 147
子貢　8, 147
子思　5, 6, 16, 23, 147, 191, 222, 271
子游　8, 147
志賀藤四郎　272
志道太郎右衛門　225
塩谷甲蔵　165
宍戸主計　217
設楽吉兵衛　272
実巌(諱宗和・号誠子)
275, 276, 277, 340
柴野彦助　79, 80, 83, 84, 90, 91, 92, 93,
110, 140, 165, 326, 331
朱子(朱熹)　6, 16, 147
朱舜水　96, 326
周公　4, 5, 6, 16
周子　16, 147
周敦頤　5
舜　4, 16
邵子　16, 147
常憲院　49
白井久胤　248
白石又衛門　238, 250
白岩八右衛門　48
白須政雍　132
真宗　5
神宗　5
神農　16
神武帝　251
神保綱忠　201, 335
神保長光　102, 133
仁宗(北宋)　5, 6

す

須藤儀大夫　165
菅野兼山　53, 321
菅原道真　240, 251, 338
杉原平助　165
杉山忠亮　244
鈴木岩次郎　105, 142, 148
鈴木三郎次郎　142
鈴木長常　19
鈴木百助　48

せ

青郊(諱元牧)　274, 275, 298, 306, 340
成宗　5
清和院　181
成湯　16
千溪(諱元泉・号悦子)　274, 340
冉伯牛　8, 147
冉有　8, 147

そ

曾子　5, 6, 16, 23, 147, 191, 207, 222, 271
宗長　295

た

幟子　248
多紀安元　96
多田藤左衛門　218
田安宗武　58, 125
伊達綱村　50
伊達宗贇　35
大禹　16
太宗　5
太祖　6
太嶺(諱元諄)　277, 280, 342
高岡閑八　149
高倉家　53
高橋多一郎　249
高原貞元　217
武田耕雲斎　247, 248
建部広明　48
種姫　125

ち

仲弓　8, 147
張子　16, 147

つ

辻　捨五郎　142
妻木田宮　165

て

程子　5
程叔子　16, 147
程伯子　16, 147
伝英(諱元教・号外子)　269

と

戸田氏教　82
戸田忠敞　237, 241, 244, 246, 247
戸田忠圃　272
戸田藤五郎重宗　268
土井利勝　18
土井利位　342
土井利房　269, 296
土岐頼之　166
登坂新之丞　192, 194, 195, 196
藤堂良峯　140
徳川家重　56, 57, 322
徳川家継　49, 50, 52, 320
徳川家綱　18, 19, 20, 25, 26, 27, 52, 275, 318
徳川家斉　77, 95, 96, 102, 103, 123, 132, 325, 326, 327
徳川家宣　46, 47, 48, 49, 52, 60, 324
徳川家治　46, 56, 57, 58, 60, 75, 125, 323, 324
徳川家光　15, 17, 18, 19, 26, 27, 28, 36, 297, 318
徳川家茂　181
徳川家康　17, 18, 267, 268, 269, 271, 339, 340
徳川家慶　132, 168, 330, 332
徳川忠長　18
徳川綱吉　15, 26, 27, 28, 29, 30, 34, 35, 36, 46, 48, 51, 52, 54, 55, 60, 80, 98, 271, 319, 320, 322, 324, 340
徳川鉄千代　260
徳川斉昭　236, 237, 238, 239, 240, 241, 243, 244, 245, 246, 247, 249, 250, 252, 253, 254, 260, 261, 338, 339
徳川斉脩　236
徳川治宝　125
徳川慶篤　246, 248, 249, 254, 255
徳川義直　16, 235, 318
徳川吉宗　51, 52, 53, 54, 55, 272, 320, 321, 322, 340
富田明親　76, 123, 325
友野雄助　165
豊臣秀次　267
豊臣秀吉　215, 267
豊田天功　246
鳥居忠意　81
鳥居忠英　48

な

内藤作兵衛 218
中川忠英 84, 85, 90, 92, 326
中神悌三郎 142, 148
中根正利 48
中村敬輔 165
中村深蔵 61, 324
中山直生 248
永井三蔵 165
永井直敬 46
長沼政安 217
夏目長右衛門 142
鍋島治茂 84
鍋島直宜 101
成嶋桓之助 165
成嶋甲子太郎 165
成嶋邦之丞 165
南摩綱紀 172, 333

に

西沢松三郎 142, 148
仁孝天皇 181

ぬ

額田卯右衛門 309

の

莅戸政在 205, 336
乃美仁左衛門 218
野村兵蔵 111, 165

は

長谷部甚弥 165
八谷通春 217
林　学斎 165, 331
林　僩斎 165
林　皝 111, 164, 328, 331
林　述斎(衡) 85, 90, 91, 92, 93, 96, 101, 102, 104, 105, 107, 108, 110, 111, 124, 125, 126, 128, 130, 131, 133, 134, 140, 142, 148, 149, 150, 164, 165, 167, 184, 326, 328, 329, 330, 331
林　春斎(鵞峰) 19, 21, 25, 26, 36, 52, 80, 319
林　恕 25
林　信徴 59, 60, 75, 77, 123, 323, 324, 325
林　信篤 26, 27, 28, 30, 34, 36, 47, 48, 49, 50, 51, 52, 55, 59, 62, 217, 319, 320, 322
林　信有 59, 60, 83, 323
林　信彭 83, 124, 125, 126, 127, 329
林　信勝(道春・羅山) 15, 16, 17, 18, 19, 21, 295, 297, 318
林　信敬 62, 76, 79, 80, 83, 84, 85, 124, 126, 325, 326
林　信言 17, 56, 57, 58, 59, 60, 322, 323
林　信智 47, 48, 49, 52, 59, 320, 323
林　信充 47, 48, 49, 52, 56, 320, 322
林　信愛 58, 59, 323
林　復斎 165, 331
林　守勝 295

ひ

尾藤良佐 82, 83, 84, 90, 91, 92, 100, 101, 105, 107, 108, 110, 111, 165, 167, 326, 328, 331
疋田庄九郎 272
一柳直臣 48
人見浩 52
人見行充 52
人見竹洞 295
人見友元 27
人見蘆州 76
平井直蔵 142, 148
平岡弥左衛門 218
平岡頼長 132, 330
平賀貞愛 81
平戸七郎衛門 245
比留金蔵 142
閔子騫 8, 147

ふ

武王 16
武帝(晋) 4
福原勇三郎 142

藤原基輔 96
藤田主書 239, 240
藤田貞正 250
藤田東湖 236, 237, 240, 241, 242, 243, 244, 246, 247, 251, 252, 261
伏羲 16
文王 16
文宗 6

へ

平内大隅 16
平内政休 96
ペリー 246

ほ

保科正之 19
細井平洲 201, 208, 335
堀　親寚 101
堀　直方 101
堀江林之助 142
堀田正敦 81, 90, 96, 133
堀田正亮 57
本多忠温 101
本多忠脩 101
本多正訥 165, 331

ま

間宮恒五郎 142
間部詮房 49, 51, 320
前田利直 35
前田治脩 78
曲淵景衡 48
曲淵景露 81
牧　義珍 94
牧野忠精 274
益田織部 225
増田金之丞 111
増嶋金之丞 165
松浦源太郎 192, 195
松岡就房 216
松下見林 219
松崎満太郎 165
松田勝正 217
松田善三郎 54
松平伊豆守 278
松平謹次郎 165
松平定信 77, 78, 79, 80, 81, 86, 94, 102, 104, 123, 325, 326, 327
松平乗薀 85, 124, 326
松平親賢 101
松平輝貞 30
松平長員 101
松平信明 86, 96, 101, 102, 133, 326
松平信通 274
松平正容 48
松平康道 132, 149, 330
松浦清 101, 102
松浦静山 61

み

御牧又太郎 165
三上季寛 133
三宅観瀾 49
三宅石庵 53
水野勝知 166
水野内蔵允 142
水野忠位 46
水野忠篤 94
水野忠邦 104, 327
水野忠友 61, 324
宮原氏義 48
宮村孫左衛門 274

む

室　鳩巣 49, 52, 54, 55, 321

も

茂木善次 309
孟子 5, 6, 16, 23, 147, 191, 222, 271
毛利重就 227
毛利敬親 228, 338
毛利隆元 216
毛利筑後 217
毛利綱広 216, 337, 338
毛利輝元 215, 216
毛利斉広 228, 338

毛利秀就　215, 216
毛利宗広　227, 338
毛利元就　215, 216, 337
毛利吉就　216, 337
毛利吉広　216, 217
毛利吉元　216, 217, 218, 219, 224, 225, 227, 337, 338
望月万十郎　165
森山孝盛　84, 85, 92, 326
森川俊尹　91, 93
文武天皇　7

や

矢尾板允易　192, 196
矢尾板玄伯　192, 195, 196
矢尾板三印　192, 195, 196, 334, 335
矢尾板忠右衛門　192, 196
矢部定令　90, 91, 92, 93
安井仲平　165
保田鈼太郎　165
薬師如来　268, 340
柳沢光昭　166
柳沢保明　30
山内縫殿　217, 218, 225
山県周南　217, 218, 219, 227, 228, 337
山県良斎　216, 217, 218
山上藤一郎　110, 142, 148
山上復　93
山口鉄五郎　274, 275, 306
山口頼母　238, 250
山崎闇斎　80
山田原欽　216, 337
山田復軒　217
山名泰豊　30
山野辺主水正　249, 254

よ

依田源太左衛門　111, 165
依田克之丞　165
横山辰弥　142
横山縫殿蔵　245
横地七郎兵衛　218
吉田賢蔵　165
吉田友之允　218
芳野立蔵　165

ら

頼　弥太郎　110

り

理宗　5
龍派(号寒松)　268, 269, 339, 340

わ

若山壮吉　165
渡辺　寅　244
綿貫惣三郎　192

◆著者略歴◆

須藤敏夫（すどう　としお）

1927年　山形県生

1961年　國學院大學大学院文学研究科日本史学専攻博士課程修了

國學院大學栃木短期大学日本史学科長を経て現在同短期大学名誉教授.

主要著書：『藩史事典』（代表，秋田書店）『町田市史（上）』（共著，町田市史編纂委員会）『仕官格義弁』（白帝社）『近世国家の支配構造』（共著，雄山閣）『初等教育社会科教育の研究』（共著，建帛社）『御勝手方御定書』（白帝社）その他

現住所：栃木県下都賀郡大平町下皆川341-3

近世《きんせい》日本《にほん》釈奠《せきてん》の研究《けんきゅう》

2001（平成13）年3月5日　発行

定価：本体8,000円（税別）

著　者　須藤敏夫

発行者　田中周二

発行所　株式会社思文閣出版

606-8203 京都市左京区田中関田町2-7

電話 075－751－1781（代表）

印刷　同朋舎

製本　大日本製本紙工

ISBN4-7842-1070-9　C3021